日月新天

上海解放亲历者说

中共上海市委党史研究室
政协上海市委员会文史资料委员会 编

上海人民出版社

编委会

主　编：徐建刚　马建勋

委　员：（按姓氏笔画排序）

严爱云　周蔚中　姚卓匀　谢黎萍

编辑组：曹力奋　年士萍　胡　迎

CONTENTS

目　录

前　言

今年是中华人民共和国成立和上海解放 70 周年。70 年来，浴火重生的上海发生了翻天覆地的变化，取得了举世瞩目的成就。历史是最好的教科书。正如习近平总书记所说的："一切向前走，都不能忘记走过的路；走得再远、走到再辉煌的未来，也不能忘记走过的过去，不能忘记为什么出发。"

70 年前，在解放战争的隆隆炮火中，总前委和人民解放军第三野战军坚定地贯彻中共中央关于上海战役中既要坚决消灭敌人，又要保全上海的总方针，人民解放军在市郊大量歼灭敌人的有生力量，在月浦、刘行、杨行、高桥等战斗中，数千名指战员英勇作战，为解放上海献出了宝贵的生命。进入市区作战，为了保护市民生命财产，使城市免遭破坏，解放军不使用重武器，以极大的牺牲使上海城市建筑、工厂、码头等得以保存下来。在中共上海地方党组织的配合下，甚至在战火纷飞中，整个上海城电灯依然通明，电话依然畅通，煤气、自来水依然正常供应，创造了城市攻坚战中令人叹为观止的奇迹。陈毅把上海战役形象地比喻为"瓷器店里捉老鼠"。

在迎接上海解放的日子里，中共上海地方党组织积极配合人民解放军的作战，广泛发动群众护厂、护校、反搬迁、反破坏；利用各种关系对敌人进行策反、劝降；对全市所有机关、工厂、学校等开展全面调查，为解放军顺利接管上海准备了大量材料，作出了积极贡献。

上海战役取得了军政全胜。为了做好解放和接管上海的准备，在渡江战役之前，第三野战军就制定颁发了《入城三大公约十项守则》。当中共中央收到陈毅关于"入城守则"的草案后，毛泽东在来电上批复了 8 个大字——"很好，很好，很好，很好！”5月初，从各地抽调的5000余名干部汇集丹阳，进行了为期20天的集训，从思想、组织、人员、物资等方面做了大量准备，为接管上海的各项工作打下了坚实的基础。当第三野战军第九兵团夜里攻入上海市区，第二天上海百姓晨起开门发现，在蒙蒙细雨中解放军指战员怀抱钢枪、露宿街头时，感动不已，由衷为这一胜利之师、仁义之师的“入城式”点赞！美国合众社的报道也记录了当时的场景：中共军队军纪优良，行止有节，礼貌周到……虽然有许多大厦是大开着，可以用来做军营，而中共军队仍睡在人行道上……

70年砥砺奋进，70年春华秋实。抚今追昔，是为了缅怀英烈，开创未来。仅以此书真诚致敬为上海解放奉献了青春、热血和生命的革命前辈！

钳击吴淞　解放上海

粟　裕

粟裕（1907—1984），侗族，出生于湖南会同。1926 年 11 月，加入中国共产主义青年团。1927 年 6 月，转为中国共产党党员。上海战役时任第三野战军副司令员兼第二副政治委员、华东军区副司令员。

部　署

郎广围歼战结束后，我就把指挥的重点转到攻占上海这方面来了。

1949 年 5 月初，总前委移驻京沪线上的丹阳城，我和张震率领三野机关自常州东移苏州，指挥上海战役。

中央军委和总前委考虑，由于接管上海的准备工作尚未完成，要求我第三野战军暂不要进攻上海，而且也不要靠近上海，不要惊动敌人，不使其过早地退出上海，以免仓促进去陷于混乱；同时令第二野战军主力集结于浙赣线休整，随时准备支援我三野作战，并准备应付帝国主义可能的武装干涉。

这时敌军退守上海的部队，有 8 个军，25 个师，加上军舰 30 余艘，飞机 120 余架，共 20 余万人。

守备上海的敌军妄图采取陆海空联合作战，实行固守防御。敌人的防御阵地，分为警戒阵地、主阵地、中心要点工事。主阵地有：月浦、杨行、大场、真如和浦东的高桥、高行等地，主阵地的前沿，距市区 3 至 6 公里。中心要点工事包括国际饭店、四行仓库、百老汇大楼（今上海大厦）等 32 座建筑物。整个上海，仅钢筋水泥的碉堡，就有 4000 余个。这些工事是抗日战争爆发前国民党请美国人、德国人修的，后来日本人、国民党军又加修过。

敌军将上海划分为沪西北、沪西南、浦东 3 个守备区。具体配置是：第 123 军及暂编第 8 师驻守太仓、昆山、青浦、嘉兴、平湖、金山卫之线；第 52 军驻守月浦、刘行、吴淞、宝山等地；第 54 军驻守真如、大场；第 21 军及第 99 师驻守江湾等地；第 75 军驻守虹桥、龙华；第 37 军驻守周浦及浦东市区和南汇之线；第 12 军驻守高桥、高行地区；第 51 军残部及 7 个交警总队驻守市区。从敌人兵力部署上来看，其防御的重点是浦西市郊之吴淞、月浦、刘行、大场和浦东市区及高桥、高行地区，借以保障吴淞和市区，维护其出海通路。在这些地区以钢筋水泥的碉堡为骨干，结合大量的土木结构的工事和蜘蛛网式的堑壕，外设多层障碍物，构成纵深达 3 公里的防御地带。

为了扫清射界，平毁了距阵地一公里以内的房屋和树木。这些地区，靠近长江，可以得到舰炮的直接火力支援。而市区和沪西南则是敌人防御的薄弱部分。

我们打上海的指导思想是：既要打一场城市攻坚战，又不能把城市打烂了，要争取把上海基本上完整地接管过来。我们的一切作战部署及战法，都是围绕这一指导思想的。

从当时的情况看，打上海有三种方法可选择：

第一，围困战法。解放战争后期，我军对内地的若干城市采用了此种战法。但是上海情况特殊，上海有500多万居民，生活资料依靠外地运入，尤其是粮食和煤，所需数量很大，长期围困，人民不仅没有吃的，由于没有煤，不但机器不能运转，连自来水都没有喝的。人民的生活将陷入绝境，而敌军因有海上通道，我们围不死，而且我军渡江以后，应力争迅速解放全中国，所以，长期围困的战法不可取。

第二，选择敌人防御薄弱的苏州河以南实施突击。这一战法，虽避开了敌人设防的重点吴淞，伤亡也可能减少，但主战场将在市区，城市会被打烂。所以，这一战法也不可取。

第三，把攻击的重点放在吴淞，钳击吴淞口，暂不攻击市区。这样可以封锁敌人海上退路，并迅速切断敌人抢运上海物资的通道。如果敌人要坚守下去，必将为保护其唯一的海上退路而集中兵力在吴淞口周围与我军决战，如出现这一情况，就可避免在市区进行大规模的战斗，使城市少受破坏，达到完整接管的目的。吴淞周围是敌防御的强点。因此，这种战法，将是硬碰硬的一场艰巨的攻坚战，一场激烈的反复争夺战，我军要付出较大的代价。但我们是人民的军队，为了保存城市的完整，保护上海人民的生命财产，付出一定的代价是必要的，值得的。为此，此案是我设想的最佳方案。

为了不打烂城市，当时我们还规定进入市区作战，应尽可能不使用重炮轰击。

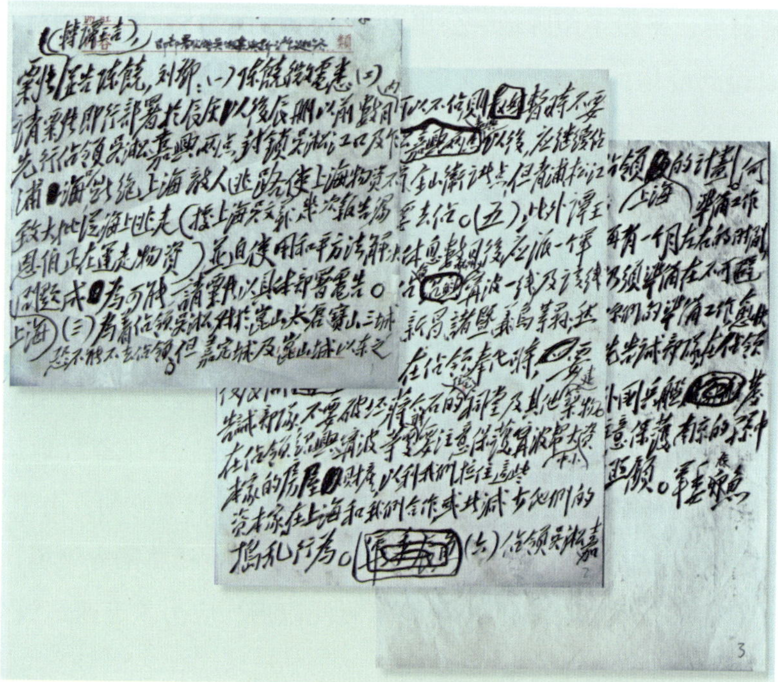

毛泽东起草的给粟裕、张震等的电报

由于接管上海的准备尚未做好，我们不得不推迟攻占上海的时间，敌人却利用时间在上海大肆抢劫物资从海上运走。5 月 6 日，中央军委指示，为了阻止敌人劫运物资，可先占领吴淞、嘉兴两点，以切断敌劫运物资和退逃之路，但不改变推迟占领上海的计划，要我们部署进行。

中央军委的这一指示，与我们设想的第三种打法不谋而合。我们于 5 月 7 日巳时（旧式计时法指上午 9:00 至 11:00 的时间）上报了作战方案：以第 29 军并配属两个炮兵团攻占吴淞、宝山。以第 28 军主力控制太仓、嘉定。以第 30 军攻占嘉兴、嘉善、平湖、乍浦、金山卫之线。为防敌向南汇、川沙撤退，以第 30、第 31 军进入浦东截敌退路。并预定 12 日、13 日发起攻击。5 月 8 日，中央军委给我和张震的复电说：“（一）同意 7 日巳时电部署，请即照此执行；（二）和攻占吴淞、嘉兴等处之同时，派足够兵力占领川沙、南汇、奉贤，将敌一切退路封闭是很必要的。”军委此电同时发给了总前委。

根据中央军委指示，我们于5月10日下达《淞沪战役作战命令》。战役预定分为两个阶段：第一阶段，从12日起，钳击吴淞，断敌海上通路；第二阶段，待接管上海工作就绪后，向市区发起总攻，解放全上海。兵力部署是：以第9、第10两个兵团指挥8个军（以后又增调第23、第25军配属给第9、第10兵团）及特纵炮兵一部，从上海两翼迂回，钳击吴淞。第10兵团之第28、第29两个军攻占宝山、吴淞，第26军攻占昆山、安亭，第33军结集常熟地区为兵团预备队，该兵团的后续任务是待命由上海西北地区协同第9兵团围攻上海；第9兵团之第20军攻占平湖、金山卫，打开向浦东前进的通路，第30、第31军向浦东挺进，协同第10兵团钳击吴淞，第27军结集嘉善地区，该兵团的后续任务是待命由东、南、西三面协同第10兵团围攻上海。

开　战

5月12日，第29军占领浏河，当晚向月浦进击；第28军占领太仓、罗店等地，继续向杨行、刘行进击；第26军攻占昆山。13、14两日，我军连续向月浦、杨行、刘行之敌猛烈攻击。但敌钢筋水泥碉堡林立，构成了许多子母堡群，并配以众多的副防御障碍。以这些子母堡群为核心，筑成多道阵地，依托阵地进行顽抗，我军攻克一个地堡群，往往要付出重大代价。而且敌在海军舰炮、空军飞机的支援下，以坦克、装甲车为掩护，频繁对我军发起反冲击。因此，争夺十分激烈。15日，敌又调第21军及第99师增援。经几天激战，虽然我军付出较大的代价，但没有大的进展，仍对峙在月浦、杨行、刘行一带。

我仔细地考虑了这种情况，觉得要加快战斗进程，就必须以锥形队形力求打开几个口子，由缺口透入敌之纵深。因此，16日我们调整了部署，并且下达了战术指示，指出：对敌永久性设防阵地的进攻，必须周密组织，选择敌突出、薄弱部与接合部，楔入其纵深，从敌侧背或由内向外打；集中火力轰击其一点，挖交通壕接近碉堡，以小群动作，轮番攻击；充分发挥炸药的作用，以炸药包开路；发挥孤胆精神，纠正集团进攻的方式。我进攻吴淞外围的部队，研究了这一指示，总结了前一段的经验教训，改变了进攻方式，收到了一定的效果。第28军以小的伤亡，攻占了刘行等要点。

第9兵团之第20军于12日攻占平湖、金山卫后，进至松江地区。第27军进占青浦以东地区。第30、第31军于14日攻占奉贤、南汇。15日，攻占川沙。16日，攻占周浦。18日，逼近高桥。19日后，敌调其第75军增援高桥。在飞机及舰炮支援下，对我军频繁地进行反击。因这一地区河流多，桥梁多被敌人破坏，我炮兵跟不上去，仅靠轻火器与敌反复冲杀，部队伤亡较大。23日，我炮兵赶到，对高桥以东海面之敌舰猛烈轰击，击中7艘，余舰远逸。我控制了高桥东北的海面。

自我钳击吴淞以来，敌采用拆东墙补西墙的办法，陆续从市区调来吴淞及高桥3个军，市区更加空虚了。这对吸引敌人在郊区作战，保持城市的完整是很有利的，完全符合我们在战前的设想。但吴淞口两侧濒江临海，正面狭窄，河流纵横，我兵力展不开，优势难以发挥出来。所以每攻克一点，伤亡消耗很大，战役时间拖长，而市区虽然已经空虚，因受接管准备时间的限制，不能乘虚攻占。

有鉴于此，5月18日辰时（旧式计时法指上午7:00至9:00的时间），我与张震联名向中央军委、总前委建议：如对沪攻击已不受时间地区限制，我们意见是四面八方向市区发起攻击。北线力求楔入吴淞，而以第9兵团主力先解决苏州河南与南市之敌，尔后会攻苏州河北。如此实施，则我楔入敌之纵深不致被动，“惟不知接管准备与其他方面是否已准备完毕”。

当日，总前委复示：“进入上海的政治准备业已初步完成，攻占上海的时间不受限制。”19日，又得到中央军委电示：“在上海已被我军包围后，攻城时间似不宜拖得太长。你们接收准备工作已做到何种程度，是否可于5月25日前后开始攻城。”于是，我们制定了总攻的部署，并于21日午时（旧式计时法指中午11：00至13：00的时间）上报了军委。部署将总攻分为三步：第一步全歼浦东之敌；第二步夺取吴淞、宝山及其外围阵地，完成对苏州河以北地区敌军之包围，攻占苏州河以南并沪西区及南市区全部；第三步聚歼可能溃缩在苏州河以北、吴淞、宝山以南的江湾地区之敌，达成全部攻占淞沪全区之目的。这个部署上报后，军委于22日复示：同意21日午电所述之攻沪部署，望即照此执行。

23日，我侦悉汤恩伯已率其一部兵力逃到吴淞口外的军舰上，苏州河以南仅剩下7个交警总队。根据这一情况，我们判断敌将撤离上海，便决定当晚发起总攻。第一步和第二步攻击计划，同时进行。

24日，第20军攻占浦东市区；第27军攻占虹桥及徐家汇车站；第29军攻占月浦南郊之小高地。敌为保住海上的逃路，以4个营的兵力在8辆坦克支援下，向我月浦南郊之小高地反扑，并将已调至高桥的第75军一个师，调回月浦增援，但未能阻止我军之攻势。

24日夜，第27军由徐家汇、梵皇渡路（今为万航渡路。）之线攻入市区；第23军由龙华附近攻入市区；第20军主力从高昌庙西渡黄浦江攻入市区。25日晨，我军攻占了苏州河以南的市区。当晚第30、第31军攻克高桥。敌殿后部队指挥官派员与我接洽投降。我一面派人与其接洽，一面令各部迅速向各攻击点猛插。

26日，各部攻占吴淞、杨行、宝山、江湾、大场及苏州河以北之市区。当日，敌淞沪警备副司令刘昌义率残部向我投诚。27日，肃清了在市区的残敌。至此，上海战役胜利结束。6月2日，我军解放崇明岛。总前委在《京沪杭战役实施纲要》中，赋予我第三野战军的任务全部完成。

这次战役，在上海外围特别是吴淞口地区，打得十分激烈，用的时间也较长。但在市区打得并不激烈，用的时间也较短，这样，既歼灭了大量的敌人，而市区也没有遭受大的破坏。这正是战前我们期望的最佳结局。

胜　利

在这里我要特别提一下上海党组织的作用，上海党组织有悠久的斗争历史和坚强的群众基础。在抗日战争和解放战争中，他们为解放区输送了大批干部，帮助采购、转运了大量物资、药品，有力地支援了解放区军民的斗争。在上海的解放中，他们更做了大量艰苦扎实的工作，是我军解放上海的坚强内应。战斗发起前，他们对上海敌人的兵力部署、工事构筑、火力分布等作了周密的调查，绘制成图，送给了我军。攻城战斗发起后，他们组织了工人护厂，学生护校，保护公共财物，维护社会治安，积极支援上海的解放斗争，使上海在攻城战斗中，没有停过电，没有停过自来水，电话局照常工作，成为战争史上的奇迹。

战上海的枪声刚停，我们接管的工作人员即随部队进入上海市区。在地方党和群众配合下，按系统有秩序地展开了接管工作。参战部队，除担负警备任务者外，立即撤离了市区。进入市区的机关和部队，严格遵守城市政策纪律，坚决执行“约法八章”，并把后方置于15公里路之外。当时正值梅雨季节，部队露宿于阴雨连绵的街道上，吃的是从15公里路外送来的冷饭。在币制未有明确规定之前，不购买物品。同时积极维护社会秩序，制止不法行为，打击敌特破坏活动，收容散兵游勇，保护公共财产，保护民族工商业，保护外国侨民等。我军的这些行为，得到上海市各阶层人民的拥护、爱戴和赞扬，扩大了我军的政治影响。所以说上海战役我军不单在军事上取得了伟大的胜利，同时在政治上也取得了伟大的胜利。

上海解放是继南京解放后又一件轰动国内外的大事。它的意义，正如当时新华社社论所指出的：上海解放，表示了中国人民无论在军事上、政治上和经济上都已打倒了国民党反动派，结束了国民党二十余年的反动统治；也表示了中国人民已经确立了民族独立的基础，结束了百年来帝国主义侵略奴役中国人民的历史。因此，上海的解放，在中国人民解放事业中具有特殊重要的意义。

回忆淞沪战役

张　震

张震（1914—2015），出生于湖南平江。1930年5月加入中国共产主义青年团，10月转为中国共产党党员。上海战役时任第三野战军参谋长（后兼华东军区参谋长）。

部署淞沪战役与接管上海的准备工作

1949年4月，我军百万雄师一举突破国民党反动派苦心经营的长江防线，迅速向江南广大地区展开追歼逃敌的胜利大进军。

根据总前委关于《京沪杭战役实施纲要》确定的基本意图，我们第三野战军在第二野战军及第四野战军一部的有力配合下，迅速追歼南逃之敌5个军于郎溪、广德山区，并以一部兵力直取杭州，切断了淞沪守敌南逃退路，从而形成了最后会攻上海的有利态势。

当时的上海有人口500多万，不仅是全国最大的城市和经济中心，也是继南京解放后，国民党反动派在京沪杭地区赖以负隅顽抗的最后堡垒。早在淮海战役刚结束时，敌人就以抗战爆发前上海原有的工事为基础，开始了整个上海地区防御工事的构筑。4月26日，蒋介石还亲自乘舰到上海召开军事会议，研究部署上海防御问题。国民党反动派一面大肆叫嚷“第三次世界大战即将爆发”，大造舆论，说我方将面对上海通货膨胀后所引起的一系列问题，“共产党即使占领了上海，不出三个月，就叫他们红着进来，黑着出去”，散布种种流言蜚语，蛊惑人心。一面企图凭借上海的丰富资财和已经完成的4000多个永备工事，作困兽之斗，以争取时间，抓紧抢运物资，并准备大肆破坏该市，阴谋挑起国际事件，促使帝国主义出兵武装干涉。

为了坚决粉碎国民党反动派的抵抗阴谋，迅速夺取上海，4月27日夜，我随粟裕率三野指挥机关由泰州白马庙经江阴进至常州合作仓库。总前委、华东局机关和准备南下接管城市的干部，于5月1日起经镇江陆续抵达丹阳。总前委、华东局领导随即开始全面部署夺取和接管上海的准备工作，并分工由陈毅负责组织上海市委的领导机构。战役过程中，经中共中央批准，又组成以华东局第一书记邓小平为书记，曾山为副书记的华东局财政经济委员会，以统一领导华东全区的财经工作，同时也加强了对接管上海过程中财经工作的领导。

当时，党中央、中央军委判断国民党军有迅速自上海撤走的可能，加以上海的资产阶级不赞成在市区打仗，故上海和平解决的可能性甚大。指示我们不要过于迫近上海，避免吓跑敌人，以利我军先取杭州，然后有准备地夺取上海。从4月30日到5月3日，又先后指示我们：“迅速抓紧完成占领上海的准备工作，以便在一星期以后假如汤恩伯从海上逃跑时，你们能够主动地有秩序地接收上海”，“令军队学习政策和接管城市事项。”鉴于我军侦察获悉上海之敌已运走万余人，有提早撤退的迹象，中央军委还曾提出过以一个军攻占浏河，威胁吴淞，使敌不敢从海上逃走的设想。总前委和我们顾虑我军一旦行动，会促使国民党军迅速撤退，造成我们接管不及，引起上海城市的动乱。于是，总前委于4月30日向中央军委建议：为作好准备，避免被动，应推迟攻占浏河和进入上海的时间。中央军委采纳了总前委的建议，最后明确作出了在5月10日前不攻占上海，以便充分准备和待命行动的决定。

根据党中央、中央军委上述指示精神，粟裕与唐亮主任、刘瑞龙后勤司令和我先后在泰州、常州召开会议，反复研究了攻占上海的部署和接管准备问题。我们的大体设想是：

1. 关于接管机构。由部队、地方抽调约5000名干部组成整个城市的接管系统。军管会由陈毅、粟裕亲自挂帅，统一领导；下属财政、文教、军政接管委员会和市政府，以及煤粮供应运输、公共房屋管理等机构。军政接管委员会由粟裕兼主任，唐亮为副主任，下属政工、陆军、海军、空军、训练、后勤6个部。政工部以钟期光、陈其五为正副部长，陆军部以陈锐霆、李景瑞为正副部长，海军部以张爱萍、张元培为正副部长，空军部以蒋天然、林征为正副部长，训练部以余立金、张崇文为正副部长，后勤部以刘瑞龙为部长，喻缦云、谢胜坤为副部长。淞沪警备司令部由第9兵团负责，以宋时轮为司令，郭化若为政委，以5个军担任警备任务，其中3个军任市区警备，2个军在吴淞、江湾及郊区。

2. 关于战役部署。针对上海守敌的防御部署，决心以第 9、第 10 两兵团各指挥 4 个军，担任攻占上海的任务。具体打法可采取如下三种形式。一是钳形攻击，避开市区，钳击吴淞，封锁敌之海上退路，大量歼敌于吴淞周围及市区至吴淞的通道附近地区。二是先南后北，避强击弱，首先向敌防御力量较弱的苏州河以南地区实施突击。三是长围久困，迫敌投降或逃走。据此，我们分别拟定了不同的攻击部署。

3. 关于后勤工作。具体规定了伤员救治、弹药基数标准、粮草物资补给、运输勤务保障以及后勤指挥关系等。特别是粮食煤炭等物资的准备与运输的问题，要求立即按计划从皖北、苏北、山东等地筹措粮食 1.2 亿斤、食油 700 万斤。煤炭由淮南、贾汪等地煤矿负责准备。在进一步加强水上运输的同时，全力抢修津浦线明光至浦口段和陇海线新安镇至连云港段铁路，以确保煤粮运输线开通。另外，还决定从部队和地方调集支前干部，增加粮煤供应工作的力量。

4. 关于部队的政策纪律教育问题。要求部队根据党中央、毛主席和总前委的指示，以及我军在南京、杭州等地执行政策的情况与经验，组织广大指战员学习毛主席亲自拟订的《中国人民解放军布告》(即“约法八章”)，学习城市生活常识。针对上海的具体情况，组织全体同志以各种生动活泼的方式进行城市政策纪律和外事政策的教育和演习，设想可能遇到的问题，发动群众找答案、定措施，掀起一个群众性的讲政策、守纪律、互相教育、互相监督的高潮。并要求预定担任上海警备任务的第 9 兵团，拟制出上海市警备计划，对部队进行必要的警备勤务训练。

5. 关于与中共上海地下组织取得联系的问题。商请他们在战役发起前和战役过程中，为我军提供敌人的设防部署情况，积极组织护厂、护校斗争，注意维护城市的社会秩序，以保证我军夺占城市后接管工作的全面进行。不久，中共上海地下组织送来了我在敌工兵司令部做地下工作同志转来的上海守敌防御部署要图，我即让野战军司令部复制后分送第 9、第 10

两兵团。

5月2日，粟裕、唐亮代表三野前委赴丹阳将我们的大体设想与工作部署向总前委作了汇报。5月4日，三野前委召开接收工作会议。由粟裕、唐亮传达总前委指示精神，并研究接收任务的具体区分等问题。会议还拟定了三野前委《关于准备进入上海的工作指示》和《对外交政策及城市纪律的具体规定》，明确规定了入城后的政策纪律和注意事项。会后，由我起草了接管上海的警备任务区分的电稿，由粟裕审阅后，交钟期光带往华东局呈请审查。5月6日，前委开会布置工作，确定担任上海警备任务的第9兵团及第26军的领导同志参加了会议。首先，听取了第9兵团政委郭化若、第26军政治部主任李耀文等关于接管准备情况的汇报。然后，粟裕作了关于上海警备应注意问题的报告，我向第9兵团各部明确了警备任务的区分及注意事项。最后，唐亮作了接管上海政治上、政策纪律上应注意问题的报告。

5月7日，野战军司令部参谋处长王德向我传达了华东局领导关于接管上海问题的指示精神，我即组织司令部研究了具体贯彻落实的措施。同时，我们又接到中央军委来电："何时占领上海，仍需依照我方准备工作完成的程度来作决定，最好再有一个月左右的时间，充分完成准备工作。"并令我们在尽快作好准备工作同时，"即行部署于5月10日以后，5月15日以前数日内，先行占领吴淞、嘉兴两点，封锁吴淞口及乍浦海口，断绝上海敌人逃路，使上海物资不致大批从海上运走"。

根据中央军委上述指示，结合三野前委原来设想的几种方案，我们迅速拟制了攻占上海的整个战役计划。于5月7日10时报请中央军委批准。其具体部署是：集中第9、第10两兵团共8个军首先扫清上海郊区敌之据点，然后从两翼迂回钳击吴淞口，切断敌人退路，阻止敌人抢运上海物资或提前逃走；待接管准备就绪后，如敌继续顽抗，即对市区发起总攻，解放上海。对沪郊作战的具体部署是：由叶飞、韦国清指挥第10兵团（辖第26、第28、第29、第33军），配属炮兵第5团、第6团和工兵一个营，从苏州、常州地区由西向东，首先向太仓、吴淞方向实施主要突击，攻占吴淞、宝山，封锁黄浦江口，断敌海上退路；尔后即从西北方向向上海市区突击，协同第 9 兵团解放上海。为完成第一步任务，该兵团应先以一部兵力围歼昆山、安亭、太仓、浏河、嘉定地区之敌。由宋时轮、郭化若指挥第 9 兵团（辖第 20、第 27、第 30、第 31 军），配属炮兵第 4 团，自硖石、桐乡地区北上，首先向黄浦江东岸之敌实施攻击，协同第 10 兵团封锁黄浦江口，断敌海上退路；尔后由东、南、西三面向上海市区突击，协同第 10 兵团解放上海。为完成第一步任务，该兵团应预先以一部兵力占领平湖、金山卫等地，开辟前进道路。为使城市居民生命财产和公私建筑物尽量不受或少受损失和破坏，还规定部队在市区作战时，力争不使用重武器。

在部署确定后，5 月 8 日 23 时许，我随粟裕率指挥机关移至苏州金城新村，完成了指挥战役实施的准备工作。9 日，召开第 10 兵团领导干部会议，钟期光传达了华东局关于接管上海问题的指示精神，粟裕、唐亮分别讲了话。当日午后，收到中央军委复电，同意我们对上海战役的部署。我分别转告第 9、第 10 两兵团领导同志。5 月 10 日晨，我草拟了《淞沪战役作战命令》，由粟

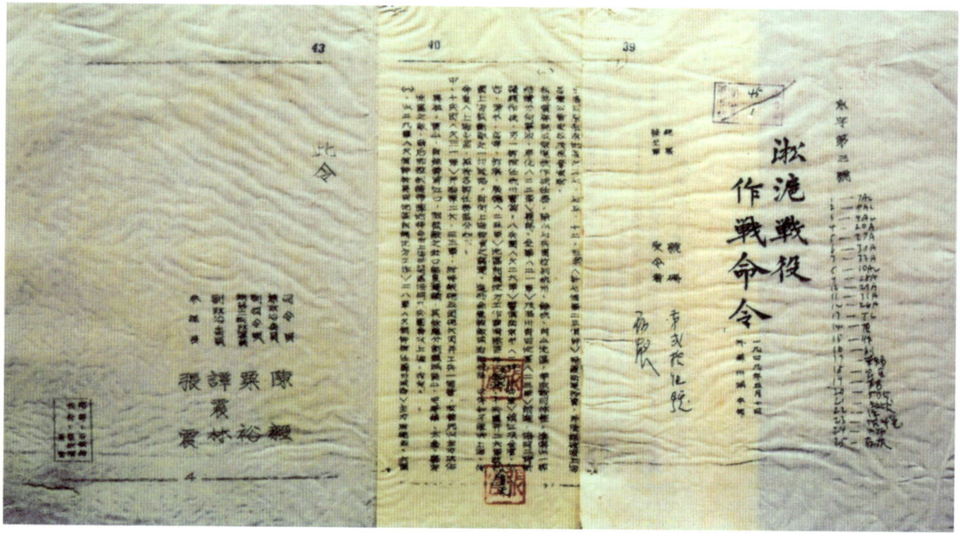

1949 年 5 月 10 日第三野战军“淞沪战役作战命令”修正稿，正文有两处改动，特意加盖了张震的姓名章

裕审定后即于 5 月 11 日正式下达各部。历时 16 天的上海攻坚战终于揭开了战幕。

夺取淞沪战役胜利

上海地区守敌是国民党“京沪杭警备总司令部”汤恩伯下属的 8 个军、25 个师，拥有军舰 30 余艘，飞机 120 余架，连同其他特种部队、勤务部队、保安团队及交警总队等，共 20 余万人，分别驻守黄浦江东西地区。黄浦江以东市区及高桥地区由敌第 12、第 37 军驻守；黄浦江以西市区及吴淞要塞周围地区由敌第 21、第 51、第 52、第 54、第 75 军、第 123 军驻守。整个防御体系由警戒阵地、主要阵地和核心阵地编成：以浏河、嘉定、南翔、七宝、北蔡、川沙之线为警戒阵地；以月浦、杨行、国际无线电台、刘行、大场、真如、北新泾、虹桥、龙华及浦东之高行、高桥地区为主要阵地；在市区利用火车站、码头、工厂、仓库等高大建筑物，如四行仓库、国际饭店、中央银行等为核心阵地。

整个上海战役可分为两个阶段。第一阶段：从 5 月 12 日至 5 月 22 日，扫清外围，钳击吴淞，断敌海上退路；第二阶段：从 5 月 23 日发起总攻，到 5 月 27 日战役结束，在接管准备就绪后，分路向市区攻击，先南后北，全面占领上海。

5 月 12 日，我军向上海外围守敌发起进攻。至当夜，北线第 10 兵团左翼第 29、第 28 军分别攻占浏河、太仓、嘉定等地，进逼月浦、杨行、刘行之线。13、14 两日，继续向月浦、杨行、刘行猛攻，守敌第 52 军在海、空军支援下，依靠密集的钢筋混凝土碉堡（有的阵地多达七八道工事和障碍），以炽烈的火网封锁我军攻击道路，并在坦克、装甲车掩护下，向我军实施连续反冲击，争夺十分激烈。15 日，敌又增调第 21 军、第 99 军之第 99 师加强该地区防御。我军虽顽强攻击，付出较大代价，但始终未获大的进展，与守敌形成胶着状态。右翼第 26 军经过反复争夺，占领昆山，进逼南翔。

南线我军第9兵团第20、第27、第30、第31军进展顺利，先后占领了平湖、金山卫、奉贤、南汇及松江、青浦等地，进逼川沙，威胁沪敌侧背。14日，敌被迫由市区抽调第51军至白龙港、林家码头地区，会同第12、第37及暂8师等部加强守备。

根据3天来的战况，粟裕和我研究商定，同意第10兵团调整攻击部署：以第29军集中兵力攻月浦，第28军主力攻杨行，并调第33军两个师加入战斗，分别归上述两个军指挥。令第9兵团第30军迅速向川沙、高桥地区攻击前进，力求以炮火封锁黄浦江面。15日，第10兵团第29军攻入月浦街内；第9兵团第30军攻占川沙，并包围敌第51军于白龙港地区。

5月16日，粟裕专门让我起草了《淞沪作战战术指示》下达各部队，要求他们对敌永久性设防阵地的进攻，必须周密组织，选择其弱点，楔入其纵深，然后从敌侧背或由内向外打；集中火力突击一点，挖交通壕接近敌碉堡，以小群动作，轮番实施攻击，以炸药包开路，改变集团式进攻的方法。各部队也及时总结了前段攻坚战的经验教训，改变战术，取得了一定效果。北线第28军于17日肃清刘行残敌，19日攻下国际无线电台。南线第30军于16日全歼敌第51军于白龙港地区，第31军攻占周浦。随后，两军并肩向高桥攻击前进，18日进至高行以北杨家楼、朱家桥之线，将敌第12军压缩于高桥地区，并割裂其与浦东市区守敌第37军的联系。

此时，敌为保障吴淞口出海通路，又将第75军之第95师自上海南郊东调增防高桥。19日起，敌依托高桥地区濒江依海、三面环水的有利地形，在海、空军配合下，以频繁的反冲击与我展开激烈的争夺战。我军就地转入坚守，不断打退敌人的反冲击，予敌重大杀伤，迫敌于22日又将第75军自浦西市区全部东调，增援高桥地区作战。由于该区地形狭窄，河流纵横交错，我军兵力不易展开，桥梁多为敌人破坏，重炮跟不上去，部队伤亡较大，与敌形成相持局面。后我军特纵炮兵进至王家湾及其以西阵地，压制高桥东北海面敌舰，当即击中 7 艘，其余狼狈逃窜。从而封锁了高桥东北海面，使敌舰不敢再驶近助战。

在 10 天的外围作战中，我军第 9、第 10 两兵团共歼敌第 51、第 123 军、暂 8 师等部 2 万余人，占领了敌人的外围阵地，突入了敌人的主阵地，迫使敌人集中更多兵力于吴淞口两侧地区，造成我军攻取市区、全歼守敌的有利条件。但在同时，由于我军避免以炮火破坏市区，仅以主力一部从敌两翼实施突击，地区狭窄，兵力不易展开，使敌有可能集中力量坚守上海市区至吴淞通道，我每攻一点，费时较久，消耗较大。市区守敌虽倾巢出援，但我军受接管准备时间限制，不能乘虚攻占。

有鉴于此，粟裕与我曾于 5 月 18 日向中央军委、总前委建议：如对沪攻击不受时间、地区限制，我们准备从四面八方向市区发起攻击。北线力求楔入吴淞，南线先解决苏州河南与南市区之敌，尔后会攻苏州河北之敌，并询问了接管准备工作是否已经完成等情况。当日，总前委复示：进入上海的政治准备业已初步完成，攻占上海的时间不受限制。我们遂于 5 月 19 日召开作战会议，第 10 兵团政委韦国清、参谋长陈庆先和政治部主任刘培善等参加。我们商定拟增调第 7 兵团之第 23 军、第 8 兵团之第 25 军及特纵炮兵第 1 团、第 3 团各 2 个营及第 2 团全部，分别加强和配属第 9、第 10 兵团。另以第 24 军作好准备，随时听候调遣。当晚，我们接到中央军委来电："在上海已被我军包围后，攻城时间似不宜拖得太长"，"是否可于 5 月 25 日前后开始攻城。"据此，我告第 9 兵团要求他们首先集中力量全歼浦东之敌，尔后以 3 个军歼灭苏州河南之敌。并令第 23 军于 23 日集结于松江，准备加入战斗。同时，派特纵陈锐霆司令员前往第 10 兵团部署炮兵火力组织诸问题。

这时，华东局接管上海的准备工作已基本完成，中央军委于 5 月 20 日发布命令，指出："接管上海的准备工作已大体就绪，似此只要军事条件许可，你们即可总攻上海。"并提出：攻击前必须调齐兵力，充分准备；攻击步骤以先解决上海，后解决吴淞为适宜，如吴淞阵地不利攻击，亦可采取攻其可歼之部分，放弃一部不攻，让其从海上逃去。

遵照中央军委上述命令，5月21日，我组织司令部拟定了如下作战计划：第一步，以第9兵团之第30、第31、第20军主力迅速攻歼高桥和浦东市区守敌，控制黄浦江东岸阵地，封锁敌人的海上逃路。第二步，以第9、第10两兵团协力夺取吴淞、宝山及苏州河以南市区，完成对苏州河以北地区敌军的包围。第三步，聚歼可能溃缩于苏州河北，吴淞、宝山以南，黄浦江西岸的江湾地区残敌，达成攻占淞沪全区之目的。同时，我们还研究了进占上海后的部队驻地问题。中央军委于5月22日复示：同意21日午电所述之攻沪部署，望即照此执行。

5月23日夜，我军发起总攻。第29军于当夜攻占月浦南郊高地。次日晨，敌以4个步兵营，在8辆坦克掩护下，连续进行4次反冲击，均被我军击退。敌复将第75军之第6师从高桥抽回，增强月浦方面防御，以保障吴淞通道的安全。第28军迫近吴淞，并对吴淞码头实施炮击。24日晨，第20军攻占浦东市区，守敌西逃；第27军占领虹桥及徐家汇车站。曾获悉在淞沪战役的紧张阶段，蒋介石亲自在吴淞口外的军舰上督战，这时看到大势已去，才下令撤退。当日，我们查明汤恩伯等已登舰出海，在吴淞口外指挥撤退，苏州河以北敌军主力正向吴淞收缩，苏州河以南市区之交警总队亦北撤，粟裕和我即令各部迅速同时发起猛攻，大胆楔入敌人纵深，截歼逃敌。

5月24日夜，第27军由徐家汇附近攻入市区，第23军由龙华附近攻入市区，第20军主力从高昌庙西渡黄浦江攻入市区，至25日晨，全部占领苏州河以南市区，并乘胜向苏州河以北追击。当晚，陈毅司令员、饶漱石政委抵苏州车站，向我们交待了争取瓦解敌军应注意的事项，以及接管上海的具体事宜后，即赴上海。这时，第30、第31军已攻克高桥，到26日午，肃清了浦东地区敌人。同时，第26军攻占大场、江湾，第25、第29军攻占吴淞、宝山，第28、第33军攻占杨行等地，第27、第23军及第20军一部占领苏州河以北市区，各点守敌先后就歼。在我军的积极争取下，敌淞沪警备副司令刘昌义于5月25日率随员到我军第27军指挥所接洽投降，5月26日刘昌义所部4万余人集中在江湾、大场地区向我军缴械投诚。当日，我随粟裕经南翔于27日晨抵上海。27日下午3时，我军在杨树浦歼灭了最后一股敌人（21军之230师残部）。至此，上海宣告解放。我军共歼敌第37、第51军及7个交警总队全部，第12、第21、第52、第75、第123军的大部，共15.3万余人。缴获各种火炮1300余门，坦克、装甲车110余辆，汽车1100余辆，舰艇11艘及大批军需物资。汤恩伯率第54军等部约5万人先期登船出海，逃往台湾、定海等地。上海解放后，长江口崇明岛仍为敌第一绥靖区所部盘踞。5月31日至6月2日，第25军解放崇明岛，歼敌3700余人。至此，整个京沪杭战役胜利结束。

淞沪战役特点

淞沪战役是为实现整个京沪杭战役意图的一个相对独立的战役，也是我军转入战略追击后唯一的一次大规模的城市攻坚战。这个战役具有下述重要特点。

一是立足于对付帝国主义的武装干涉，充分进行军事上的准备。早在1949年1月8日，党中央、毛泽东主席就明确指出，“我们从来就是将美国直接出兵占领中国沿海若干城市并和我们作战这样一种可能性，计算在我们的作战计划之内的”。只有立足于这一最困难的情况，才能在突然事变一旦发生时，处于应付裕如的地位。同时，党中央、毛泽东主席也认真分析了美国对外政策方面产生局部改变的原因，指出：“中国人民革命力量愈强大，愈坚决，美国进行直接的军事干涉的可能性也就将愈减少。”在渡江成功后，中央军委没有立即令我军直取上海，一个很重要的因素，就是必须做好军事上的充分准备，在大规模追歼逃敌的过程中，及时调整部署，进行短期休整，以利再战。对于夺取上海，一定要有充分的胜利把握，力争一举攻占，不给美帝国主义实施武装干涉以任何可乘之机。为此，中央军委决定，以第二野战军集结于浙赣线，作为战略预备队，随时准备加入反击美帝国主义武装干涉的作战。另外，还明确规定了军事行动中涉外事件的处理办法，提出凡遇到外国舰艇、商船、人员的问题，必须及时报请中央军委审示。战役过程中，我军进攻高桥时，有悬挂外国旗帜的军舰2艘，配合国民党军向我开炮，我们根据中央军委指示，坚决予以还击，有力地显示了我国神圣领土主权不容侵犯的坚强决心。城市攻坚中，第27军遇到插有美国旗帜的敌防御设施，经华东局批准，我军采取了迂回通过与和平解决的方式，表现出有理、有利、有节的斗争策略的灵活性。这些行动，迫使国民党反动派乞求帝国主义武装干涉的阴谋始终未能得逞。最后，一直在吴淞口外游弋的帝国主义国家的军舰，纷纷悄然离去。一百多年来，帝国主义列强的炮舰政策，在我军的强大攻势面前彻底破产了。

二是攻占上海的时间，要服从于接管上海各项工作的准备程度，由中央军委和总前委具体确定。这充分体现了军事行动必须严格地服从于政治斗争，服从于物质上的准备情况。如果单从军事斗争的角度看，攻占上海的最佳时机，不外乎郎溪、广德围歼战结束之时。这时敌人四散奔逃，似鸟兽散，我军若乘敌在上海立足未稳之际，乘胜在行进间直攻上海，起码可以提早半个月解放该市。但因为我们的各项接收工作准备需要时间，从接管机构干部的调集编组，到各种经济物资的准备，不可能一蹴而就。假如仓促攻占上海，由于战争的破坏，市政建设、人民生活、工业生产将受到严重影响，反而会遭致不应有的动荡和混乱，这个工业化的大城市将不能在新生政权的领导下，为新中国经济的恢复和发展作出应有的贡献。这是我们所以确定既要夺取城市，又要保全城市的战役指导思想的依据。只有做好政策上、物质上的各种准备，才能有条不紊地进行接管工作，才能有效地防止混乱和暗藏敌人的破坏活动。所有这些，决不仅是一个军事斗争问题，必须全面考虑政治、经济、军事、地理条件等诸方面因素，由中央军委和总前委直接掌握与控制，作出最终的决断。

三是战役部署和作战样式都必须贯彻既要夺取城市，又要保全城市的战役指导思想。党的七届二中全会明确了“在南方各地，人民解放军将是先占城市，后占乡村”的战略转变，这是我党二十多年乡村包围城市的革命武装斗争道路的必然发展。我们的根本目的不仅是夺取城市，更重要的是保全城市。特别是像上海这样举世闻名的大城市，在即将回到人民怀抱的时候，决不能使之毁于我们之手。为了完整地接管这一大城市，就是付出重大的代价，也是必要的、值得的，这是人民的根本利益所在，是新生的国家政权的利益所在。所以，我们对整个战役的部署和具体打法，都力求贯彻上述要求。坚定不移把攻击重点放在吴淞，而暂不向市区发起攻击，迫敌为保护其退路而集中全力在吴淞周围与我军决战，把城区守敌逐步调动出来。尽管这是一场以强对强的攻坚战，但这是夺取城市并保全城市的唯一正确的打法。假若单从军事角度来考虑，我们还可以采取长围久困的打法，或者是集中力量向敌防御薄弱的苏州河以南地区实施主要突击，但这样都将给上海市区带来严重的破坏。因此，要时刻想到上海有500多万人口，有现代的工业，是新中国成立后国家经济建设的骨干力量，这是大局中的大局。尽管战役过程中，前线部队在久攻不下时，提出过使用重武器的要求，但是，三野前委和各级部队党委始终坚持这一重大原则，耐心细致地讲清道理，说明这些地主、资产阶级的“财产”，很快将成为人民的宝贵财富，决不能由于我们的感情冲动，使之毁于一旦。从而使整个参战部队始终严守纪律，有效地保全了城市，获得了最佳的期望结局。

四是军事斗争与地下斗争密切配合，是解放上海的重要因素。上海是中国共产党创建之地，具有光荣的革命传统。中共上海地下组织有着丰富的斗争经验和坚强的群众基础，在抗日战争和解放战争中，他们积极为解放区输送干部，采购、转运物资，有力地支援了解放区的斗争。淞沪战役期间，以刘晓、刘长胜为首的上海党组织，是我军解放上海的坚强内应。他们绘制了上海守敌防御部署要图，为我军的进攻作战提供了具体的指导。他们组织护厂、护校，维持社会秩序，保证了上海的水电供应和市民的正常生活。他们积极配合我军的各项接管工作，与军管会的同志一起，保护公共财产，保护工商业，保护爱国知名人士，保护外国侨民，打击敌特的破坏活动，保证了我军参战部队全歼守敌后能迅速撤离城市，保证了各项接管工作的顺利进行。

我军解放上海后，进入市区的机关和部队，严格执行“约法八章”，对人民群众秋毫无犯。他们忍饥挨饿，露宿街头，在币制未明确规定前，不购买商品，以免引起市场动荡，以自己的模范行动，积极维护社会秩序，制止和打击不法行为，受到了上海人民及社会各界的交口称赞，达到了军政双胜利。当时，新华社曾发表文章指出：上海的解放，表示了中国人民无论在军事上、政治上和经济上都已打倒了国民党反动派，在中国人民的解放事业中具有特殊的意义。

指挥若定　军政全胜

聂凤智

聂凤智（1914—1992），湖北礼山（今大悟）人。1928 年加入中国共产主义青年团，1933 年转为中国共产党党员。上海战役时任第三野战军第 27 军军长。

每当我忆及上海的解放，就很自然地想起了我们的陈毅司令员。上海战役能够取得军政全胜，是和陈毅同志正确执行党中央的方针、政策，兼资文武的指挥艺术分不开的。

细心教诲　灵活指挥

1949 年 1 月中旬，淮海战役刚刚结束，我们华东野战军第九纵队南移至宿县灰古堆一带休整。不久我和政委刘浩天就接到命令，到徐州附近的贾汪参加三野前委召开的扩大会议。一到贾汪，我们就听说前委正在紧张地工作，准备新的战役。会上，陈毅司令员传达了 1 月 8 日中央政治局会议精神和毛主席的指示，要我们做好“打过长江去，解放全中国”的各种准备。陈毅同志还给我们作了整编动员，粟裕同志作了《关于华东野战军一九四九年六项任务》的报告。

我军经过二十多年的南征北战，终于要打出一个新中国来了，胜利的召唤和由衷的欢乐，使我们夜不能寐，喜形于色。陈老总看着我们这股热劲，笑着对我们说：“你们九纵整编改为 27 军，这个好办啰，那个渡江、解放上海就不那么容易啰，任务很艰巨呀！”说着，他就给我们讲起上海的故事来了。从政治、经济到军事，讲得妙趣横生，讲得我们心里像燃起了一团火，脸上堆满了笑容。陈老总环视着我们，诙谐地说：“看来，你们对上海兴趣不小。可是，你们要认识上海，打进上海，得下一番苦功夫。新问题多得很啰，不光是军事，那个政治、经济问题也很复杂，都要好好学习、研究！”

上海这个我国最大的城市，经陈老总一勾画，使我们心里有了点数，给了我们很大的鼓舞，又使我们受到鞭策，对解放上海任务的艰巨复杂有了思想准备。回到部队后，在组织传达学习中，不出所料，干部们果然对渡江作战，解放南京、上海提出了很多新问题。我们就按照陈毅同志和前委其他首长的指示，结合学习他在 2 月 18 日所作的《关于新区政策的报告》，引导大家研究新情况，回答新问题，使部队思想十分活跃。陈老总博古通今，引而不发，循循善诱，寓理于事，善于做思想工作。我们就学习陈老总那样去做思想政治工作，用各种方法帮助指战员了解上海的情况，熟悉城市政策。使我们部队在解放上海的复杂斗争中，有充分的思想准备。

解放战争时期的陈毅

渡江以后，复杂的情况，果然接踵而来。在兵团首长宋时轮、郭化若等同志的直接指挥下，我们军的指战员一踏上长江南岸，就参加了歼灭南京、镇江南逃的敌人 6 个军，然后按照中央关于稳住上海敌人的策略，待上海的接管工作准备就绪后，才向上海逼近和夺取上海。当时我军指战员不顾春雨霖霖，克服敌人对桥梁、道路破坏所造成的困难，且战且驰，急速地向繁昌前进，一昼夜要跑一百多里，连吃饭的时间都没有。这样的艰苦，是一些同志没有预料到的。部队一过繁昌，直指宣城，这时，陈毅同志催促部队快速前进的电报一个接着一个：为了不让上海之敌逃跑，为了不让敌破坏上海，为了拯救上海人民于水深火热之中，务必再加快前进速度。敌人是兵败如山倒，我军的打法可以脱出常规。我们把陈毅的指示火速传达到部队，指战员们听到陈老总的声音，什么困难都不在话下，战术思想也“活”了，一心想着打到上海去。特别是前卫、侦察和电话分队的干部、战士，更是机智灵活，艰苦奋战，有时一昼夜跑路不下 200 里，突然出现在逃敌跟前。在陈老总的启示下，我们从实际出发，脱出常规，较好地处理了既追歼敌人又快速前进的很多复杂问题，采取了多路平行追击，运用拦头、截腰的打法。拦头的部队，不顾敌小股部队的迷惑和侧射火力的威胁，以最快的速度超越敌人；截腰的部队则快速地向敌人要害纵深猛冲猛打，光俘虏敌人就有七千多，还击毙了敌 99 军军长胡长清。只用了 8 天 8 夜的时间，我们军就赶到了乌镇、青镇一带，和兄弟部队一起，把汤恩伯集团的8个军、25个师，共二十多万人，团团围困在上海及其周围。为歼灭敌人，解放上海创造了有利条件。

陈老总这种灵活的指挥艺术，不仅使部队圆满完成了前委赋予我军追歼京镇逃敌和围困上海之敌的任务，而且使我们受到了深刻的教育，更感到在战争发展的新形势下，从实际出发决定战略战术方针，变换战术的重要。

脱出常规　周密部署

解放上海这个仗怎么打，这是当时大家都关心的大问题。还在渡江之前，前委就根据党中央和毛主席的指示，制定了《京沪杭战役实施纲要》。其中关于夺取上海问题，明确规定既要防止敌人逃跑，又要尽力歼敌于上海外围，以保存上海，减少人民的伤亡和避免遭到破坏。在军事上怎样达到这个目的呢？陈老总付出了很多的心血，前委于5月上旬作出了具体部署。

5月12日，我第9、第10兵团以一部分主力的10多万大军向上海外围攻击前进，我们奉命进入泗泾地区待命。当时，不少同志耽心，上海外围，敌有四千多个钢筋水泥永备型工事为骨干的数十里防御纵深，仗很难打。陈毅同志却说："这是帮我们准备的诱饵，敌人这些防御工事帮了我们的忙啊。他们自恃有了这些本钱，我们才可能把他们像钓鱼一样，钓到外围来歼灭掉，以保存上海的完好。"

陈毅同志辩证地分析客观情况，脱出常规的战略战术思想，给各级指挥员很大的启发。在部署兵力和选择主攻方向这些重大问题上，都有很多创造。过去打仗，常常是选择敌之弱点突破，而现在，我们则在各个方向上，都把主攻矛头指向敌人的嫡系，指向敌之强点。这样，我们就抓住了敌人，想在哪里吃掉它就在哪里开刀；同时，也利用了敌人内部互相倾轧的矛盾，使敌人的强点很快就转化为弱点，并为尔后分化敌人，争取一部分敌人放下武器创造了条件。陈老总用兵的这种气魄和雄才，至今还传为美谈，值得学习。

我兄弟部队向外围敌总攻打响后，我们军准备紧接着从莘庄镇、七宝镇至北新泾镇一线向敌发起猛攻。有的同志认为这一带，敌钢筋水泥碉堡密布，构成了永久性的防御纵深体系，又有汤恩伯的重兵防守，很难突破。按照陈毅同志的指示，我告诉大家：敌人内部处于惊慌失措的境遇中。在务必尽多地歼敌于外围的思想指导下，我们揪住汤恩伯的嫡系打，更有利于分化敌人，敌人的所谓强点必转化为弱点。我们下定决心从这一线劈进去。陈毅高兴地鼓励我们："这个突击方向选得好，抓得住敌人。"他又提醒我们说："你们27军过去仗打得不错，这次一定要打好。打上海很光荣，也很艰巨，你们要多费点脑子，要好好研究新情况。"这些指示，使我们开阔了胸怀，受到振奋、鼓舞。在兵团首长的直接指挥下，我们军投入战斗后，向敌人展开了逐堡、逐段的争夺战。在七堡镇至虹桥一带，为了全歼顽抗之敌，我们采取了正面强攻结合穿插分割的战术；进至虹桥、龙华一线，对国民党的6个交警总队则采取连续强攻的手段，将他们全部歼灭。

从12日我全线总攻外围起，敌人或被迫按我意图调动，就范被歼；或被钉在防御阵地里，被我一口口地吃掉。10天的外围激战，完全证明了陈毅的判断十分正确。敌人凭借"陆海空三军优势，固守外围"的迷梦破灭了，我军达到了歼敌于外围而又逼进市中心的第一阶段战役目的，迫使敌人集中残兵于吴淞口两侧地区，为我军攻取市区，完整解放上海造成有利的态势。

保全上海　军政全胜

攻取上海市区，如陈毅所说，是一个更艰巨的任务。在部署战役时，陈毅同志就根据我人民解放战争发展的新特点，向我们指出："打上海，政治重于军事，军事服从政治，必须军政全胜。"根据前委的指示，陈毅又明确地给我们军提出了军政全胜的具体要求：既要保护人民的生命财产，完整解放上海，又要歼灭敌人；既不能用赶鸭子的办法，让敌人毁城跑掉，又要防止敌人久踞上海烧杀掳掠，人民遭殃。因此，大家都把解放市区的战斗，比喻是在玻璃柜子里打老鼠。既要打到老鼠，又不要损坏了玻璃柜子。

陈毅指示我们要很好地领会毛主席关于“于我军于人民有利的，即是可以避免伤亡和破坏”的斗争方式的指示，重视瓦解和分化敌人，力争部分敌人放下武器，夺取军政全胜。

5月23日，在向上海市区发起总攻前，陈老总又亲自给我打来电话说：“聂凤智吗？你们马上就要攻打市区了，一定要军政全胜，一定要把人民的损失减少到最低限度，这是上海啊，晓得吗？毛主席等中央首长看着你们啦！”这熟悉的声音，此刻，更使我感到格外亲切、激动。我报告说，刚才兵团首长也给我们作了详细交代，请转告毛主席放心，请前委首长和陈老总放心！直到向市区总攻开始后，我耳边一直响着陈老总的声音，500万上海人民啊，毛主席，陈老总等首长心里时刻想着你们啊！亲爱的上海人民啊，我们的心跳动在一起啊！这种感情，给我们增添了多么巨大的力量啊！

向市区发起总攻后，24日下午，我们3个师从市区的西、南两面逼近市区边缘。趁着夜幕，各突击分队用“多路快速跃进、勇猛穿插、迂回包围”的战术，直插每条街道，把敌人分割包围于大街小巷，使敌人不能形成有组织的抵抗。我们军在兄弟部队的有力配合下，仅经过4个小时的战斗，就全部解放了苏州河以南的主要市区。但是，到25日早晨，各师都报告说：进攻部队因禁止用炮火和炸药，都被阻于苏州河南岸。敌人凭据北岸的高楼大厦，以居高临下的火力网，严密封锁了河面和南岸的街道、建筑；敌人在北岸每个桥头都筑有碉堡，并有坦克流动巡守。部队多次强攻桥头都受到挫折，特别是在四川路、外滩一带，伤亡很大。

战士们血洒苏州河畔，指战员们被激怒了。在军指挥所里，参谋人员愤慨地说：1946年春，陈老总就卓有远见地提议以中共中央华东局、新四军和山东军区的名义，发出加强城寨堡垒攻坚训练的指示，不管是打昌潍、攻济南，都攻必破，而今却是英雄无用武之地，真憋人呀！有一个单位把榴弹炮营拉了上来，瞄准了“百老汇”大厦（今“上海大厦”），要求批准开炮。

对这些复杂情况，我们虽然事先有所预料，但是，战役发展的很多具体情况，必须马上作出抉择，提出新的作战方案。陈老总关于保全上海，军政全胜的指示，总在我耳边回响。我决心亲自到前沿去了解一下情况，以便研究对策。我们到煤气公司附近，进行抵近观察，看来，不用炮火，要夺下桥头，的确是很困难的。在回指挥所的路上，我们考虑了一个较大的迂回结合夜暗渡河的方案。接着在临时召开的军党委紧急会议上，我引导大家深刻领会陈毅同志关于保全上海、军政全胜的指示，说服那些要求开炮和使用炸药的同志。我按照陈毅的要求，告诉大家：在 1 月 8 日中央政治局会议和 3 月 5 日的七届二中全会上，毛主席提出了我国将由农业国转变为工业国，由新民主主义社会转变为社会主义社会这个总任务。陈老总要我们保全上海，就是为了使上海在我国未来的社会主义工业化中发挥作用。我们必须把长远的利益和眼前的利益统一起来。陈毅的远大理想和广阔的胸怀，感染着大家。个别曾经声色俱厉地质问我“是资本家的楼房重要，还是战士的生命重要”的同志，也都从愁容满面的沉思中醒悟过来。

在研究中，我们还按照陈毅要我们多费脑子，多研究敌人内部情况的指示，从汤恩伯登舰逃跑的情况中，看到敌人内部正在发生新的变化。汤恩伯把残部交给敌淞沪警备副司令兼第 51 军军长刘昌义指挥。而刘昌义并非蒋介石的嫡系。特别是我兄弟部队已经把江湾、吴淞一带之敌像包饺子一样，捏成一团，刘昌义要登舰逃跑也不可能了，完全可以争取他放下武器。于是，我们便通过地下党组织找到刘昌义，刘昌义表示愿意来谈判。

我立即电话报告陈毅和兵团首长。陈老总高兴地说：“你们做的对，但不能麻痹，否则敌人是不肯老实就范的。”并随即交代了原则和注意事项，口述了一道命令。

下午，刘昌义由地下党组织的同志带着来到我们军指挥所谈判。他一听说陈毅有命令，要他放下武器，又惊又喜。我向他宣读了陈毅司令员的命令，并向他规定了具体要求。

陈毅和我军的声威，迫使刘昌义同意放下武器。26 日晨，我军两个师的前卫部队进入了苏州河以北的市区，并按原订计划，继续向北挺进，以歼灭不听刘昌义指挥的敌青年军等残敌。

在挺进中，新情况又出现在我们面前：市区除东北角的杨树浦地区外，都解放了，到处一片欢腾。可是，在作战室的地图跟前，我们却对着作战参谋画红箭头停笔的地方凝思。参谋人员愤慨地说："这可恶的敌青年军第230师，非扫了你不成！"我告诉他们：眼前是怎么个扫法的问题，是怎样保护水厂、电厂的问题。敌青年军第230师人虽不多，却能够威胁电厂、水厂。如果电厂、水厂遭敌人破坏，将给全市造成极大的困难。为此，我们立即紧张地研究准备通过各种途径，用政治攻势解决战斗。陈毅当面听了我们的简要汇报，寻思片刻后说："若是敌第230师的副师长许照在指挥的话，你们可找蒋子英的下落，他一直住在上海，过去曾在国民党陆军大学担任过教授，许照是他很要好的学生，要他立一功。"陈毅深邃、沉着的眼色，和他爽朗的声音，顿时给大家带来了喜悦。我们立即查出蒋子英的电话号码，要他劝说许照赶快放下武器，戴罪立功。27日傍晚，残敌为大势所迫，终于放下武器投诚。电厂、水厂都完好地控制在工人的手中，上海市宣告全部解放！

后来，我们才知道，为了完整地解放上海，陈毅从战役准备开始，为了摸清和掌握上海的各种情况，指挥战斗，常常通宵达旦地工作，对地下党组织和各部队提供的情况，熟背如流；对各种情况的处理，成竹在胸，指挥若定。难怪我们每次向他请示，他都不是讲空话，而是分析阐述明确清晰，决心果断，口述成章。他的远见卓识，给我们以力量和智慧。我们深深感到：陈老总的渊博知识和指挥艺术，来自他对党对人民的一片丹心，是我们学习的榜样。

机智指挥　稳定上海

当上海战役即将取得全胜的时候，26日午夜，陈毅和华东局的首长们来到我们军指挥所。陈老总走进门来，头发上还挂着水珠，衣服上印着密麻麻的雨点。他笑着说："来迟了，来迟了。"这时，市区还响着稀疏的枪声，有的街道雨水没膝。我们感到又高兴，又为首长的安全担心。有的同志关心地对陈老总说："首长等两天进来也不迟。"陈老总笑着说："等不得了，五百万人民等不得了。我也等不得了，肚皮饿得打鼓响啰，快给我们搞点饭吃！"说得大家哈哈大笑。我们用鳝鱼炒辣椒，炒青菜等，算是为陈老总和华东局的一些负责同志洗尘。

凌晨，我们简要地汇报情况后，陈毅告诉我们，华东局已经为上海人民的生活作了妥善安排，粮食、煤炭等正在赶运上海。你们要赶快把上海的治安、社会秩序抓起来。并且关切地检查我们执行前委要我们采取措施，保护宋庆龄、张澜等爱国人士和民主党派的领导人的情况，询问挽救被敌人监禁的同志免遭杀害的结果如何。我们汇报说，在地下党组织的有力配合下，宋庆龄、张澜等爱国知名人士，都安全无恙。被敌人监禁的同志，多数都得救了。他舒了一口气，欣慰地说："我就放心了。你们的任务完成得很好，部队很听话，不错！"我说："我们有的事没搞好。保护宋庆龄的分队，接受任务时没搞清楚，他们进到宋庆龄的庭园里，门里也放了哨兵，惊扰了她，后来，才叫哨兵撤到门外。"陈老总说："是呀，应该注意呀。"停了片刻，他又亲切地提醒我们说："执行政策纪律一定要抓紧，不能有一点疏忽。在上海，这件事情太重要了！"接着，对我们作了很多具体指示。

陈毅到了上海的消息，很快就在我们军的各级指挥员中传开了，使大家受到鼓舞，感到心里很踏实。他的指示对我们处理各种五花八门的复杂问题，起了很大的作用。例如国民党军队的散兵游勇，使我们大伤脑筋，特别是那些化装逃跑的国民党官兵，到处作恶，鱼肉人民，成了社会治安的大问题。我向他汇报了这个棘手的问题后，他说："我给你们出个主意，让干部战士带着刚俘虏过来的'解放战士'去收容，然后妥善处理。"遵照陈老总的指示，我们在地方党组织和人民群众的配合下，几天就收容了国民党的零散官兵一万多人。在陈毅的亲自领导下，不过几天时间，上海就基本安定下来，恢复了正常的生活、生产秩序。陈老总在那样繁忙的工作中，对人民的生活和生命财产关怀备至，对执行党的政策，一丝不苟，感人至深。

有一天，我军第 80 师报告说，师部暂住的南京路的一家旅馆的楼上，一个外地来的旅客，晚上被坏人捆绑起来，嘴里塞上棉花，抢走了黄金和手表。我们正在研究如何破案时，陈毅知道了这件事，告诉我说："你们去找那个旅馆的老板就解决了。"我说，好。马上通知师里去要老板交出坏人来。陈老总说："你们不懂，现在，只能叫他交出东西，不能叫他交人。"几天后，黄金、手表真的送回来了。

从陈毅处理这些问题中，给我们很大的启发：我们必须学习陈老总那样观察和研究社会，学会新的斗争策略和方法。

平易近人　关心战士

在解放上海后的日子里，我们军的指战员，有比较多的机会见到陈老总。他那种平易近人、朴实无华和关心体贴战士的思想作风，使很多同志至今眷恋不忘。

在千头万绪的工作中，陈毅日夜操劳，哪里遇到困难和复杂问题，他就赶到哪里去。有时，他深入到基层，我们还是从担任警备执勤的分队那里才知道他的行踪。他常常利用休息时间，看望战士，关心战士。

有一天，陈老总刚作完报告，傍晚时，又去看了几个连队。干部们劝他回去休息，他幽默地说："我到你们这里来和你们在一起，就是最好的休息，也变得年轻了。"他每当讲起亲眼看到战士们和衣睡在马路边上的情景时，都要激动地赞扬我们的战士的革命乐观主义精神，号召大家发扬艰苦奋斗的传统，来治理好上海，保持我军的革命青春。但是，他到了连队，总要亲自问寒问暖，关心战士们的生活情况。他听说很多连队不住民房、学校和工厂，有的住在潮湿的地下室里。便立即告诉我们：让战士睡潮湿的水泥地会得关节炎，赶快找公房和闲置的仓库，把战士们的生活安顿好。

上海刚解放几天，陈毅对我说：“上海市人民政府的牌子挂出来了，今天有点时间到连队走走了。”要我陪他去看望战士。当他听到指战员们血洒苏州河南岸的英勇事迹时，他紧锁着两叶粗黑的眉头，眼睛湿润了，牙齿紧咬着上嘴唇沉思着，自豪而又深情地对大家说：上海人民、中国人民是不会忘记他们的。当我们建设社会主义、走向共产主义时，人民是要思念他们的。我们的陈老总呀，对人民战士怀着多么深厚的阶级感情啊！

当他听到一个帝国主义分子恶意放出狼狗来咬我一个执勤战士，被战士用刺刀挑了的事情时，他热情地表扬了这个战士。他说，中国人民站起来了，我们再也不允许任何敌人在上海横行霸道了。但是，当他听说我们一些指战员因为看不惯资产阶级那一套生活方式，而感到憋气，不愿到闹市去执勤的思想后，他告诉我：“我们的战士很可爱啊！不过，我们要教育他们，既要敢于同资产阶级斗争，也要敢于去改造他们、团结教育他们；资产阶级中，有很多是爱国的，他们也会变的呀！没有这个气魄和本事，还算什么伟大的共产党！”

上海是我国资产阶级最集中的城市。陈毅高瞻远瞩，战斗的枪声还没有停下来，他就提醒我们做好改造资产阶级的思想准备。到了6月，陈老总先后邀请上海的爱国资本家和知名人士座谈。他们对发展生产，疏浚河道，发展水利，恢复交通和如何学习改造，提出了很多可贵的意见。这使我们深感陈毅是多么有远见呵！

上海解放了！在上海解放后的那许多日日夜夜，陈毅像一个辛勤的园丁，为改造这座被称为“冒险家的乐园”的旧上海，花费了多少心血和劳动呀！这心血和劳动，早已经在这里绽放出绚丽多彩的鲜花。

上海战役亲历记

迟浩田

迟浩田（1929— ），山东招远人。1946年10月加入中国共产党。上海战役时任第三野战军第27军79师235团3营7连指导员。

向上海进军，抓入城教育

1949年1月10日淮海战役胜利结束后，根据全军统一整编的命令，我们华东野战军第9纵队改编为第3野战军第9兵团第27军，我们“济南第一团”由73团改为235团。我仍任第7连政治指导员。4月20日午夜，我们团参加渡江战役中集团第一梯队，在夏家湖一带突破江防，直取繁昌后，继续向南追歼敌人。这时，国民党军仓促分东西两路向上海和杭州方向撤退。我第9和第10兵团在吴兴会师后，将南逃的6万余国民党军包围于郎溪、广德之间的山区，我军各部队同心协力，实施多路向心突击，将被包围的敌人全部歼灭，其余南逃的国民党军退据上海，连同国民党原淞沪警备部队，共有8个军25个师20余万人，企图依靠上海的丰富资财和长期筑成的永备工事继续抵抗。

5月初，我们进至嘉兴城西的乌镇一带，进行准备解放上海的短暂整训。除进行必要的战斗准备外，主要对干部、战士进行政策纪律教育。上海是我国最大的城市，也是当时亚洲最大的城市，具有重大的国际影响。我军入城后执行城市政策和外交纪律的好坏，将直接影响我党我军及未来新中国的声誉。军长聂凤智、政委刘浩天、政治部主任仲曦东在作战斗动员时一再强调，解放上海不只是一场军事斗争，而且是一场政治斗争。根据上级要求，我们七连和其他连队一样，集中三天时间，认真学习《约法八章》《三大公约》《十项守则》和有关外交等政策的布告。我一条一条地给大家讲解，为了牢记在心，上级还要求让大家都能背下来。这就难了，当时我们连80%的同志不大识字，别的连队大体也是这样，都叫苦说背不下来。我和萧锡谦连长商量，我们俩先做个榜样，经过一番准备，我们向全连同志背了一遍。大家一看，没话说了，都拿出“入城守则”和“纪律手册”，一字一句地背起来。我还记得在《入城守则》中有：“第一实行军管制，保护人民各阶层。保障民主和自由，保障财产和生命。不准随便乱捉人，维持秩序安人心……”

我们背完了，先考排长。二排长记性差，晚上熄了灯，还躺在床上默默地背。排长过了关再考班长，班长考完再考战士。最后我又进行了抽查，那些不识字的战士也能背得滚瓜烂熟了。

光背熟了还不行，更重要的是要保证能做到。我组织大家讨论怎样具体落实，要求每人都写出执行政策纪律的保证书，并且每两个人结成一对，互相帮助，互相监督，不漏死角。在讨论入城后怎样能做到不拿群众一针一线时，大家提出要自觉进行个人物品登记，以便检查。组织上还要求对每个干部战士执行纪律的情况普遍进行一次审查，如果以前发生过违反纪律的事，就不能参加解放上海市区的战斗。三连有个排长打仗很勇敢，就是执行纪律不严格，有时爱从战利品中弄几盒香烟抽。在这次纪律教育中他就没有过关，不让他参加战斗。他觉得是很大的耻辱，痛哭流涕，写了保证书，表示绝不再违反纪律，才赢得了参加上海战役的机会。我们在政策纪律教育中，还引导大家预测进入市区后可能出现的问题，如：遇到外国人照相怎么办？如有不明真相的人靠近哨位怎么办？有醉汉扰乱秩序怎么办？散兵游勇跑到外国领事馆怎么办？等等，一一制定了不同的应对方案。通过纪律政策教育，指战员普遍提高了遵守入城纪律的观念，人人订立了遵纪立功计划。在上海战役中，我们七连因为遵守纪律还受到了上级的表彰。

深入虎穴　逼敌投降

指挥上海战役的第三野战军陈毅司令员，大家都叫他陈老总。他在部署上海战役时说：解放上海“就像瓷器店里打老鼠”。这个生动形象的比喻，一级一级传下来，不用多作解释，大家就明白，就是既要解放上海，又要使大上海的建筑和人民生命财产尽量不受损失。当时还提出“让大炮休息，让炸药靠边”，在进攻市区时，要求主要使用轻武器，不准开炮、用炸药。5 月 12 日，上海战役（当时称淞沪战役）打响。我军部署是：以第三野战军第 9 和第 10 兵团，兵分两路，采取钳形攻势，从浦东、浦西两翼迂回吴淞口，断敌海上退路，尔后围攻市区，分割歼灭守军。经过10天外围作战，我军攻占了守军的外围阵地和部分主阵地。但是仅从两翼突击，由于地域狭窄有利敌军集中兵力坚守，进攻速度不快。总前委决定，同时由南向北进攻市区、实行多面攻击，以分散守军兵力。

我们第27军奉命投入市区战斗。5月22日，我们团占领新泾镇，尔后与237团一起占领陈家桥。23日，我们团沿永安路向市区发动进攻。24日中午攻占梵皇渡车站。这时，国民党军京沪杭警备总司令汤恩伯为准备随时从海上逃走，将上海市区指挥权交给其副司令刘昌义。我军趁敌急于撤逃、指挥混乱之机，采取“快速攻进，勇猛穿插，迂回包围”战术，于24日下午向市区发起全线进攻。我们3营经中正路（今延安路）、愚园路，很快到达静安寺。在一位姓韩的地下党员配合下，控制了枪支弹药仓库，接管了警察局，然后我们继续向东攻击前进。

5月25日凌晨，我们团和237团包围了国际饭店，控制了跑马场（今人民广场）一带。国际饭店内的敌人投降后，我进入国际饭店，与地下党领导的武装同志取得了联系。接着，在团统一指挥下，我们三营向苏州河北岸攻击。我们七连在最前面，接近苏州河南岸垃圾桥（西藏路桥）时，遭到居高临下的敌人火力封锁，我们七连进行了四次冲击，都未成功。我仔细观察了一下，发现国民党军占据的一幢小楼上往外喷着火舌，对我们威胁很大。我和萧连长商量，确定先夺取小楼。我们叫来操纵掷弹筒的孙茂礼，对他说：“你瞧好了，楼顶上有敌人的工事，楼下住的是老百姓，只准你打楼顶，不许打到楼下。把你的看家本事拿出来吧！”22岁的孙茂礼是学徒工出身，入伍后8次立功，在战斗中练就一身过硬的射击本领，被战士们称为“神炮手”。只见他沉着地瞄准小楼顶上的工事，几发掷弹筒，把国民党兵打得晕头转向，顿时乱成一团，重机枪成了哑巴。我带一个排趁机冲进小楼，在“缴枪不杀，投降优待，抵抗死路一条”的喊声下，据守的国民党军一个连全部投降。

据守苏州河北岸的国民党军，沿河边拉上铁丝网，用麻袋装上沙子，甚

解放军向西藏路桥北的残敌冲击

至用面粉袋等构筑工事，形成一道严密的封锁线。敌人依托高大楼房上的火力，封锁我军过河必经的马路和桥梁。我军多次攻击无效，遭敌人火力严重杀伤。我们对面的敌青年军第204师，自诩为“党国中坚”，占据着坚固高大的四行仓库和中国银行大楼负隅顽抗。当我们7连往桥上冲的时候，敌人的机枪像雨点般地扫来，我最要好的抗大同学张昆被击中头部，壮烈牺牲。大家心情都很激动，但是为了保护上海人民的生命财产，军党委决定不能使用火炮，部队被拦堵在南岸，真是心急如焚。我焦躁地在地上转圈苦苦思索，无意中踩到一个下水道井盖，我从前没有见过这东西，问房东这是干什么用的？房东说是下水井，雨水、刷锅洗碗的水都从这里流下去，顺着排到苏州河和黄浦江。我想：“能不能从这里钻到苏州河？”房东摇头说：“不行，不行，里边都是脏水，臭得很。”我告诉连长，让他掌握连队，我去探探路。我揭开下水井盖，找了个竹竿，探下身子一搅，顿时臭味冲鼻，苍蝇、蚊子乱飞。

我正要跳入下水井时，通讯员张瑞林一把拽住我说：“指导员，你不能先下去，我来。”说着他抢先跳了下去。他说：“往北看有一个大洞，猫着腰可以过去，就是臭得受不了。”我下去以后，排长王其鹏紧跟着也钻了下去。这个下水井实际上是一条通往苏州河的排水沟，人可猫腰通过。里面一团漆黑，污水熏得人简直要昏过去。十几分钟后，我们高兴地从排水道口钻出来一看，是苏州河。

苏州河水很脏，水已没过了胸脯，深的地方能没过头顶。看到对岸国民党军哨兵的影子在晃动，我小声告诫王其鹏和张瑞林：“不要弄出响声。”好在苏州河的流水声掩护了我们的行动，敌人的哨兵对水面上的动静看不大清楚，而我们从水面看岸上却十分清楚。我们三人偷渡到河对岸后，互相一瞅，身上脸上都是污泥，但哪还顾得上这些，只管猫腰顺斜坡而上，悄然向前摸去。到了大桥的左侧，见旁边有一排房子，后来才知道这就是著名的四行仓库。

我们向后边绕去。这时，天下起了小雨。看到一个国民党军哨兵缩着脖子在房外溜达，我想先逮一个“舌头”，就对张瑞林和王其鹏说：“你们看我的手势，他往那边溜的时候你们趴到这边，等到他回头，就把他按倒。”张瑞林和王其鹏配合默契，冷不防一下子就把哨兵撂倒了，然后把他推到一扇门里边。我们三人全身都是黑乎乎的，只有牙齿是白的，这个哨兵还以为遇上了什么鬼怪，吓得上牙打着下牙，浑身哆嗦。我对他说：“你老实点。我们是解放军，不杀俘虏。你不要喊叫，听我们的命令，快带我们到指挥部去。”

盘问后，我们塞住这个哨兵的嘴，由王其鹏和张瑞林扭着他的胳膊，我举着枪走在前头，蹑手蹑脚地进了大楼。哨兵带着我们进了电梯，我们三人都是第一次坐电梯，电梯一动很紧张。张瑞林用枪抵着哨兵的脑袋说：“你这个坏蛋，想把我们弄到哪儿去？”那哨兵吓得“唔”“唔”地直摇头。我说：“不要慌，他不敢把我们怎么样。”哨兵面对着三支枪口，战战兢兢地把电梯开到了四楼。

一出电梯，就有一个声音传来："谁啊，干什么的？"我一看，是个国民党兵，一个箭步扑上去，缴了他的枪。三人押着两个俘虏，往右一拐，到了一个大房间的门口。

借着幽暗的灯光，我往里一瞧，看见里面横七竖八地坐满了抽烟聊天的国民党兵。我不禁一愣：敌众我寡，如何是好？也来不及多想，我纵身跃入室内，举起驳壳枪，大声喝道："不许动！谁动就打死谁！"机智聪明的王、张两人也马上举枪呼应，大壮声势。室内本来就灯光昏暗，加上"瘾君子"们吞云吐雾，整个屋子弄得乌烟瘴气，国民党兵眼见门口三条黑汉骤然降临，吓得魂飞魄散，个个哆嗦得像筛糠，有的竟哭爹叫娘，乱作一团。

"闹什么，来了哪个奶奶的熊？"突然间从里屋传出声音。话音未落，出来一个军官模样的人，喝得醉醺醺的，歪戴着帽子，大敞着怀，摆出一副盛气凌人的架势。张瑞林眼疾手快，冲上前去，一把揪住他的衣领："不许动，把手举起来！"这军官一时丈二和尚摸不着头脑，酒倒是吓醒了一半，连连打着嗝儿，颤颤抖抖地举起了双手。

我看清了这是个国民党上校军官，当即缴了他的枪，并用枪抵住他的太阳穴，厉声喝道："我们是人民解放军。你现在快下命令，叫你的兄弟们放下武器，否则，我先毙了你！"接着，我大声说："弟兄们，你们已经被包围了，解放军已经进了上海。这大楼也被占领了，我们的部队正在上来，只有缴枪投降，才是你们的活路！"

王、张两人也大声喊道："放下武器，缴枪不杀！"

国民党兵的意志顷刻瓦解，不等那上校下令，房间内已响起一片哗哗啦啦丢枪落地的声音。我心里的一块石头落了地，朝张瑞林使了个眼色，大声说道："你快下去通知部队，说这里的弟兄们都已放下武器，不用上来啦。"

"是！"张瑞林马上会意，押着两个俘虏下楼去了。王其鹏也心领神会，上前扭住那个上校军官。满屋的国民党兵就像无头之蛇动弹不得。我转身命令上校："你愣在这里干什么？快下命令，让你的部队放下武器投降！把桥上的人撤下来。”

王其鹏用枪狠狠地戳了戳那上校的脑袋：“再不讲，我要了你的狗命！”国民党上校军官无可奈何，只得拿起电话筒……

在苏州河南岸，正在布置下一次冲锋的萧连长发现对面的国民党兵纷纷后撤，又不见了我和王其鹏、张瑞林，已经明白大概，立即带连队跃过苏州河，肃清了附近的国民党兵。

聂凤智军长听说我们三个人不费一枪一弹，抓获国民党青年军第204师上校副师长，迫使其师部及三个营放下武器，对我们团领导说：“把这个迟浩田找来，我看看他长得什么样的三头六臂，竟能制服一千多敌人！”在愚园路军指挥部，聂军长握住我的手，端详良久后哈哈大笑：“噢，原来你没有三头六臂呀！头倒长得不小！”军政治部主任仲曦东是山东黄县人，和我们招远县相邻，他拍着我的肩膀说：“小老乡，我看你可以改个名字，叫迟大胆吧！”聂军长和其他首长都笑了。

胜利属于人民

上海解放后，三野政治部摄影记者陆仁生同志拍摄的解放军露宿上海街头的照片，曾在国内外引起很大反响。这张照片真实地反映了我军入城后严格遵守纪律、不入民宅的情景。当时我们七连担负静安区警察局的治安等任务。大家忍着饥渴，谢绝了群众送来的食物；有时为了伤员救急，向老乡要一碗水，也要留下钱。通讯员张瑞林遇到一位市民负伤倒地，忙打开急救包给他包扎，还拿出自己仅有的津贴费，雇了辆三轮车送到医院。可是张瑞林因为好奇剪了市民的一个灯泡，我们也毫不留情，还是把他关了禁闭。

6月，进行战役总结时，由第79师师长萧镜海、政治委员谭佑铭、参谋长彭辉、政治部主任常勇联名签署的奖状上写着：“迟浩田同志在解放大上海战役中积极艰苦，严格执行我党政策纪律，做到秋毫无犯，创立功绩，评定为二等功。”后来，我们军又进行评功选模活动。我被评为团甲等战斗模范，再后又被评为华东三级人民英雄。我们连的张瑞林、孙茂礼被评为团的战斗模范，岳明玉、严金表被评为特等功臣，还有一等功臣4名，二等功臣35名，三、四等功臣一百多名。全连43名同志光荣地加入中国共产党。

10月14日，我们军召开首届英模大会，要找个英模代表发言表态。军政治部仲曦东主任说："让迟浩田讲。他是连队干部，又是孤胆英雄，当代表最合适。"我还真有点胆怯，团的领导都给我打气。我代表全体英模表态时，主要讲了"我们所以能够成为英雄模范，是由于党的培养，应归功于人民"。这是我的心里话，我先后参加过三十多次战役战斗，每次都亲身体会到，如果没有人民群众的拥护和支持，我们根本不可能取得胜利。我们在山东打了那么多次仗，每次战斗中，在前线运粮草、送弹药、抬伤员的支前民工的数量，都大大超过参战指战员的数量。在渡江战役、上海战役中，当地群众也同样给我们有力的支持。特别是上海地下党员领导群众，冒着生命危险，与我们密切配合、共同战斗的情景，给我留下深刻的印象。

就在这次英模大会上，我遇到了军医疗队手术队的孙凤钜医生。他多次立功受奖，也被选为这次英模大会的代表，后来还荣膺华东军区一级英模称号。他高兴地拉着我的手说："小迟，你真行，干得不错，你在大会上的发言也讲得好。"我和他开玩笑说："当年你要锯了我的腿，咱们就不可能在这里相聚了。"

事情是这样：1947年7月，在南麻临朐战役中，我被炮弹击中，左肩、头部、腿部多处受伤，一只睾丸也被打坏了，右小腿皮肉撕裂，露出了被炸断的骨头。这是我5次负伤中最重的一次，我很快失去了知觉。一股奇异的奶香使我从昏迷中醒了过来。我睁开眼睛一看，原来是一位沂蒙山区的大嫂正在给我喂奶，那大嫂惊喜地给我擦着额头的汗珠，自己却流出了眼泪。她看我失血过多，生命垂危，就挤出自己的奶汁，一勺一勺送进我的嘴里。是这位沂蒙山区的大嫂把我从死亡线上拉了回来。

后来，三个老大爷，推拉着一辆独轮小车，把我和另一位重伤员送往后方医院。我躺在车的左边，右边是75团的一位副连长潘金贵，他的肠子、睾丸都被打得露了出来，因为没及时治疗，伤口感染生了蛆。好心的大爷只好用块布遮盖起来。潘金贵痛苦地呻吟着告诉我，他是山东莱阳人，父亲当长工吃了一辈子苦。他说："如果我先死了，请你写信告诉我家里；如果你先死了，我就写信告诉你家。"途中，国民党飞机又来轰炸，老乡赶紧把小车推到山沟里隐蔽起来，用自己的身体把我们俩遮掩住。我和潘金贵过意不去，就说："我们都是重伤，干脆把我们丢下算了，免得连累老人家。"那时山东老百姓还叫我们"八路"，老大爷说："别说傻话，八路军舍命打鬼子、打老蒋，要是把你们丢了，俺的良心不是被狗吃了！"他们随身带的炒面不舍得吃，向老乡讨点水搅和了喂我们。过河沟时，生怕颠着我们，抬着车子走；一停下车来，就不断地用手为我们驱赶围着伤口嗡嗡叫的苍蝇。

第二天，我们走到离淄川不远的罗家庄时，我发现潘金贵好长时间不讲话了，就大声喊他，他也不做声。老大爷停下车来，摸了摸潘金贵的胸口，难过地说："不行了，身子都凉了！"两行热泪霎时落了下来。罗家庄的老百姓流着眼泪掩埋了潘金贵。我躺在车上恳求推车的大爷说："我也没救了，你把我也留在这里吧，我们俩同生死，共患难！"老大爷急忙说："你这个小同志咋能想不开？你才十八九岁，以后的日子还长着呢！你的伤能治好，潘同志不是还盼着你给他家传话吗？"听了大爷的话，我从地上捡了一片"飞马牌"烟盒纸，在背面记下了潘金贵的家庭地址。以后多年我和他父亲一直保持着联系，直到老人去世。

我被送到纵队医疗队后，由于几天的颠簸、雨淋，未及时得到药物治疗，几处伤口都已溃烂化脓，右腿已变成青黑色。当时孙凤钜医生就在纵队医疗队，他们都主张给我截肢，我坚决不肯。我说："你们要截肢，先把我的头割下来吧！"后来，我被转到第9野战医院，采取了保守治疗的方案，把身上的弹片一块块取出来，还有四块没有取出，一直留到现在，但是我的腿总算保住了。如果当年截肢，在上海战役后的英模大会上，也就不可能见到孙凤钜医生了。

我的第二次生命是沂蒙山区的大爷和大嫂给我的。解放以后，我曾多次到山东寻找那位给我喂奶的大嫂和推我去医院的大爷。我虽然没有找到他们，但是沂蒙山区的许多大爷、大嫂都是我的亲人。沂蒙山区的“红嫂”是一个英雄群体，那位大嫂就是其中之一，“沂蒙山区六姐妹”也是“红嫂”的代表。我在山东工作时经常和她们见面，在纪念孟良崮战役胜利60周年时，我们还见过。我想用我的亲身经历，告诉年轻的同志们，中国人民革命战争的胜利，中华人民共和国的成立，是伟大中国人民的胜利。中国共产党人是代表人民群众的利益，按照人民群众的意愿，在人民群众的衷心拥护和支持下，团结全国人民齐心协力、共同奋斗才取得胜利的。千万不要忘记：胜利来之不易，要珍惜历史荣誉，永远忠于党，永远热爱人民！

兵贵神速战浦东

谢振华

谢振华（1916—2011），江西崇义人，1930年加入中国共产主义青年团，1932年转为中国共产党党员，上海战役时任第三野战军第30军军长。

1949年4月底5月初，国民党政府在辽沈、淮海、平津三大战役失败之后，又失守长江天险，但仍不甘心，妄图凭借上海，屏障东南，等待第三次世界大战的爆发，以求进一步借助帝国主义的力量和世界性的大冲突来挽救他们的彻底失败。上海是中国第一大城市和经济中心，商业网密集，工业基础雄厚，解放大上海，对世界的影响很大。党中央、中央军委和总前委、第三野战军经过反复酝酿，认为不仅要尽快解放上海，而且要争取在双方各以重兵攻防的争夺战中尽力保全上海这个东方大都市和人民的生命财产，决定以第9、第10兵团从浦东、浦西对上海实行钳形突击，攻占吴淞口、高桥镇，截断国民党军队的海上退路，诱歼敌主力于市郊，从而避免在市区进行大规模的战斗。

进军浦东

我指挥的第30军当时隶属于第三野战军第9兵团，驻扎在太湖南岸南浔镇西南的双林镇。5月9日，我和政委李干辉去第9兵团司令部开会，听取有关上海战役的作战部署。我第30军的任务是作为攻打浦东之敌的第一梯队，直取川沙、白龙港之线，然后，协同由黄浦江西面进攻的第10兵团，钳击吴淞口，对上海市区守敌形成合围之势，以求全歼上海守敌。会上，司令员宋时轮对我说："浦东作战的第一战就由你军来打。此次作战，30军为兵团先锋军，首要目标是拿下川沙、白龙港，以截断敌人往海上的退路。"我立即信心十足地表示："我军一定能圆满完成任务。"

5月10日，我和李政委返回军部驻地后，随即召开了有师长、政委参加的军党委常委紧急扩大会议。在会上，我一边指着身后的大幅军事作战挂图，一边向大家分析我军在浦东作战的重要意义。我说："浦东位于上海以东，与市区一江之隔。它西临黄浦江，东濒大海，北接长江口，最北端的三岔港与吴淞口隔江相对，为上海的水上门户，地理位置十分重要，是上海市区通往海上的交通要道，因而也是上海守敌从海上逃走的必经之地。浦东的地形南宽北窄，为典型的江南水网地带，它的东面临海，纵横交错的河川水位受海潮影响，时涨时落，利守不利攻。仅有的几条公路受制于敌人海上兵舰、吴淞岸炮的炮击和天上飞机的轰炸，这为我们部队的快速行动和重武器的展开增加了不少困难。因此，我们30军应首先拿下川沙、白龙港，这不仅封住了敌人的海上逃路，而且也是我们在浦东作战的第一仗！”我们应不迟于5月16日攻占川沙、白龙港，这个任务是紧迫而又艰巨的。大家一致认为，我军从4月20日南渡长江以来，连续行军作战，没有很好休整，但这次上海战役我军担负的作战任务重大，应不顾一切疲劳坚决完成野司和兵团所给予的作战任务。经过讨论，我决定由第88、第89师为军第一梯队，于5月11日凌晨4时，从双林一带出发，向浙江省濮院、蚂蟥塘一线前进。

5月11日凌晨，第30军将士起床打点行装，按时出发。我们这些军领导都几乎一夜未眠，只是打了个盹儿，就忙着检查部队行军作战的准备情况。不久队伍正式起程，全军指战员的铁脚板一步一步向前挺进。临近中午时分，全副武装的指战员一下子走出40余里。

此时正是江南梅雨季节，一连几天，雨下个不停，海边气候变化又大，风雨时缓时急。雨后的道路经过兵车的碾压和无数行军队伍的踩踏后，更是泥泞难行。入夜以后，乌云压顶，天昏地暗，狂风席卷着海浪，部队只能在风雨、泥泞、黑暗中摸索着前行。但军情如火，军令如山，第30军广大指战员克服疲劳，克服饥饿，冒着江南连绵的春雨，踩着泥泞的道路，不停地前进。

我随第88师的先头部队沿海堤上的公路行进。开始还可以坐车，再往前走遇见断桥和无船的渡口，就只好改为骑马。但马又过不了独木桥，只好弃马步行。那时候，我才32岁，身体好，长征以来也都是在行军作战中渡过的，戎马关山，何惧艰苦！也就能和年轻的战士们一样在风雨中夜行。部队的干部战士见我和他们一起步行，很是振奋，从我的行动中明白任务的紧急，也就不顾疲劳，你追我赶，相互督促扶持，奋力前进。有的滑倒了，一声不吭地爬起来继续往前赶。部队连吃饭的时间都没有，只能边赶路边吃干粮，每个人都不顾疲劳困苦，只想着怎么能快速到达指定地点，消灭敌人！

至5月14日夜，第30军经过4天4夜的长途奔袭，行军420多里，全部抵达川沙县城以南30里处的大团村一线预定地域，为攻占川沙城的作战行动赢得了宝贵的时间。

激战川沙

川沙县是上海浦东东出大海的重要门户，而川沙县以东的白龙港则是浦东最便捷的入海口。所以，当时国民党驻上海守备总司令汤恩伯对川沙、白龙港尤为重视，将其作为浦东三线防御体系的第一道防线。我从战俘口中得悉敌第51军已于5月14日进驻川沙、白龙港地域，正忙于部署，准备负隅顽抗。川沙城里只驻守了不足千人的敌军和地方土顽部队。

5月14日夜，我和大家仔细分析研究了敌我布防态势，最后制定了大胆穿插、分割包围、狠打蛇头的作战方案。我当即下令：15日凌晨3时，第88师由大团东北地区出发，向川沙以东小营房进攻；凌晨5时，第89师由大团西北地区出发经祝桥，直取川沙，胜利后，在川沙南北一线展开，切断敌第51军与第37军的联系。

5月15日凌晨，第30军的两个师从东西两面分路向川沙攻击前进。上午，第89师265团击溃沿途零散之敌，直扑川沙城。随该团一起行动的师长余光茂指挥265团一营和三营分别从东西两翼迂回插入敌纵深，切断敌人的退路。这时，敌人正待开午饭，被我军的迅猛穿插搞得惊慌失措，乱成了一锅粥。就这样，我们用了不到5个小时，将驻守川沙城的近千名敌军干净利索地消灭了，击毙守敌二百余人，俘虏七百余人。

黄昏时天空下起细雨，阵阵雨点打在人身上，凉意袭人。我当即下令：第88师的两个团迅速插往敌后，向北迂回，拿下顾家路镇，截断敌军第51军和第12军的联系；同时，再用5个团的兵力（第88师的另一个团，第89师及后尾的第90师）向正面之敌发起猛攻，打他个措手不及。

深夜时分，264团和266团分别抵达预定包围地域，随即向守敌发起猛攻。我们攻得突然，敌人从睡梦中惊起仓皇应战，风雨黑夜中，只听得枪声四起，一片杀声，已失去了斗志的敌人，不知我们来了多少部队，稍一接触，就纷纷后缩。到午夜12时左右，我们已把敌第51军及暂编第8师完全包围，压缩在以白龙港为核心的陈家宅、林家码头、青墩镇、小营房、唐家宅、白龙港、三九港，从东至西只有4公里，由南到北也只有5公里的狭窄地域内。

5月16日凌晨3点，我从军前指发出新的作战指令：第90师270团接替川沙北防线，向西北阻击敌第37军；第89师全部投入分割包围敌第51军，从西、西北两个方向展开对小营房、青墩镇、林家码头的攻坚战；第88师263团由二九港向三九港、白龙港方向实施攻击。

敌第51军军长王秉钺狗急跳墙，在16日拂晓组织了3个团的兵力，在重炮的掩护下，由白龙港沿海堤出击，扑向我军位于三九港、王家宅、唐家宅的263团，企图撕开一个口子杀出重围，与敌第12军重新连接上。敌人拥有美制的山炮、野炮、榴弹炮、步兵战防炮、八二迫击炮、六〇炮，火力凶猛。而我军这时只携带了六〇炮、轻重机枪等轻武器，火力悬殊，只能就地构筑工事，顽强阻击。我军263团全体指战员深知自己这一环节关系全局，面对凶狠的敌人，毫不畏惧地顽强抗击，并不断地改防守为进攻。经过近一个白天的苦战，终于把这3个团的敌人打得一败涂地，缩了回去，从而严密地封闭了合围的口子。到16日晚9时许，掉在后边的我军炮兵团也终于克服下雨路滑、河川难行的困难赶了上来。我迅速调整好各师的部署，采用猛虎掏心的战术再次向敌人发起了攻击。

第30军就像一把尖刀，直插敌军心脏，连续拿下青墩镇、林家码头，又猛扑敌军部所在地白龙港。这种猛虎掏心、勇往直前的打法，是敌人始料未及的，开始还想顽抗，等我军一打进去，他们很快就陷入混乱，首尾难以相顾。我们的部队只费了一个多小时就攻占了敌人的军部，打乱了他们的指挥系统，俘虏了敌第51军中将军长王秉钺及军部人员，歼灭了敌一个山炮团，并把敌第41师及第113师分割成两块。为了更有力地杀伤和摧毁敌人，我们把从敌人山炮团缴获来的18门火炮和我们的炮兵一起编组，向敌人轰击。这一夜，炮声震天，喊杀声不断，远近火光时明时灭。打到17日拂晓，终于全歼了敌第51军和暂编第8师，除被击毙者外，还俘敌近八千余人，缴获山炮24门、长短枪1万余支、汽车50余辆。攻下白龙港，第30军也就完成了野司交给我们的战役穿插任务，摧毁了敌人的外围防御体系，截断了上海守敌经白龙港向海上逃跑的退路。

川沙战斗结束后，我还曾和被俘的敌51军军长王秉钺谈过一次话。这个年过40、素以干练出名、从张学良部下转向蒋介石后深受赏识的东北军将领，当时一脸颓丧，不住地叹气说："唉！解放军果真神机妙算，我们真是输得一败涂地。我们到川沙白龙港的部署还没有调整好，你们就扑上来了。二三百华里，又是雨天，我以为你们至少还要两三天才能来到。哪里想到你们来得这样快，而且当天夜里就打了起来……"我对他说："或许这就是解放军和国民党军队的区别之一吧。"

围攻高桥

为完成对上海守敌的全面合围，在我军第30军围歼敌敌51军的同时，第9兵团的首长已令第31军在30军左侧投入战斗，占领东沟镇至朱家桥一线，控制黄浦江右岸，并预定于5月20日进至高桥附近，会同第30军围歼高桥守敌第12军。因此歼灭川沙之敌后，我军第30军便迅速召开了紧急作战会议，布置下一阶段的作战任务。我下达了最新作战命令，要求傍晚向高桥的守敌发起进攻。我军攻击部队攻势如潮，锐不可当。战士们越壕沟，跨铁丝网，踏雷区，在枪林弹雨中，朝敌集团子母堡冲去。但是，越靠近高桥，敌人的防御工事越坚固，火力也越猛烈。由于指战员们一门心思准备在拂晓

人民解放军冒雨追歼逃敌于高桥

前拿下高桥，没太多考虑敌人依托坚固的钢筋水泥碉堡，以王牌嫡系部队来阻击我们，所以，仍然以集团冲锋方式，潮水般向敌阵地涌去，结果，攻势一度受阻而被迫停顿。

5 月 19 日清晨到黄昏，高桥守敌又以两个多团的兵力，在海空军和多辆坦克掩护下，向我军阵地发起多次反扑，战斗十分残酷。5 月 20 日凌晨，敌情又发生突变。汤恩伯得知高桥危急，又从上海市区调第 75 军第 95 师东渡黄浦江，加强高桥地区的防御。我立即将敌军增援浦东的新战况上报，第 9 兵团首长当即增调第 31 军协同第 30 军投入高桥作战。从 5 月 20 日开始，第 31 军连夜投入战斗，和第 30 军一起进入联合攻克高桥的阶段。经研究，我们确定了从高桥镇南线向镇中心突破的战法。高桥镇西线是第 31 军，东线是我们第 30 军，两军占领高桥后，从镇北到三岔港直线、西南线属第 31 军，东北线属第 30 军。5 月 23 日拂晓，我军各部队分路向高桥地区发动攻击，激战 3 小时，攻克洋泾镇，并攻占敌钢筋水泥碉堡多座。至此，敌军自白龙港至高桥一线的防线全被摧毁。

5月25日，我军西线兵团已经突破敌人的外围阵地南线，逼近上海市区，西北线也打到吴淞一带，上海解放指日可待。下午6时30分，第30军、第31军向高桥发起了总攻击。我军炮火强袭敌阵地，压制了敌火炮。敌步、炮兵在得不到海、空军支援的情况下处于被动挨打的境地。战至晚10时，我军攻克高桥镇，然后向西继续攻击，高桥残敌向黄浦江口溃逃。第30军第89师于晚11时攻占宝山旧城。26日上午，第30军和第31军主力乘胜向吴淞口的三岔港攻击。9点30分，第30军占领三岔港。10点，我军特纵远程火炮发挥威力，封闭了黄浦江口。至此，上海浦东战斗胜利结束。第30军在高桥至吴淞口地区共歼敌4000余人，加上川沙、白龙港歼敌，累计达14000余人。

如今，上海已建设成现代化的国际大都市，特别是浦东已经旧貌换新颜，取得了举世瞩目的成就，成为中国改革开放的窗口和上海现代化建设的缩影。革命的胜利和建设的成果都来之不易啊！

挺进上海　军事政治双胜利

王一平　李耀文

王一平（1914—2007），山东荣成人。1932 年 10 月加入中国共产党。上海战役时任第三野战军第 26 军政治委员。

李耀文（1918—2018），山东荣成人。1937 年 4 月加入中国共产党。上海战役时任第三野战军第 26 军政治部主任。

追歼南逃敌军

1949年4月，正是“春风又绿江南岸”的季节。中国人民解放军百万雄师横渡长江，国民党苦心经营的长江防线全面崩溃。我们第26军在完成攻占长江北岸的一些桥头堡垒，配合兄弟部队突破长江天堑之后，作为渡江的后续梯队，于4月22、23日夜，踏着扬中这块跳板，跨上长江南岸。

我们刚进驻常州、丹阳，准备执行警备任务，从无线电广播中传来了人民解放军占领南京的特大喜讯。南京的解放，标志了国民党22年的反动统治已经垮台。大家又振奋，又着急。振奋的是渡江准备3个月，不到3天就突破了长江天堑；着急的是部队还没有赶上消灭敌人，为人民立新功。

正在这个时候，第三野战军前委和第8兵团首长下达了新的战斗命令：战败的敌人正向上海、杭州和浙赣线溃退，并妄图组织新的抵抗；我们军的任务是进行勇猛的追击，不让敌人有喘息的机会，务求就地消灭逃跑的敌人。

部队一接到追歼敌人的命令，立即飞速沿着镇（江）溧（阳）公路和（南）京杭（州）国道向南追击，大家冒着细雨，踏着泥路，不怕疲劳，不顾饥饿，只有一个信念：对溃逃的敌人，就是要猛追穷追，追上就是胜利！

我军沿途纪律严明，赢得了人民的信誉。原来四散躲避国民党溃军的人民群众纷纷返回家园，像久别重逢的亲人那样，欢天喜地，对我军同志说：我们天天跑到山上往北看，盼着你们快过来，现在你们可来了。丹阳县头湖村群众把3个月前制成的“欢迎人民解放军解放江南人民”的大旗插在街头，并且集齐大米供应我军。后元沙群众把国民党军溃逃时丢弃在水沟里的炮弹捞出来交给我们，又自动拿来干柴茅草给战士们烤火烘衣。窦埝镇的市民一面控诉国民党军抓车拉夫强奸妇女的罪行，一面给我军指点道路和自动带路追歼敌人。

我军沿途所见，还有另外一种景象，就是国民党党政军人员溃逃时留下的一片狼狈相。公路上，水沟里，麦田旁，到处都是他们丢弃的炮弹、子弹和枪榴弹，还有棉絮、皮鞋、帽徽和领章，不少地方还残存着他们烧毁的文件和其他物品的灰烬……敌人以为这样就可以逃脱被歼灭的命运。

我军各部队，尤其是侦察分队，日行130里，像天降神兵，突然出现在天王寺、蔡巷、上兴埠一线，把南逃敌人的后尾部队切断。正在屋子里烤火烘衣的敌人，忽闻枪声大作，还未醒悟过来，就已做了俘虏。在渡江追击作战中，我们军共歼灭敌人7000多名，缴获大小炮24门，步枪、机关枪、冲锋枪1000多支，汽车6辆。

追击战刚结束，五一国际劳动节这天，无线电电波中又传来了党中央庆祝渡江作战胜利的贺电。贺电说，由芜湖、南京、镇江南逃的5个多军敌人已被全部歼灭，安庆、芜湖、镇江、无锡、苏州诸城已相继解放，整个形势对我们极为有利，望前线将士继续进攻，消灭残敌。与此同时，我们军接到了向北行动，准备攻沪的命令。在渡江战役前夕，野战军首长就已确定我们军参加攻占上海。现在进军上海的条件基本具备，时机已经成熟，我们感到肩上的担子很重，也感到无上光荣。

向上海进军

刚刚经过战斗的洗礼，京沪沿线的景色分外瑰丽。部队从常州经无锡，一路上，大家贪婪地欣赏江南的风光，议论着行动的目的地。经过几天行军，渐渐地看清了姑苏城北的塔影，指战员对即将面临的新任务也猜到八九不离十了。

一到苏州城，我们就向部队逐级打了招呼：下一阶段的任务，就是向上海挺进，彻底歼灭淞沪地区的敌人，解放上海。要争取文进，也要准备武进。既要在军事上打胜仗，也要在政治上打胜仗。

我们和军长张仁初等同志从野战军前委开会回来，又向部队逐级召开会议贯彻中央军委的指示和前委的作战部署。上海守敌20余万人，有日军占领时期和国民党修筑的永久性、半永久性和活动堡垒数千个，有海军、空军、炮兵、装甲兵配合，有高大坚固的建筑物作依托，构成了有重点、有纵深的立体防御体系。敌人负隅顽抗的企图，是争取时间抢运物资，等待第三次世界大战爆发，招引帝国主义帮助他们卷土重来，如撤退时，则大肆破坏，把上海打烂、搬空。为了粉碎敌人的企图，我们第一步的任务，就是肃清上海外围的敌人，封锁住黄浦江口，不让敌人跑掉；第二步，视情况采取天津方式，解决顽抗的敌人。既要防止轻敌，也要迅速大胆插入敌人防御阵地，切断、分割、包围、歼灭敌人。中央和前委指出，上海是我国第一大城市和经济中心，又是帝国主义掠夺我国的基地，也是国际市场。接管上海，要比接管平、津、京、镇（国民党江苏省省会所在地镇江）搞得更好。要加强准备，特别是政策准备。要严格遵守入城纪律，好好学习城市常识，认真执行警备任务。要保持艰苦奋斗的作风，不为花花世界所迷惑。要严厉打击匪特分子的破坏活动，保护人民群众生命财产的安全。对待帝国主义分子的挑衅要反击，对待外侨的正常活动要保护。还强调做好调查研究，坚持请示报告制度。各团以上党委为此都专门作了决议，保证坚决执行。

在引弓待发的那些日子里，上海这个名字简直把每个人的身心都吸引住了，大家无心去观赏被誉为“天堂”的苏州园林名胜。人们由衷地向往上海这个诞生了中国共产党的革命摇篮，中国工人运动的发祥地。人们由日常生活用品也联想到上海这个全国最大的工业基地。人们没有忘记，22 年前国民党反动派在上海发动了四一二反革命政变，使许多革命志士和劳动人民血染黄浦江畔。人们也不会忘记，是帝国主义、官僚资本和封建把头把上海当成了冒险家的乐园。现在国民党的反动统治已经全面崩溃了，可是，仍企图据守上海，负隅顽抗……干部战士们想到这里，无不义愤填膺，纷纷表示：一定要把上海解放过来，为人民报仇立功！

部队认真地分析了打上海的有利条件和不利条件，认为敌人虽然已是丧家之犬，但是狗急了会跳墙，我们决不能轻敌。特别集中讨论了如何做到“瓷器店里打老鼠”，既要消灭敌人，又要保全上海？大家认为，要做到两全其美，就要把勇敢精神和讲究战术紧密结合起来，把军事压力和政治攻势紧密结合起来，把军事行动和执行政策紧密结合起来，打到哪里，管到哪里，按级负责，有错必纠。

部队还热烈地展开了政策纪律学习和军事训练。有的在重温《中国人民解放军布告》和《三大纪律、八项注意》；有的在调整战斗编组和火器配备；有的在捆绑炸药和擦拭武器；有的在练习水上射击和通过水壕；有的在整顿军容风纪和练习城市马路行军；……大家有决心也有信心，争取军事政治双胜利，争当解放上海的英雄！

打响外围战役

5 月 12 日，肃清上海外围敌人的战斗打响了。第 9 兵团从沪西南、浦东向敌人发起攻击；第 10 兵团从沪西北、沪西向上海挺进。我们第 26 军配属第 10 兵团，当面的任务是：南沿苏州河，北沿昆山、太仓之间，歼击敌人，并负责已占城市、车站的警备。

13 日凌晨 1 时，第 78 师解放昆山县城，守敌在逃窜途中被我军截击一部。同时，第 76 师解放京沪铁路上的青杨港、陆家浜车站，歼敌第 123 军 1200 多人。226 团二连由副连长鲍洪升率领，在西巷附近击毁了敌人的两列铁甲火车，歼灭了敌军数百人。

14 日，我们军又攻占安亭、黄渡、南翔车站，守敌逃窜。

在这同时，友邻部队攻占太仓、嘉定。第 9 兵团解放松江、金山卫、平湖。

上海外围作战初期，部队发展比较顺利。但是，越往里打，遇到的抵抗就越顽强了，尤其是在吴淞、月浦、刘行、大场、江湾一线。敌人凭借一座座钢筋水泥地堡群，每座地堡群大约配备 1 个加强排，有好几挺轻重机关枪，堡与堡之间有交通壕、散兵坑相连，地堡群外埋设地雷、鹿砦、铁丝网、水壕里插有竹签子、碎玻璃，有的外壕的水受黄浦江水影响时落时涨，水壕外

破除鹿砦竹签，越过深水壕沟，夺取敌人的地堡

又扫清射界，房屋、庄稼全被毁坏，还有大炮、飞机、坦克配合，构成了严密的防御体系。敌京沪杭警备总司令汤恩伯还下发了《十杀战令》，重新颁发了“官兵连坐”“士兵联保”等法，实行严厉的督战。此外，运用“黑官晋实”、金钱等收买笼络替国民党卖命的人。敌人用尽一切手段，企图确保淞沪铁路沿线和黄浦江两岸，确保通往长江口和海上的交通线。我们发起攻击时，敌人就以优势火力对我压制、杀伤。中小型曲射炮炮弹和炸药包，对付钢筋水泥地堡，没有很大的威力。有的部队夜间涉壕过去攻击敌人，拂晓时涨潮难以撤回来。有时敌人还组织步兵、坦克反扑。再加上大炮轰，飞机炸，还有泥水浸泡，部队伤亡较大，而俘获较少。

正在这个时候，三野前委召集各军首长开会，研究了当前的作战情况和应采取的对策。第10兵团也召集会议进一步作了具体布置。前委和兵团的会议，传达了对我们极为有利的大好形势和各个野战军向全国进军的情况，并具体地研究了攻占上海的作战方案。敌人坚守上海，总的来说对我们也是有利的。因为就地消灭了这批敌人，就可以减少以后的障碍。前些日子部队受了点挫折，但是，只要很好地总结经验教训，加强准备，打下上海是肯定的。前委确定，首先控制吴淞、浦东，切断敌人逃路，然后由第9兵团肃清苏州河以南的敌人，最后配合第 10 兵团消灭苏州河以北的敌人。并增调 2 个军和特种兵纵队炮兵，分别配属第 9、第 10 兵团，参加攻占上海的作战。

我们第 26 军根据前委和兵团会议的精神，召开了战术研究会和思想汇报会。剖析了敌情，对照了我情，学习兄弟部队的经验，采取了相应的对策。大家一致认为，对付固守筑垒和水网地域的敌人，不能搬用打野战、追逃敌的办法。要稳扎稳打，步步为营；近迫作业，防炮防空；大胆插入，分割包围；小群动作，孤胆作战；打炸结合，步炮协同。同时，还要掌握潮汐的规律和排雷、剪铁丝网的技术。指挥员们看了地形，摆起沙盘，开了“诸葛亮会”，发扬民主，群策群力，献计献策。一些曾经当过工兵的解放军战士，自告奋勇要求去剪铁丝网和排除地雷。有的还研究用竹竿绑上手榴弹，捅到敌地堡枪眼里去炸毁它。通过火线战评和敌前练兵，办法多了，“艺高人胆大”。

从 5 月 18 日起，我们军沿刘行、大场、真如外围，以钳形攻势，向敌人的防御体系展开了“剥竹笋”“削萝卜”式的战斗。第 77 师于 18 日上午，攻占了刘行东南的杨家宅、城隍桥等地，歼灭美械装备的敌第 54 军 594 团一部。这一天夜间，第 76 师冒雨进攻黑大黄宅、南石桥等地的守敌，接连攻克敌人据守的 20 多座地堡，歼敌一部。227 团八连攻击南石桥时，副指导员张振叶带领 1 排战士剪断了 7 根地雷火线，涉过 3 道水壕，连续 3 次爆破，扫除了副防御工事，迅速切断各堡之间的联系，用竹竿绑上手榴弹捅到敌人地堡里，胜利地攻克了子母堡群。

敌人被打击后，就拼命组织反扑。我军坚守既得阵地，决不后退一步。坚守胡拉山阵地的 227 团七连，加固工事，排出泥水，驱逐了公路旁的敌人，控制住桥头堡垒，奋战两日三夜，干部战士互相鼓励着：“敌人坦克不能过河，我们靠近了打！”大家用轻重火器和白刃格斗，打退了敌 54 军用步兵、坦克组织的多次反扑，巩固了继续前进的阵地。

各部队利用战斗间隙，评功选模，鼓舞士气；进行战评，以战教战；调整组织，以利再战。后勤人员也千方百计，克服新区雨季作战带来的重重困难，抢救伤员，运送弹药，保证部队吃上饭。

在此期间，我左翼友邻部队和浦东方面的第 9 兵团部队，分别占领浏河、罗店、月浦和奉贤、南汇、川沙，向吴淞和高桥守敌猛烈攻击。苏州河以南的兄弟部队也在七宝一线连连攻击奏效。盘踞上海的敌人，被我们打得遍体鳞伤，但是仍作困兽之斗。我军越战越勇，愈打愈得心应手。为了与苏州河以南的兄弟部队打通联系，并向东楔入大场、真如地区，我们军在大场与南翔一线与敌人展开了激战，5 月 23 日夜里，第 76 师和第 77 师分头向据守塘桥南北、南翔以东的几处敌人发起攻击。有的激战彻夜连克地堡群，有的当夜 10 点钟就解决战斗。227 团六连连续 20 日攻克塘桥以北公路旁的一座地堡群后，于 23 日夜，又以连续爆破、大胆迂回的战法，用竹竿手榴弹连续炸毁钢筋水泥地堡的枪眼，歼灭敌人 1 个加强排。由于塘桥南北的地堡群被我军拔除，塘桥的敌人于 24 日拂晓 5 点钟，在坦克掩护下狼狈逃窜。我军又乘胜解放了塘桥以东的汪宅、花烟桥等地。

这时候，汤恩伯竟“打肿脸充胖子”，一方面召开所谓“祝捷大会”，企图迷惑和麻痹上海市民；一面命令部队竭力作回光返照似的反扑，实际上是借此掩护京沪杭警备总司令部逃至吴淞口。敌军的许多将领见势不妙，也纷纷换上便衣逃避，或乘上舰船逃跑。

在三野首长的统一部署指挥下，我第 9 兵团和第 10 兵团适时地于 5 月 23、24、25 日对敌人发起了总攻击。上海守敌的防御体系土崩瓦解。25 日，第 9 兵团全部解放了苏州河以南的上海市区。我们军也步步向苏州河北岸和黄浦江西岸进逼。第 77 师于 5 月 25 日下午向真如守敌发起攻击，次日凌晨 2 时解放真如，歼敌一部。第 78 师于 5 月 25 日夜间对大场守敌形成包围，歼敌一部，残敌向东北逃窜，大场及其飞机场遂被我们占领，该师乘胜追击，占领江湾。第 76 师于 5 月 25 日夜间，横扫塘桥东南李家楼等地的敌人。敌军第21军军长王克俊以电话通知前线两个师的团以上主官急往吴淞军部开会，实际上是一起乘船逃跑了。仍然蒙在鼓里的敌前线部队得知情况有异，遂在汤恩伯派在第21军担任联络的高参周屏中的劝说下，纷纷举起白旗缴械投降了。26日，第9、第10两兵团以钳形攻势，攻占高桥、吴淞，卡住了敌人的咽喉，使敌陷于铁筒似的包围之中。

到5月27日下午，我各兄弟部队从四面八方合拢到沪北地区，分别解除了在包围圈内狼奔豕突的敌人的武装。守敌除汤恩伯率5万余人由海上逃窜外，余敌15万余人全部被歼。我们在这次战役中，共歼敌4.1万多人，缴获大小炮近百门，装甲车和汽车近200辆。部队经受了攻击有现代化设防的大城市的锻炼，实现了解放大上海，为人民立大功的心愿。

警备大上海

5月27日下午，枪炮声刚停，战火硝烟尚未完全散去，我们部队便在江湾、五角场集结，准备接受新的任务——到上海市区担任警备。大家为能保卫这革命的摇篮、党的诞生地、远东的第一大城市而极为振奋。部队迅速擦拭武器，整理着装，抖掉军衣上的烟尘，擦去脸上的汗垢，然后身披、肩扛由战斗中缴获来的全副美式装备，排着四路纵队，精神抖擞，昂首阔步地冒着蒙蒙细雨向市区开进。

部队一进入市区，就像巨轮开进了欢腾的海洋，一路上红旗飞舞，锣鼓声、口号声此起彼伏，响彻云霄。人山人海的欢迎群众，从马路两边，从层层高楼的窗口，向部队频频挥手，热烈鼓掌，高声欢呼，一朵朵鲜花掷给战士，一把把彩纸向战士身上撒去。人们用各种形式向解放军表示美好的情意和衷心的欢迎。一位须发皆白的长者挤出人群，用颤抖的双手紧紧握住战士的手，大声说："同志，可把你们盼来了！看滚滚东去的黄浦江，百年来第一次没有侵略者的军舰，我活到70岁，第一次挺胸阔步走在自己的马路上，上海解放了！"老人声泪俱下，战士们听了也禁不住热泪盈眶。是的，上海解放了，从今天起，上海再不是十里洋场，再不是冒险家的乐园，再不允许他们进行种种屠杀、侮辱、愚弄中国人民的罪恶勾当。从今天起，上海是人民的上海，一定要珍惜22年来先烈们用鲜血换来的胜利。而这胜利仅是新长征的开始，是保卫上海、建设上海的第一步。

上海解放后，我们第26军为淞沪警备区下属的第3警备区，负责守卫北站、虹口、闸北、杨树浦、江湾、大场、真如等地段。这里既有苏州河以北的市区，又有众多的郊区乡镇；既是京沪、沪杭铁路交会处，又是申江卸货码头集中地；既有水、电、煤气企业，又有各类轻纺工业；既有商业繁华的闹市，又有文化荟萃的复旦大学、同济大学。我们对面临的形势和任务作了研究分析，认为部队由长期的农村环境转为驻守大城市；由战场上的拼搏转为看守工厂、仓库……，同暗藏的敌人作斗争，这一切对我们都是生疏的，是新的考验。但是，在入城前，部队进行了政策纪律教育，学习了城市知识，各级党委不仅提出了“秋毫无犯，原封不动”的保证，而且订立了遵纪公约等具体措施。每个战士都有克服困难的精神准备，有信心搞好警备工作。

我们今天回顾这段历史的时候，深为全军指战员自觉愉快地忍受和克服生活上的种种困难，像执行战斗命令一样坚决维护政策纪律的严肃性，而感到自豪。在开封战役中，荣获“遵纪模范连”称号的227团二连，冒雨进入市区，为了不惊扰市民，暂住杨树浦一所小学，怕身上的泥水弄脏了桌凳，便穿着湿漉漉的衣服在地上坐了一夜。有一个排负责警卫发电厂，因住房小，部分同志露宿在外，工人们送来麻袋、毯子让他们用，他们立即折叠好送还。

部队刚进入市区时，后勤仍在市郊，他们从几十里路外送饭菜来，没有用具，就用子弹箱做饭筐，钢盔当菜盆，战士们把这叫做吃“战斗饭”，有时一天只能吃到一餐，可是警卫的食品仓库堆满了饼干、白糖和零散的食品，均原封未动，完好无缺。有一个班单独执行警卫音乐专科学校的任务，开始几天，每天都是吃干粮、喝生水、啃咸菜、睡光地。教师们诚恳地要他们到床上睡，他们不去；教师们送来开水，并疼爱地对战士们说：“喝自来水容易生病！”战士们笑着回答：“为了解放全中国，我们生喝过山水、井水、河水、江水，如今喝自来水是改善生活了！”部队真正做到了缴获的一针一线也要缴公；群众送来的一支香烟也婉言谢绝。指战员牢记野战军首长讲的话：打得好，进得好，在上海这样一个国际上著名的大城市，让新的环境来考验我们的严明纪律和政策水平。

帝国主义和暗藏的国民党残余势力，并不甘心他们的失败。他们认为，上海是个大染缸，也会把红色的共产党和她领导的军队染黑的，采取种种卑劣手段进行腐蚀。我230团在福建北路白云寺站岗的战士，常遇到扮相不三不四的男人，花枝招展、一身妖气的女人，来到面前搭讪，战士们开始不予理睬。这些丑类进而嬉皮笑脸地进行挑逗，战士们愤怒地斥责他们：“别看错人，我们是解放军！”吓得这些家伙狼狈逃开。部队找住房时，也曾误入过民主人士的家，我们发现后，即令部队搬出，并派人去说明情况，表示歉意，取得谅解，没有造成不良影响。

中共中央华东局在祝贺解放上海战役取得全面胜利的电文中说，我军进入沪区后纪律良好，人民反映极佳……我们特致电奖励。陈毅司令员也对部队致亲切慰问，并说，我军在执行警备任务中吃点苦，受些累，是芝麻似的小事，纪律严明取得工人、学生和各阶层人民的信任，却是大如泰山。上海人民对我军的赞许，党和首长的表扬，对部队都是极大的鼓舞。干部战士都以“先天下之忧而忧，后天下之乐而乐”来激励自己。有的战士说：“想上海，进上海，吃冷饭，啃咸菜，睡地板、盖麻袋，睡起觉来真痛快。”这是以乐观主义精神对我军初入上海时生活情景的生动写照。

我们永远不会忘记上海的工人、学生和各界人民对我军的支援、配合和关怀。在外围作战的时候，地下党派人冒生命危险，越过火线，向我们介绍敌情；工人、学生在党组织领导下，面对白色恐怖进行了护厂、护校斗争。上海一解放，学校立即复课，工厂恢复生产，而且各厂的人民保安队、工人纠察队和部队组成了联合警卫指挥部。不少工厂的门岗是一个战士，一个工人；部队负责厂外巡逻，纠察队负责厂内巡逻。在复兴岛上警卫重要物资的一个连队，在工人配合下，很快就破获了一个几十人的盗窃集团。在工人帮助下，仅杨树浦一条路上，我工兵就起出了敌人埋下的近百个地雷。工人、学生和战士很快凝成一片，亲密无间。

正当军民们沉浸在愉快欢欣的气氛中时，一件不幸的事故突然发生了。6月初，230团的一个新战士，在闸市区四明银行后门站岗，冲锋枪走火误伤了5个行人，南洋女中一个学生受重伤送进济民医院治疗。军领导对这一事件极为重视，立即通报部队，将走火战士押送军法处审处。230团的有关领导都检查自己教育不周，请求处分。他们的检查都在军报上公布。团政治处两个股长专做伤者和家属工作，从军到团的领导都去探望过重伤者和慰问家属，说明一切费用由部队负责，如重伤女生发生意外，部队就对走火战士予以严惩，直到偿命。济民医院梅院长为我军这种对人民负责的精神所感动，表示要用最好的药品和技术，治愈重伤的女生。后来，女生痊愈了。南洋女中在出事的第二天便出动宣传队，上街说明真相，防止坏人造谣，并写信给部队要求从轻处理走火的战士。从这一事件中，可以看出上海人民对子弟兵的体谅和关怀。

在同部队举行联欢的厂、校当中，有久久为我们所仰慕，给我们作战以鼓舞力量，曾同国民党军警作殊死斗争的申新九厂和同济大学的职工和学生。1948年初，蒋介石在战场上连连吃败仗，他的后方则物价飞涨，企业萧条，哀鸿遍野，民怨沸腾，反蒋斗争如燎原之火。国民党为镇压人民的反抗，对申新九厂罢工工人进行了血腥屠杀。手无寸铁的英雄女工们，与驾着铁甲车、荷枪实弹的反动派军警展开斗争，涌现许多可歌可泣的事迹。事情发生后，社会震动。新华社播发了她们的斗争新闻，解放区军民还曾义务劳动一天，作为对受难者的援助。我军在解放洛阳战役前，还提出了打胜仗为申新九厂死难者报仇的口号。同济大学学生为了争取民主自由，拟到南京请愿，遭到国民党军、警、宪、特8000多人的围攻，学生们宁死不屈，坚持斗争。同年4月，国民党反动派镇压群众变本加厉，进行大规模逮捕，上电工会一次被捕去15人。我们在敌上海高等法院的档案中，发现了上电工会革命烈士王孝和英勇就义前的照片，和他写的“要彻底推翻国民党反动统治”的遗言。这些斗争，在蒋占区引起连锁反应，对正在浴血奋战的我军是最好的支援，是沉重打击国民党反动统治的第二战场。正如1949年5月29日新华社社论所指出的：“上海的革命力量和全国的革命相配合，这就造成了上海的解放。”

在上海，国民党军事上被打垮了，政治上倒台了，却又要在经济战线上和我们较量。他们错误地认为，共产党能打仗，但不会理财。暗藏的敌人、奸商和投机倒把分子，不顾上海市人民政府和军管会的通知、规定，大搞银元投机，妄图使人民币贬值，抬高物价，扰乱市场。当时上海一些马路上，到处可以听到叮当叮当的银元的敲击声，银元投机商一转手，一块银元可获利人民币一百几十元。几天内物价上涨几倍。上海人民过去吃够了国民党法币、金圆券的苦头，如今也担心人民币贬值，欢笑的脸上又出现阴云。这场银元投机是对人民政府的挑战，也是对解放军的考验。为打击银元投机，稳定物价，全国各地的物资源源不断调入上海，并以折实单位的办法保证了劳动者的收入。在上海市市长、三野司令员陈毅的统一号令下，我们立即组织营以上政工干部和英模人物，进行了有关稳定物价的学习。尔后组成宣传队，由军参谋长陈宏和各师、团政治领导干部分别带领，配合学生、工人一起声讨奸商和投机倒把分子的罪恶。经过宣传，于6月10日，部队干部和军管人员，在统一指挥下，围剿了在汉口路上的证券大楼。把操纵银元市场、兴风作浪的暗藏敌人、冒险家、奸商、投机分子一网打尽，严惩了为首者，教育释放了一批小贩子。不到一个星期，上海马路上再也听不到银元叮当叮当作响了。人民币站住了脚，物价平稳下来。这场斗争，对我军干部战士，是在新的战场上的交手仗，是开眼界、长知识、学习如何与荫蔽敌人进行合法斗争的生动的一课。

急人民之所急，想人民之所想，是我军全心全意为人民服务宗旨的体现。为了纪念七七事变12周年和庆祝上海解放，上海百万军民于7月6日举行游行。可是，游行过后，突然一场台风袭来，造成30多年未有过的巨灾。过去，国民党反动派只顾吸人民的膏血，而对浦东百里海塘任其千疮百孔，台风一来，海塘决堤，郊区几十万人遭灾，市区内水深数尺，树倒房塌。市内部队火速出动，哪里险情重，就奔向哪里，抢救灾民出险，帮助群众转运物资；在市郊的部队也立即开赴决堤处，堵坝疏河，巡逻看堤。捐衣物、送米面，使灾民能衣食饱暖，以衣蔽体。为救济失业工人，全军每人捐献一斤粮食和一天的菜金，尽了我们应尽之力。

移住郊区的部队大力肃清流窜郊区的匪特，积极保护人民生命安全。起初，由于坏人造谣，并威胁群众不许接近我军，有些村民对我们疏远，部队发扬在老区“地面干净水满缸，助民劳动不怕脏”的传统，以打击匪特的实际行动来感化群众，用给村民写信的方式来沟通思想，军民关系很快融洽了，暗藏的坏人也被揭发出来。宝山县王家宅的村民相互传颂着：半年前，这里住过国民党的兵，是家家遭殃，鸡犬不宁；如今来了解放军，是“军民互爱，歌舞升平”，真是两样军队两重天，换了人间。

到 9 月，我们第 26 军所警备的几百个点，逐步由军管会的同志进行了接管。在此期间，各部队进行了工作总结和评功选模，大力表彰战斗和执行警备任务中出现的先进人物。在各级评选的基础上，军部于 8 月上旬隆重召开英模大会，选出各条战线上一级人民英雄 12 名。在英模大会上，第 9 兵团司令员宋时轮给第 26 军授军旗，并下达了我军移驻郊区进行渡海作战的战备任务。

10 月 1 日，从收音机里传来了毛主席在天安门上的庄严宣告：中国人民从此站起来了！中华人民共和国成立了！这是我们党领导中国人民 28 年英勇斗争的光辉结晶，这是我军 22 年来浴血奋战的胜利成果。我们久久盼望的这一天，终于实现了。在这抚今忆昔的时刻，我们回顾了第 26 军在解放战争中走过的历程，这支部队配合兄弟部队先是转战山东，参加鲁南、莱芜、孟良崮、沙土集等战役，后又七越陇海，逐鹿中原，西下洛阳，东占汴京，挥师急进，睢杞歼敌，参加淮海决战，横渡长江天险，勇追穷寇，解放上海，以歼敌 18 万的丰硕战果，作为向新中国的献礼。

激战浦东

高　锐

高锐（1919—2016），山东莱阳人。1938年2月，加入中国共产党。上海战役时任第三野战军第31军91师师长。

淮海战役结束后，国民党军队一败涂地，蒋介石被迫于1949年初宣布下野，推出李宗仁代行总统职权与中共进行和平谈判。1949年2月，遵照中央军委的统一命令，中国人民解放军统一整编为4个野战军，我们第31军归属陈毅、粟裕指挥的第三野战军，我时任第31军第91师师长。当时我们部队先是在淮阴进行休整，后到了靖江进行渡江的各项准备工作，等待上级的行动命令。4月20日，国民党政府拒绝在国内和平协定上签字。于是我人民解放军于4月20日晚发起渡江战役，一举攻破国民党的长江防线，4月23日国民党统治中心南京解放。

进军上海

渡江战役胜利后，1949年5月我们第31军又奉命东移苏州附近，准备参加进攻上海的作战。全军以第91师为第一梯队，从宜兴城出发，沿太湖西北岸公路，经无锡，折向东南，到苏州西北的浒墅关一带，暂停待命。

上海是中国最大的工商业中心城市。党中央命令我们，既要歼灭敌人，又要保护上海的重要设施和人民生命财产，不能使上海遭受损失。正如陈毅元帅说的这就像瓷器店里打老鼠，既要打死老鼠，又不能打碎瓷器。第三野战军确定了上海战役的指导思想是既要打一场城市攻坚战，而又不能把城市打烂，要争取把上海完整地接管过来。因此确定把攻击的重点放在上海的吴淞地区，第9、第10两个兵团分别从浦东和嘉定东西两面钳击吴淞口，封锁敌人的海上退路，并迅速切断敌人抢运上海物资的通道，包围攻歼上海守敌。从而避免在市区进行大规模战斗，使城市少受破坏，达到完整接管的目的。

我们第31军原来归属叶飞司令员指挥的第10兵团，这时突然接到上级命令改归第9兵团统一指挥，参加在上海浦东方向作战。任务是首先到平湖、乍浦、金山卫地区，接替第20军的防区，封闭上海守敌南逃的退路，尔后协同第30军加入浦东作战，攻克浦东敌人的设防阵地，进抵黄浦江东岸，封锁黄浦江口，配合兄弟部队解放大上海。命令要求我们在 5 月 15 日之前进至金山卫地区。为了争取时间，军首长偕我们各师师长、政委，从浒墅关一同乘火车先到达苏州车站，并在火车上开会传达兵团首长的作战指示。全军立即从现地开始行动，沿苏州—吴江—嘉兴—平湖—乍浦路线，向金山卫开进。部队连夜冒雨行军，在行军途中边走边传达上级的指示，边进行政治动员。虽然是冒雨行军，但战士们一听说要打上海，战斗情绪十分高昂，谁都不愿意失掉解放大上海的机会。当时我年纪轻、身体好，同侦察班一起走在全师队伍的最前面，迈开大步、疾速前进。不久，周志坚军长也徒步赶上来，同我展开了竞走比赛。

奔袭周浦

5 月 13 日，部队已经抵达金山卫一带，此时第 30 军已经攻占南汇、川沙。我们第 31 军奉命在第 30 军左翼沿奉贤、周浦、高桥方向协同第 30 军向吴淞口右岸进攻，与从西向吴淞口进攻的友邻共同切断敌人的退路，包围歼灭上海守军。我们第 91 师奉命由柘林经奉贤攻歼周浦镇的守敌。

根据军部的战斗命令，我立即在柘林召集各团团长、政委开会，作了情况判断和研究。周浦镇位于上海东南外围防线上，是浦东南部的一个前沿据点。它控制着上海通往杭州湾沿海的一条重要通路，也是从东南部进入上海的一个交通要点。周浦镇的守敌为江苏省保安旅和国民党正规军一部，系败退之敌，战斗力不强。因此我强调攻击周浦的战斗必须打好，必须迅速、干脆地解决战斗。当时我师位于距周浦约 45 公里的地方，利于奔袭。因此我师当即决定采取奔袭战术，包围歼灭周浦守敌。我们具体的战斗部署是：271 团绕道周浦镇西北侧，从西北和北面包围攻击；272 团直逼周浦西南侧，从西南面攻击；273 团在周浦的东南面展开，从南面和东南面包围攻击。

5 月 15 日中午，师部的战斗命令下达，下午 3 时，各团开始按命令向周浦开进。从柘林一带到周浦镇当时都是水网，没有直路可走，必须先进到奉贤到南汇的公路上，再从航头向北，分路开进。各团也分别按不同的方向分路搜索前进。半夜时分，271 团进抵肖家楼（邵楼，周浦西南 6 公里），遇到敌警戒分队的两个连，立即予以袭击，歼灭一部，余下的向北逃窜了。271 团于是追踪逃敌向北急进。到 16 日凌晨 3 时许，该团的主力到达周浦镇的西北侧，各营按照团预先确定的部署向周浦镇成半包围队形迫近。这时，天已拂晓，镇内的守敌开始吹床号，抓住敌人正在起床没有战斗警觉的有利时机，271 团立即向镇内发起冲击，在击溃守敌保安团的一部后，突入镇中。当 271 团向肖家楼方向开进时，272 团、273 团也分别沿航头至周浦镇大路两侧向周浦镇开进。当时我们师指挥所正在周浦镇西南侧的一个小村庄里等待各团的消息，然而过了好久都没有接到报告。我就很急切地走出村外，想观察一下前方的动静。但当时天阴沉沉的，绕村都是不能徒涉的河沟，村庄间的小路不知弯向何处，又没有向导，寸步难行。我只好回到师指挥所，继续等待前方报告。后得知 271 团二、三营已从周浦镇西北角和北面突入镇中，正沿着街巷向镇中心攻击前进，272 团与 273 团尚在镇西南与东南邻镇小村庄内与敌战斗。根据各团的进展情况，我立即督促 272 团、273 团加速攻击，尽快突入镇内，协同 271 团围歼守敌。

5 月 16 日上午 10 点多，周浦守敌主力青年军第 204 师的一个营和保安旅旅部被我师压缩到镇中心制高点中山电气公司大楼以及汽车站的坚固建筑物内。我 271 团令各营向电气公司发动攻击，3 次均未奏效，师部遂即命令组织 272 团与 273 团的各营协同统一发起攻击，终于在下午 1 时许全歼守敌，夺占电气公司大楼。周浦镇战斗胜利结束。

此战我们以数百人的伤亡，经过一天一夜的战斗，攻克了敌人守备上海外围的一个前沿阵地，歼灭敌人一个海防支队和一个保安旅，俘虏其海防支队司令耿子仁、参谋长谢元亮、保安二旅旅长孙元惠等 2000 多人。

强攻高桥

周浦战斗结束后，我们第 91 师就地休息整顿，等待新的战斗任务。按军部的第一步作战计划，5 月 16 日周浦战斗结束的同时，第 93 师开始从南汇以南的大团镇一带向川沙县城西北的新陆镇开进，为进攻高桥开辟道路。经过几日激战，黄浦江东岸沿江的庆宁寺—高庙—东沟段，遂为我军控制，上海市区的黄浦江出海航道已被我军火力封锁切断，敌人已不能利用市区的码头装载运输人员顺江出海了。

5 月 19 日，军首长决定开始第二步作战计划，扫除高桥外围据点，并夺取高桥。我军的战斗部署是以第 92 师配属以第 91 师的 272 团及炮兵团 4 个连，攻歼高桥西南和正南黄浦江东岸的外围防御阵地，而后配合第 30 军向高桥的两翼发起钳形攻势。

高桥守敌是以高桥镇为中心，构成西南自黄浦江东岸起，东至海边的一道横亘防线，企图堵住我军进占黄浦江口东岸之通路。敌人的防线正面宽约 5 公里，纵深 2—3 公里。在这样一个狭长的地带，敌人不但集中了密集的兵力，而且还利用平原水网地形的特点，预先构筑了散星式的混凝土碉堡和土木质子母堡，形成了坚固的筑垒地域。同时，敌人的海军舰艇在附近游弋，可以舰炮的火力支援其防御。

对于进攻这样重兵防守的水网地坚固筑垒阵地，我军既无经验，也缺少调查研究和针对性的战斗准备，因而遇到了前所未有的困难。从 5 月 20 日到 5 月 23 日，连续进攻了三天三夜，我们的战士艰苦地在泥水里同敌人进行了顽强的攻防战斗，在河沟水田里艰难前进，每攻克一个堡垒和小村庄都要付出很大的代价，进展不大，伤亡却很大，有的连排几乎打光。军长周志坚也亲临战斗第一线，鼓舞士气，指挥战斗，一次次击退敌人的反击，吃力地巩固着既得阵地。

从 5 月 20 日夜开始高桥外围攻击战后，我每天都要到师部驻地附近观察战场的情况，高桥方向炮声不断，黄浦江边的油罐燃烧起浓浓的黑烟，到处乌烟瘴气，看不清楚。但也能大概知道我军进展不大顺利，敌人的火力封锁和反击，给我一线部队危害很大。于是我就开始考虑，在高桥这样一个特殊地形上向筑垒防御之敌进攻，采取两翼钳形包围攻击的打法恐怕不太合适。与其在两翼同敌人争夺消耗，不如集中兵力实行中央突破。5月23日中午，我还在村外观察时，忽然看见周志坚军长从前方返回，我就向军长建议，要求改变打法，集中兵力从中央突破，强攻高桥镇。他当即表示同意我的意见，在我回到师部后，他在电话里告诉我，兵团首长已经同意集中兵力攻打高桥，并命令我师当晚就进行攻击。接到这个电话，我当即表示，当晚不能进行攻击。因为我们部队离高桥还有十几公里，根据以往战斗的经验，晚上部队进入阵地后不便观察敌情地形，不能看清目标做好攻击准备，势必形成仓促攻击，这对战斗是很不利的。军首长于是向上级请示，得到的命令还是要求我们当晚就打。但我仍然坚持要求兵团首长改变当晚攻击的决心，给我组织干部看地形、抵近侦察、现地部署和夜间变更部署、做好攻击准备的时间。最后经过军首长再次向兵团首长请求后，终于批准了我的意见。

5月23日下午，我带着两个参谋和警卫人员，随271团干部来到高桥镇前，观察高桥镇的正面情况。当日黄昏，第91师从驻地向高桥镇开进，各团也陆续进入攻击准备位置，并立即进行土工作业，构筑攻击阵地。我还特别

河道难以阻挡解放军的攻击

指示 271 团将济南战役中缴获的美制 37 战防炮对敌前沿子母堡抵近射击。这种炮的弹道低伸，穿透力强，爆炸力小，可直接掩护爆破员送炸药炸碉堡。

高桥镇外全是水网田地，此时稻田里都灌满了水，水稻已很高，在稻田挖掘的交通壕、攻击壕，水深及腰。战士们从拂晓起就蹲在水壕里隐蔽，直到黄昏开始攻击。不仅身体浸泡在水里，还要忍受着昆虫和饥饿的折磨，直挨到黄昏。这样艰苦的滋味可是我师第一次，也是唯一一次尝到的。5 月 24 日下午 6 时许，炮兵开始试射，随即步兵第一梯队便开始发动攻击，敌前沿子母堡和前沿制高点白楼在一阵阵连续爆破声中迅速被攻占。接着第二梯队突入镇内，迅速攻占了镇中心的桥头堡，打开了渡过横贯镇中河道的通路。突破顺利，战斗出乎意料的迅速。我却担心敌人将在街区内凭借东西横贯的河道进行抵抗，并集中火力对我进行反击，因此，特别抓紧督促第一梯队 271 团迅速趁机抢渡街内河道，不让敌人隔河抵抗。22 时许，271 团先头营已渡过河，并沿河的北岸向东攻击前进。同时 274 团（替换本师 272 团）也已肃清西部街区守敌，先头也渡河北进。我于是督促两团主力迅速展开进攻，并命令第二梯队 273 团迅速进入街区，向河北开展进攻。到 25 日凌晨 2 点多，高桥镇已基本被我们攻占。天明时，在第一线分队攻击下，高桥镇背后阵地的敌人也弃阵溃逃。我立即下令追击，沿高桥通往吴淞口东岸的三岔港公路及两侧展开追击战。不久追击战结束，我却一时没有见到多少俘虏，就多少产生了一种失望情绪，感到虽然完成了攻克高桥、从东岸封闭黄浦江出口的任务，但让敌人逃走了，实在不太甘心。后来在清查战果中才知道，守敌已在我军追击中被我各部队分别俘获了大部，我的心情才有些宽慰。高桥战斗的胜利，结束了上海战役浦东方向的作战。

上海战役是继辽沈、淮海、平津三大战役后最大也是最重要的一次战役。我军在浦东以高桥为中心的作战，是一场异常艰苦激烈的攻坚战，在这场战斗中我数千名指战员流血牺牲，他们那种为了中国人民的解放事业不畏艰险、勇往直前、压倒一切敌人的战斗精神，那种无私奉献的牺牲精神，将永远激励着千千万万的人们为建设中国特色社会主义奋勇前进！

血战 15 天　毕生难忘

萧　卡

萧卡（1919—2015），湖南湘乡人。1938 年 1 月加入中国共产党。上海战役时任第三野战军第 29 军 87 师 260 团政委。

“毫发无损”过了江

1949年1月10日，我所在的华东野战军和中原野战军并肩作战，歼灭了国民党徐州“剿匪”总司令部刘峙及杜聿明指挥的56个师，淮海战役取得了胜利。国民党政府大势已去。那时候的形势，按照毛主席的说法，就是“连敌人都不会怀疑我们将会取得最后胜利”了。我们部队奉命开到如皋休整。大家每天都在议论，什么时候渡过长江，打到国民党老巢南京去，彻底解放全中国。

在这期间，华东野战军根据中央军委统一全军编制和番号的命令，改编为第三野战军，我所在的第11纵队第33旅98团也改编为第29军87师260团。部队统一编制后，我组织全团为渡江投入了紧张的训练、准备中。这时担任团军事领导的是团参谋长梅永熙，他抗战时期就和我一同在通启地区战斗过，曾任过东南警卫团团长。后部队编入第9军分区7团，他当团参谋长，一直到又改编为第33旅98团，我是团政委，他仍是团参谋长，我们战友情义很深。新中国成立后，他先后在中国驻罗马利亚、印度等国大使馆当武官。

到了4月21日，中央军委主席毛泽东和解放军总司令朱德“向全国进军”一声令下，激动人心的渡江战役开始了。第29军按照渡江作战总前委的决定，于长江的龙稍港至张黄港的左路发起渡江作战。我们260团按军部的命令，为军第二梯队，随第86师由靖江中天生港的柏木桥、耿公殿下水启航，在对岸江阴的长山西段石牌港登陆，上岸向金童桥、峭岐一线冲锋、攻击，占领花山，并警戒无锡的青阳、南开方面来敌。我们面对的长江南岸的长山，西靠江阴黄山要塞，东邻沙洲的巫山港，江心有5里长的岛沙西开沙。可以讲，这一段不仅江岸地形复杂，江流湍急，敌军的部署也是最强的，尤其是江面基本控制在江阴炮台的炮火里。

我和其他团领导认真研究，制订了缜密的方案。4月21日晚，全团全副武装登船出航，整个渡江的过程非常顺利，这其中我们团当时的团长李干起到了关键作用。他到我们团才一个月，就被调去配合华中工委策反江阴炮台。在他和其他同志的努力下，江阴炮台的守军7000多人起义，调转炮口打国民党军，我们部队就“毫发无损”地过了江。

顺利解放无锡

经大半夜夜航，22日凌晨3时全团在石牌港成功上岸。有小股敌军在长山边的公路阻击，战士们就像猛虎扑食一般冲了上去，敌人顿时逃散。我命令马不停蹄前进，很快经云亭到达定山，定山虽不高仅200多米，但陡峭难攀，我命令二营四连主攻，连长杨忠带兵攀岩上攻，敌军有一个营把守，几经争夺才拿下山头，全歼敌军。但杨忠和18名同志壮烈牺牲，至今江阴定山还有杨忠街，他是当年南通反“清乡”就参军的新四军老战士。攻下定山后，我命留一个营守卫定山，稍后果然敌第123军的一个加强团前来反扑，先还气势汹汹地发起3次进攻，后我团和兄弟部队调兵来围歼，毙敌、俘敌300多，它才仓皇逃窜。

我率团在定山稍稍休息，师部就命令立即向三河口攻击前进。这里有敌江阴要塞流动炮团的一个营，我团赶到顺利地解决了战斗。在赶往的夜路上，团一营炊事班还意外地捡了一个“大便宜”，营管理员贾国珍带炊事班走在全团的最后，黑暗中感觉有支队伍跟在身后，判断下来是敌人。他和炊事班就演了一出“双簧”戏，趁天黑就用口令迷惑敌人，俘虏了敌交警部队100余人。师部给他们记功嘉奖。

23日下午6时，260团作为师先头部队最先到达无锡城外北郊，师部命令：城内火车站尚有1000余敌人，立即发起攻击歼灭。但我们赶到时，敌军已经跑路了，只有无锡工商自卫团在维持秩序，按照政策，我命令将他们缴械、遣散。当晚9时，无锡宣布解放。团里的指战员奉命由无锡商团长带路，在全城各仓库收缴武器、物资，以上交新成立的无锡军管会。

4月25日夜12时，我带260团随第85师沿宁沪铁路挺进苏州，途中虽遭遇敌机轰炸，但无大损伤。于次日午后2时抵达苏州北面的浒墅关。军部命令260团在原地待命，做攻击苏州的预备队。实际上，苏州城里敌军只有一个团了，第85师发起进攻，不费什么力就解决了。我也带团队进了城。但刚安顿下，师部又命令我们立即去吴江，说那里有一股敌人，我带着部队赶去，发现只是一小股敌人，还有散兵游勇，在冒充解放军骚扰老百姓。部队一个行动就清除了，然后又返回苏州。

敌军实力超出预料

在苏州休整到5月10日，全团奉命到常熟集中。当天晚上，第10兵团在常熟举行团以上干部会议，兵团司令员叶飞在会上作了淞沪战役动员报告。我还记得，叶飞先是宣布，经中央军委批准，第三野战军已经于5月10日下达了《淞沪战役作战命令》，决定以第9、第10两个兵团打上海战役。叶飞还强调，上海之战不是军事问题，主要是政治问题，即城市政策和纪律问题。前委的战役部署是：首先迅速攻占吴淞口，关闭大门，断敌退路；然后在上海外围最大限度地歼击敌人，迫敌投降，如敌不投降即发起总攻，全歼上海敌人。兵团要求第29、第28、第26军以三个箭头由西向东攻击前进；第29军先攻占浏河、月浦，最后攻占宝山、吴淞。第9兵团第30、第31军攻占高桥，构成对黄浦江出口处的封锁。第29军第87师的任务是主攻浏河、月浦。第87师命我260团于12日黄昏出发，主攻月浦，得手后直下宝山吴淞，要求13日中午12时占领吴淞口。第85师253团暂归第87师指挥，担负助攻月浦任务；第86师保障侧翼安全，并向东切断月浦、宝山公路，阻击宝山增援之敌；第85师254团、255团留守苏州担任城防。

当时总觉得全国马上就要解放了，打大仗的机会不多了。这次解放全国最大的城市上海，是我们立大功的最后机会。只觉得敌人一直望风而逃，不堪一击，对月浦的敌情、地形、工事都不够了解。等到5月12日黄昏，我们团在接近月浦途中的新桥解决了敌人的一个巡逻排，从排长的嘴里才了解到，守城的迎面之敌也是强手。蒋介石为了实现“坚守大上海”的目的，命令淞沪警备总司令汤恩伯制订了号称有“陆海空三军优势”的淞沪防御计划，集中了8个军25个师约20万兵力，配备坦克、装甲车各上百辆，上海外围还修筑了4000多座永久碉堡。守卫宝山、月浦这一线的就是敌第52军，是国民党的“六大王牌部队”之一，在辽沈战役里逃过来的，未受重大打击，编制算比较完整，军长刘玉章在东北战场上因为难对付，被解放军叫做“刘光头”，他还嚣张地扬言，要“让共军卡在我的钢铁阵地里”。为配合他防守这一线，汤恩伯还在这里集中了12个炮兵团，再加上江面上30多艘兵舰和江湾、龙华机场飞机的助战，实力大大超出我们此前的预料。

弹雨火海中前赴后继

当时，我们团一共只配备了三门山炮。我了解这个情况后，立刻与副团长梅永熙、参谋长李仲英商量，决定改变猛攻猛插战术，采用攻坚战术，命令部队到达敌人前沿阵地后，不要马上猛攻，要抓紧进行紧迫作业，建筑工事壕沟，做好攻击准备。同时，我们立即将这些情况向师指挥所报告，建议改变战术。我部队接近敌阵地前沿展开，已是晚上12时，虽然把前沿阵地筑至离月浦七八十米处，挖了交通壕，构筑了火力点，但时间短促，战壕还来不及挖深，天就已亮了。

天亮后，敌人即用猛烈炮火覆盖我团阵地和纵深部队。我团指挥所设在一、二营之间稍后处，也不断遭受敌人炮火，我三门山炮刚回击，敌炮火即集中轰击，炮被打坏了两门。一个上午，我团除三营在团指挥所后隐蔽外，其余都散布在开阔地上不深的战壕里，遭受敌炮火和长江30多条兵舰上的炮火不断密集轰击，还有敌飞机轮番轰炸扫射，使我攻击部队在总攻前都遭受敌炮火轰击，一营营长钟熹清、副营长王德成等同志负伤，三个连的连、排干部也都有伤亡。

一营在总攻前已伤达三分之一，我与梅永熙只好派作战参谋吴振卿去代理一营营长，二营也差不多。团指挥所和各营的电话线也常常被炮火炸断。我和梅永熙分工，他在前头指挥冲锋，我在团部指挥所协调作战。

到下午2时，上级下达总攻的命令。当时，部队士气高昂，在弹雨火海中，前赴后继，锐不可当地冲进并占领了月浦镇敌前沿钢筋水泥碉堡群及战壕，敌人伤亡惨重，退守街区。在继续向镇上猛冲时，要过一个小桥。越过河沟，隐蔽在草堆、树林和坟包中的所有敌地堡一齐开火，我攻击部队一营伤亡很大，代营长吴振卿也负了伤。部队进攻受阻，未能攻占月浦镇街道。三营原是预备队，我们没有命令该营进击月浦，但该营也向月浦冲击，致使我团一、二、三营都在月浦北面、西面的不大地区内，全面展开向敌突击。

敌人在月浦镇东南高地，居高临下用炮火和重机枪向我攻击部队密集射击，而我攻击部队却没有炮火支持，压制敌人火力，使部队遭受了重大伤亡，我在跟攻击部队冲击前进中，看到前后都不断有战士倒下去，而我们部队还是一直往前冲，没有人犹豫、退缩不前，没有人停顿下来，部队英勇顽强的战斗精神，真是可以惊天地泣鬼神。我高声命令后续部队停止冲击，但喊破喉咙，也无法制止。我也只能边喊边和大家一起往前冲。这时天空又下起瓢泼大雨，使得行动更加困难。到当天夜半时分，我们260团终于攻克了月浦镇北敌人的前沿阵地。但是全团已经伤亡700多人，12名营级干部有11人负伤。

第二次向月浦发起总攻

攻占前沿阵地后，天已傍晚，我命令立即巩固阵地，加强工事，以对付敌人反击，并准备明天继续攻击。我们的工事离敌人只有50多米，团指挥所也迁入敌碉堡内，离敌只有六七十米。14 日黎明时分，我清点部队，结果只找到 120 多名步兵。干部只见到一营和二营教导员寒行、黄文清，他俩都带伤未下火线，还有三营副教导员张勇和少数连、排干部，干部大多伤亡，部队也散乱了。在被我团占领的敌碉堡内，我团警卫班去搜索，发现我们几个伤员和敌伤兵都坐卧在那里，互不相犯，打昏了头。

这时，敌人又用四辆坦克排在阵地前，用坦克炮向我们密集射击，掩护步兵向阵地冲来。我们战士的枪都被雨水和泥水淋湿，已经不能打了。干部里唯一没有受伤的三营副教导员张勇就拿着集束手榴弹，从水沟冲向坦克，结果炸毁了一辆，其他三辆逃走了。但他壮烈牺牲了，当时才 23 岁。张勇没牺牲前，多才多艺，还会木刻。我一直很欣赏他，他的牺牲真可惜。

14 日中午，军长胡炳云打来电话，问我们团还能不能继续攻占月浦。我与梅永熙当即回答说，我们可以攻进月浦镇，因我们距敌只 50 多米，只是我团伤亡很大，又打散打乱了，在敌人的炮火下不好运动，部队集合不起来，现在跟我们在一起的只有 120 多名指战员，所以，我们进攻月浦后，已没有预备队向纵深发展，占领月浦全镇阵地，对付敌人反击。胡军长听说我们还能攻进月浦很高兴，他说你们能攻进月浦，那太好了，还是你们继续主攻，我调 259 团两个营随你团后面跟进，你们攻下月浦后，他们向月浦纵深发展，巩固月浦阵地，对付敌人反击。

我和梅永熙、李仲英商量，把剩下的 120 名指战员分为突击队和第二梯队，李仲英率突击队突破，我和梅永熙率第二梯队在突击队后冲进，以便突击成功后迅速占领两翼，巩固突破口。当天傍晚 5 时，我们团第二次向月浦镇发起总攻。但就在这时，敌人又以四辆坦克排列在我阵地前面，堵塞突击通道。这时，梅永熙、李仲英同志已到突击部队去了，我只好命令仅存的一门山炮近距离平射敌坦克。可是山炮距敌也只有 100 多米，怕暴露目标，引起敌炮火集中来摧毁。在此紧急关头，我便举起手枪指向山炮连长，强制命令他射击坦克，打开突击通道。山炮一发射，即击中一辆坦克，其余的均逃走，我突击部队即发起冲锋，突击队打开突破口后，我跟着第二梯队也随即赶上，冲到突破口的时候，一个炮弹打了过来，我身后的警卫员小马当即牺牲。小马是参谋长李仲英的警卫员，当时李仲英在突击中受伤，我命令他送李仲英下去，他不肯，一定要跟我冲进月浦，结果壮烈捐躯。我自己也被炮弹震倒，嘴里都是泥土硝烟，所幸正好在战壕拐弯的死角上，幸免于难。

一天里打垮了敌人 5 次反扑

进镇后，我立即清点人数，发现全团只剩下 62 人。我立即下令，全团卧倒在镇边月宝公路侧面，准备迎接敌人反击。果然 15 日天亮后，敌人开始疯狂反扑。炮弹从我头上两尺的地方扫过，打在墙上是一个个洞眼。敌人坦克冲过来，我们就用稻草、木头铺在公路上点火燃烧，阻挡坦克前进，再用机枪、手榴弹打坦克后面的步兵。

幸运的是，15 日上午，258 团一个营也在跟敌人混战中到月浦来了，他们跟团部失去联系，主动要求我们交代他们任务，配合我们作战，我们即部署他们在我部防守的月宝公路侧面，跟我们并肩作战，使我们增加了一支生力军，对打退敌人几次反击起了主要作用。接着 261 团来到，在我们左前方担负打退宝山敌人反击的任务，给我们以有力的支援。这样，从月浦镇的西南、西部、北部到东北，就由 253 团、260 团、259 团、261 团连成一片阵地，259 团团长胡文杰在前沿阵地指挥，敌兵舰上的穿甲弹击中他所在的那个房子，他身中多块弹片，血流不止，光荣牺牲。胡团长是整个解放上海战役中，我们第 29 军牺牲的级别最高的干部。副团长李超也负伤下去了，留在阵前指挥的只有政治处主任方征，副参谋长陈博。上午方征跑到我们团告知这些情况，要求我们统一指挥（当时师领导干部还没有到月浦镇上来）。我们说现在我们一起在月浦防守巩固阵地，打退敌人反击，我们要协同作战，互通情况，互相支持。就这样，从早到晚，一天里打垮了敌人 5 次反扑，像钉子一样牢牢钉在月浦镇上。后来才知道，当天蒋经国奉在复兴岛直接监军的蒋介石之命，亲自到月浦“劳军”，同时还在国际饭店举行“月浦大捷庆功礼”，难怪敌人如此疯狂垂死一击。

到16日，敌人看看大势已去，反击开始变弱，次数也变少了。我和梅永熙一起，趁机整理部队。当时统计，全团已经伤亡1200多人。我们就把各营战士暂时编为一个大连，各营的机炮连、团炮兵连、特务连等不变。这时，从我到下面的战士，都已经三天四夜没有合过眼了。我命令他们暂时轮流休息，恢复体力。

17日，蒋经国第二次到月浦劳军，看看已经没有夺回月浦的希望，灰溜溜地跑了。敌人的炮火变得更加弱，我抓住机会，组织全团总结此战的经验教训，认为打敌人的钢筋水泥碉堡群，只能以小股兵力分头攻克，不能一拥而上。每一路分三个组。一是火力组，封锁敌碉堡枪眼；二是爆破组，送炸药炸敌堡铁门或用竹竿从敌枪眼塞手榴弹；三是突击组，冲上去夺取敌堡并进行政治喊话。同时师部也传达了上级的指示，要求各部暂时停止进攻，加强阵地内工事构筑，深入进行思想动员，广泛开展敌前练兵活动，发扬军事民主，改变猛攻猛插的运动战术，确立攻坚战为战役中的主要战术手段，并提出了“慎重计划，充分准备，夺取一点，巩固一点，逐步挺前，相机出击”的战术指导原则。根据这个原则，以后几天里，我们团都是白天对付敌人反击，晚上派遣小部队攻占敌碉堡群，以夜袭战、爆破战等战术，把面前的敌人碉堡一个个“拔钉

解放军采用各种战术攻克碉堡群

子”，自己基本没有伤亡，就这样等待总攻的到来。

“你们是全军的骄傲！”

5月24日晚上，我方各路部队已经攻占苏州河以南的上海市区，汤恩伯已经逃到了吴淞口的军舰上指挥。25日，三野前委即令各部发起总攻，要求迅速分割穿插，抓紧时机围歼敌人。25日夜，军部命令各部开始三面出击，歼灭宝山、吴淞地区之敌，第85师在扫清正面之敌以后，兵分两路：一路攻击江湾飞机场，另一路会同第86师和第87师一部直插宝山、吴淞。我团跟第85师254团猛插宝山、吴淞，我军以摧枯拉朽之势，聚歼宝山、吴淞之敌，共俘敌7000余人。敌人丢下无数各种武器弹药、物资，我们到吴淞口时，敌人兵舰、轮船正在向吴淞、长江口开出逃去，但我们无炮火轰击，只好眼睁睁看着敌人逃跑。没有能把汤恩伯抓住，是一个很大的遗憾。

5月27日，上海解放。到这天为止，我们团已经连续进行了15个日夜的激烈战斗，我和所有指战员都没有真正睡过觉，只是在战斗间隙中打打瞌睡。在最激烈的13、14、15日，我和梅永熙、李仲英等同志，已三天四夜没有闭过眼，实在熬不住了，处于半睡半醒状态，为随时应付敌情，我们要警卫员和通讯员分批轮流值班和打瞌睡，有情况就把我们摇醒。但我们用步兵和轻武器，突破了敌人海陆空协同的立体防御和坚固的工事体系。在这次战役中，我团伤亡1200余人，亡400人不到，伤800余人，因大多是炮火杀伤，所以死亡人数相对比例小些，战后补充人员，全团又充实到2800多人，战役总结时，胡炳云军长表扬我们团：“打得好，打得很顽强，你们是好样的，你们是全军的骄傲！”

与上海结下不解之缘

尽管为上海解放流血牺牲，但当时我们团的指战员，都没有机会一睹大上海的风采。战斗结束后，全团直接调到苏州休整补充。在苏州时我病倒了，整日昏昏沉沉，连站立行走都困难。苏州的随军医院怀疑是肺结核，转送我到上海江湾的原国民党陆军总医院治疗了一段时间，发现哪是什么肺结核，就是极度疲劳引发的综合征，整个人虚弱到了极点。这时，我在师后勤部当政治协理员的妻子徐希找到了我，前来照料。徐希本听到传说我已阵亡，找到苏州才知道我在上海医院里。

徐希是南通基督医院附属高级护士学校毕业的，在学校期间就受到抗日爱国教育，1942年夏到南通乡下参加了新四军，曾在司令部、后勤部和学校做过政治工作。苏中反“清乡”时，部队派她回南通城内搞情报，她的上级、一位老红军胡平然对她评价很高，认为她工作积极机智勇敢，就发展她加入了共产党。但不久，因上级被捕失去组织联系，她就主动跑到根据地找党组织，汇报了城内地下组织被破坏的情况，经过调查，她的报告是真实的，表现也是好的，就留她在根据地工作，当年底12月又重新入了党。1946年，她和我在如皋相识，并谈起了恋爱，1948年在淮海战役前，经组织批准我们结婚，她在部队虽是在后勤岗位，但组织接受运送伤员，也一样是出入枪林弹雨的火线，渡江作战时她已有身孕，但也跟随部队一同行军、一路抢救伤员、掩埋烈士，也出入宝山月浦那样惨烈的战场。

经过我妻子和医生70多天的精心照料，我这才逐渐康复。可当我回到南京的第三野战军政治部组织部去报到，见到了钟期光等老首长，才知道260团已随第29军开往福建，团政委、团长都已配备了新的同志。钟期光对我说，你可以有两个安排，一个是到华东军政大学当大队政委，是师级职务：还有就是接管南京的第二野战军要去大西南了，调三野的同志去接替，你愿不愿去南京市委工作？我当即表示，组织需要就去，个人坚决服从。就这样，从1949年11月起，我就到南京市委报道。三年后，又调到上海华东工业部。因为我入伍前学的是电机专业，主动申请下基层，到新成立的上海电机厂工作。从此就再也没有离开过上海。我这一辈子，与上海结下的不解之缘，就是从1949年，解放上海那15个日日夜夜开始的。

33军“武进”上海

马法贤

马法贤（1926—2019），山东寿光人。1941年10月加入中国共产党。上海战役时任第三野战军第33军司令部作战参谋。

为了准备进军上海，第33军决定从1949年5月6日开始，在浙江省吴兴县新兴港市地区结集休整5天。主要的集训内容是：在军事上进行战斗总结，整顿军容风纪，严格执行着装规定。在政治上着重进行《约法八章》《入城守则》和城市常识教育。

此时在部队中已流传着“武进”上海和“文进”上海的说法，有的说：上海敌人不堪一击，我们可以背着背包开进上海，用不着打艰苦的仗了。这是一种松懈情绪，有碍于“武进”上海的具体准备。

进军上海前的准备

在渡江前，华东局抽调了大批地方干部，组成了军、师、团三级筹粮工作队随军行动，协助作战部队解决战地的吃粮问题。江北的军粮原则上不过江，要求在战地就地解决吃粮问题，这是一个极为艰巨的任务。在渡江作战实施中，各级筹粮工作队尽了最大的努力，基本上保证了粮食供应。他们的确太辛苦了。但作战部队还是时常出现筹借不到粮食的现象，原因一是当地群众对人民解放军不了解，都逃出了村庄，筹粮队进村后找不到人，没法向群众筹粮。二是进军路上，一批一批的部队走同一路线，前边走的部队将路边村子的粮食已筹借完了，第二批、第三批部队就筹不到粮食了。

当部队筹不到粮食时，就动用背在身上的米袋子内的粮食。情况紧急、没时间做饭时，吃身上带的炒熟的大米，喝点河水，就算一顿饭。幸好在作战过程中没人饿肚子。

翻天覆地的革命战争，已获得决定性的胜利，国民党军的主力部队已被基本消灭，呈现全面大溃退之势；二野、四野大军正在向江西、湖南、两广追歼残敌，捷报天天传来，全国解放已为期不远了。

第三野战军的任务是向上海进军，将残存在淞沪地区的近20万国民党军彻底干净地消灭，完成渡江战役第三阶段作战任务。

由于渡江作战以来取得了重大胜利，南京地区及浙赣线之敌已全部肃清消灭，我们的部分干部战士在思想上产生了一种松懈情绪，有的认为没有什么恶仗硬仗打了，进军上海时敌人会一触即溃，用不着做认真准备了。这种思想带有普遍性。上级虽然强调军队要做好“武进”上海的准备，但不管怎么强调，松劲的情绪仍未很好地克服。

向嘉定、宝山进发

我第 33 军于 1949 年 5 月 11 日奉命东开，在第 10 兵团战斗序列内作战。预备作战任务是：第一步作为第 10 兵团预备队；第二步视作战进展情况进行战斗。作战目标——月浦、杨行、宝山、吴淞等地。

当晚全军进驻苏州以南罗布臣地区。

5 月 11 日我军由吴兴县东南新兴港市出发东开，经过苏州、昆山、太仓，15 日拂晓到达嘉定城关结集待命。淞沪战役于 5 月 12 日发起，经过 3 天战斗（12—14 日），第 10 兵团已顺利攻占昆山、嘉定、太仓、罗店、刘行诸要点，歼敌第 123 军第 308 师全部、第 180 师大部。后乘胜向敌月浦、杨行基本阵

马法贤在解放上海战役中使用的作战地图

地攻击。我军与第 29 军攻击月浦，第 28 军攻击杨行。战斗中，遇敌顽强抵抗，我伤亡重大，与敌形成对峙状态。兵团部根据以上情况，在作战指导思想上由“急进猛扑”转为“稳扎稳打”，在战术上采取小群动作，近迫作业，向敌逐点攻击。兵团部为迅速攻占吴淞，切断敌水上逃路，完成包围上海守敌之任务，指令第 29 军并指挥第 33 军第 99 师，集中主要突击力量，首先攻歼月浦地区之敌，尔后配合第 28 军攻占吴淞；第 28 军并指挥第 33 军第 98 师向杨行镇地区守敌进攻，任务完成后直扑吴淞镇，截断敌逃路；本军（第 33 军）军部带第 97 师仍留守嘉定城关地区，为兵团预备队，待机行动。

我军第 99 师接手了月浦镇东南包家宅、牛角尖、马金宅阵地后，受命攻击曹家宅、尹家宅敌阵地，争取一举突破敌阵地后，插入敌人纵深，切断敌月浦镇与山城的联系。297 团二营为主攻营，向曹、尹二宅敌阵地实施突击；296 团进入包家宅西北一带，构筑工事，巩固阵地，防敌反扑。295 团作为第 29 军第 87 师的预备队，进入月浦镇北侧阵地。师指挥所位于马金宅。

5 月 18 日中午，军部（33 军）接到第 99 师报告称：297 团 17 日主攻曹家宅、尹家宅守敌。当日 14 时开始接敌行动，当二营五连接近尹家宅西侧敌子母堡群阵地前沿时，突然遭到曹家宅西北侧敌人侧射火力的袭击，伤亡较大，攻击受阻。步兵四连立即向曹家宅西北角敌子母堡群连续冲击，又遭到敌火力的阻挠，伤亡较大。第一次向曹、尹二宅的攻击受挫。接近黄昏时，二营在团领导的命令推动下，调整了战斗部署，于翌日（19 日）晨 4 时顺原路，按原定突击目标向敌实施突击，又被敌人强大火力拦阻，在敌前沿阵地前，与敌形成对峙状态。目前，正在做第三次攻击准备。

军队接到第 99 师关于 297 团 5 月 17 日下午至 18 日拂晓两次攻击曹、尹二宅失利的报告后，当即召开了军领导干部紧急会议，决定采取有力措施，积极加强对第 99 师作战的后勤支援：急速给第 99 师前沿送弹药和粮食、副食品；协助师、团后勤抢救后运伤员。并确定军政治部主任亲临前线，协助第 99 师组织力量、做好准备，再次向敌发起强攻。我受命跟随军政治部欧阳平主任一同前往第99师，了解作战情况，查明297团二营攻击曹、尹二宅的战斗经过和失利的主要原因等等。

5月18日下午6时左右，我跟随欧阳主任前去第99师了解作战情况。我们一行近10人冒着小雨，踏上去月浦方向的公路。路上没有任何人，没有任何声音，静得有点骇人。走了大约4个小时，遇到一个村庄，通过地图判明这是罗店镇。向东南不远是刘行镇，为第28军的作战阵地；向东不远是月浦镇，是第29军进攻的主要目标；我们第99师的阵地就在月浦镇以南、西南地区。这时雨下大了，道路泥泞，我们的肚子也饿了。欧阳主任说：在这个村子找个地方休息一下，吃点饭，天亮后再走。

我在村子西边找了一间房子，安排欧阳主任休息，大家轮流值班担任警戒，以防万一。我想找个老百姓了解一下村子的情况，并请他做去月浦的向导。可是没有找到一个人。我和通信员又走进一条巷子里，找来找去听到一间小房子内有人说话的声音，走近一看，房内有四五个妇女拥挤在一起。我们叫她们出来，她们不作声；我们想进去，她们大喊大叫不准进去；我们想问一些情况，她们又听不懂我们的话。真没办法！只好重返避雨的那个地方。这时已是早上2时，大家轮流休息了一会儿，就想办法弄点饭吃。村中的房屋均无主人，可是有大米、有咸菜、有柴草，做饭吃是没有问题。但主人不在我们是不能随便动用的。我们就向欧阳主任请示如何办？回答是：吃的大米写个条子留作证明，以抵公粮；吃的咸菜留下钱，写个说明，叫主人理解。就这样我们做了些米饭，吃了些咸菜，作为早餐。天亮后上了公路，向月浦方向前进。

刚走上公路，就听到月浦方向的枪声炮声了。欧阳主任说，我们快点走！早点找到第99师阵地，先到师部去！

大约上午10点左右，我们到了月浦镇以西的新镇，看到第29军的后方人员都在忙碌着，也看到了大批的支前民工前送物资，后运伤员。通过询问，知道了第29军的一些作战情况，也知道了我们军第99师师部所在地马金桥的大体位置。我们走了近10里路，找到了第99师指挥所驻地——马金桥。

欧阳主任去了师政治部，叫我去师司令部了解一下作战情况。师司令部作战科王国庆副科长说：297 团三次向曹、尹二宅攻击未成功，二营伤亡很大，已将这个营换下来进行整顿和战斗总结，你就去 297 团二营吧。我到了 297 团指挥所，王世延政委接见了我，向我介绍了二营向曹、尹二宅攻击的概况，此后我参加了他们两天的活动。主要活动内容是：整顿组织，召开各种形式的战斗检讨会，总结作战经验教训，做好再次作战的各项准备工作。我主要是参加营连战斗检讨会，听取营连干部的意见，记录战斗检讨会的发言，最后整理了一个二营攻击曹、尹二宅战斗情况的汇报提纲。这个汇报提纲，我先送给在二营参加战斗检讨会的师政治部组织科长张紫平审阅，他说："没有什么意见，同意这个汇报提纲。"

切断敌人海上退路

5 月 23 日，我跟随欧阳主任由第 99 师返回军部新驻地——何家店。根据兵团司令部的战斗部署，当夜，我军第 97 师指令 291 团为主攻团，24 日开始向小苏宅、毕家桥敌子母堡群阵地进攻，拉开了杨行战斗的序幕。21 时半，三营八连攻占小苏宅西北一个子母堡，歼敌一个排，敌连长被击毙。该营乘胜向前发展，于 25 日晨 3 时，向小苏宅西南一个独立地堡攻击，歼敌一个班。同时一营一连和三连向小苏宅西南毕家桥之敌攻击，4 时占领毕家桥，守敌逃窜。

经过一夜战斗，291 团一举突破敌人杨行镇西北基本防御阵地，并乘胜突入敌人防御纵深，迫使敌人向杨行镇核心阵地收缩，动摇了杨行镇守敌的防御核心，这是一个重大的胜利。

第 98 师于 5 月 23 日夜进入攻击阵地后，在敌阵地前进行近迫作业。24 日黄昏后，该师 293 团分别向宿家弄、胡家浜敌阵地进攻。宿家弄全村被敌平毁，在村南、村东南构成地堡群各一个；依据地形，在附近增设散兵坑若干，并以交通沟互相连接；阵地前副防御设施较强，有敌人一个加强步兵连守备。该点为敌杨行阵地主要坚守要点之一。

第98师293团于5月24日18时开始向宿家弄之敌发动攻击。三营为团主攻营，向宿家弄东南敌子母堡群攻击。该营八连一排二班于21时攻占敌子母堡群东北一个独立堡，全排乘胜冲到敌子母堡群前，敌负隅顽抗，一排伤亡较大。八连奉命就地进行近迫作业，准备25日夜再行强攻。因敌为破坏我进攻准备，于25日白天，以优势兵力、火力向我三营八连阵地反击，均被八连击退。在击退敌人反击战斗中，八连指导员杨俊峰腹部受重伤，仍坚持战斗不下火线，协助连长指挥部队，直至牺牲在阵地上……

在三营向敌发起攻击的同时，一营和二营开始向宿家弄以南敌子母堡群阵地发起进攻。数次冲击均受挫，被迫在敌人阵地前进行近迫作业，准备再次强攻。

5月25日13时左右，上海市区全部为我军解放，溃敌退集于江湾、吴淞一带，准备从吴淞口海上逃窜。汤恩伯命令第52军在杨行、月浦一线作抵抗，掩护其主力从海上撤退。5月26日1时许，吴淞、杨行守敌以猛烈炮火向我军月浦、杨行西侧阵地轰击，企图掩护其主力撤退。26日2时许，第33军接第10兵团命令，大意是：杨行附近之敌已开始动摇，要求第33军停止近迫作业，大胆向敌纵深猛插，截歼杨行镇守敌，得手后直扑吴淞镇，卡住黄浦江口，协同兄弟部队全歼上海之敌。第33军受命后，立即向第98师发出指令。同时指令第97师迅速占领杨行镇，尔后第33军主力在第98师右侧直扑吴淞镇。此时，杨行地区之敌已大部东撤，只有一部掩护部队和我军对峙。第97师立即投入战斗，占领了杨行镇，歼敌千余人。

26日拂晓，我军第98、第97师由杨行并肩向东追歼逃敌，直扑吴淞，迅速控制了黄浦江口要点，完全切断了上海残敌从海上逃窜的退路，保障了第26军等兄弟部队围歼江湾地区之敌。吴淞、杨行、月浦、宝山地区之敌，于5月26日中午全部被歼。上海解放后，第33军奉命担任吴淞、宝山、嘉定地区警备和江防任务，并协助军管会人员接管吴淞、宝山城，安定社会秩序，肃清散兵游勇。

胜利之师睡马路

王致冰

王致冰（1923—2014），江苏镇江人。1940 年 10 月加入中国共产党。上海战役时任第三野战军警卫营教导员。

上海战役以我军取得军政全胜而结束，上海这座远东大都市终于完整地回到了人民手里。回眸往事，至今仍然给我留下深刻印象的一件事情，是胜利之师睡马路。当时我在第三野战军警卫营任教导员，根据陈老总指示，曾经赶往南京路等一些地方，检查部队执行入城纪律的情况，亲眼目睹了这震撼人心的一幕。

不入民宅，给上海人民一个“见面礼”

随着中国革命形势的迅速发展，1948 年底、1949 年初，上海解放被提到议事日程上来了。毛主席曾告诫全党说：进入上海，对于中国革命来说，是过一大难关。毛主席的这种担忧是基于多方面因素考虑的：我们党离开城市多年了，不了解城市、不了解上海；而在国民党当局苦心经营了 20 多年的大城市，上海人民也不了解我们党和我们党所领导的人民解放军。尤其是，我们的指战员大多来自各地农村，并长年在农村山野作战，一旦进入城市，要接管城市，特别是进入上海这样经济发达而情况复杂的城市，无疑将面临严峻的考验。

为了越过中国革命的一道“难关”，上海战役的总攻时间整整推迟了半个月。为什么？为的是让即将参加上海战役的第三野战军第 9、第 10 兵团的所有部队、所有官兵参加整训，认真学习入城纪律和政策，先过“政策关”，为跨越中国革命的“难关”做好思想准备。

给我印象最深、教育最大、至今难以忘怀的是陈老总 1949 年 5 月 10 日在丹阳城南大王庙作的重要报告。他开宗明义告诉大家：“今天主要讲的是入城纪律和在上海要注意的事情。”陈老总指出：“一般说来，到丹阳后纪律还不错，但还有开会检讨一下的必要，这就是今天开会的宗旨。”他列举了到丹阳后发生的几件违反纪律的事，还谈到解放南京以后有些部队违反纪律的一些问题。他说：“这种情形不搞好，到上海一定要天下大乱。”陈老总郑重告诉我们：“在南京、上海搞一件坏事，全世界都知道。毛主席说，我们进上海是中国革命过一难关，它带有全党全世界性质。同志们，要懂得我们进入京沪后，全世界工人阶级、兄弟党都在注意，我们在上海、南京搞得好，发出每一条消息，他们都要欢呼，向我们祝贺。假如我们犯错误，犯纪律，那革什么命呢？反动派听到我们在上海搞得好，会垂头丧气；看我们搞不好，他又会动起来，也会以为他们自己还有希望。”陈老总特别强调：“入城纪律是入城政策的前奏，是见面礼。入城纪律搞不好，入城政策会走弯路。入城纪律是入城政策的开始，入城纪律搞不好，会造成损失，今后要费大功夫，甚至还很难挽回。”陈老总的讲话句句打动人心，既非常深刻，充满辩证法，又通俗易懂，合情合理，对部队进入上海后严格遵守城市政策、纪律，起了非常有益的作用。

入城纪律如何体现呢？总前委在戴家花园讨论制定《入城守则》时，陈老总严格地强调两条：一是市区作战不许使用重武器，二是部队入城后一律不准进入民宅。对部队入城后一律不准进入民宅这一条，有些负责干部想不通。有位师长就问陈老总，我们部队打到山东，打到农村，住宿都是到老百姓家里，向老百姓借稻草、下门板解决的，到上海没有稻草，门板也下不下来，又不能入民宅，部队住宿怎么解决呀？还有负责干部问：不准进入民宅，遇到下雨，有伤员病号怎么办？陈老总坚持说：这一条一定要无条件地执行，说不入民宅，就是不准入。天王老子也不行！在没有找到宿营地之前，部队一律睡马路。这是我们人民解放军送给上海人民的“见面礼”！

总前委讨论《入城守则》时，一致肯定“不入民宅”的规定很有必要。当毛主席接到总前委的电报后，立即回电，对“不入民宅”这一条连用了4个“很好”以表示赞许。

模范执行，从军长到士兵全都露宿街头

1949年5月26日早晨，刚刚抵达上海的陈老总指示我去检查部队执行入城纪律的情况。陈老总说：“部队的入城纪律，我还是有些不放心，警卫营派

两个人去检查一下，看看情况怎么样。”于是，我带了两个战士匆匆上了路。

5月底上海的天气，早晚还是有些凉的，部队指战员都只穿着单衣。那时，指战员的背包里除了一条小棉被外，没有其他东西，不像现在有毛毯等东西。

我首先来到南京路，在永安公司门口，看到我们的战士坚决执行陈老总的命令，睡在地上。当时，天有些凉，又下过雨，就这样睡在地上，怀抱着钢枪，战士们冷得缩成一团。

我接着往前走，在威海路黄陂路口的一个弄堂口空地上，看到马路边上有人用两块雨布简单地支起一个小棚子，里面有一位首长在看地图。我一看，是第27军军长聂凤智。原来，聂军长和副军长贺敏学等连夜冒雨率军将指挥所迁到市区，不入民宅，又没有适当地点，就临时选在威海路黄陂路口的沿街马路上扯起几块雨布，安好电话机，作战地图也只好摊在马路上，一张一张拼接起来。一个指挥千军万马的简易军指挥所就这样在上海的马路上布置停当了。我再往前检查，发现下面的师、团指挥部也是如此。

然后，我沿着西藏路往北走，一直到北站那里，看到部队从首长到战士，都严格执行纪律，睡在马路上，没有进入老百姓的民房。那场面确实是很教育人，也很感动人。

当时，天气不好，还下着雨。看到解放军睡马路，四川路那里的老百姓开了门，请我们的战士进去，尽管身上的军衣全都湿了，我们的战士还是婉言谢绝，坚决执行纪律。

回去后，我向陈老总报告说，战士们都睡在马路上，连聂军长也睡在马路上，指挥部也设在马路上。陈老总说：好！部队在没有找到营房之前，一律睡马路，不能惊扰老百姓。

见证历史，人们断言国民党回不来了

三野第9兵团的第27、第23及第20军夜里攻入上海市区后，第二天早晨上海居民起床开门，无不被眼前的一幕所感动。只见街沿旁、屋檐下，到处睡

进入市区的解放军严格遵守入城纪律，露宿上海街头

着怀抱枪支、和衣而卧的解放军指战员，他们宁肯露宿街头，也不愿打搅上海市民的清梦。上海人民正是在这种特殊的场合，第一次同自己的军队见了面。

敏感的摄影记者当即拍下了这感人的一幕。次日，照片随沪上各大媒体传遍国内外，西方新闻社由衷地感慨：胜利之师睡马路，自古以来所没有。在上海的外交官与外国侨民甚为惊讶，美国之音不得不作了报道。就连美国著名的《生活》杂志也载文说："各项消息指出一个历史性的事实，那就是国民党的时代已经结束。"

时年 67 岁的著名书法家沈尹默亲眼目睹了这一幕，挥毫作诗："秋毫无犯取名城，大炮盎然未许鸣；晓起居民始惊动，红军街宿到天明。"

这里还要说一下三野第 27 军第 80 师。5 月 25 日凌晨，第 80 师迅速穿插攻击，进入外滩、南京路一线，圆满完成攻占市区的战斗。第 80 师指挥所推进至南京东路，全师的任务就是重点警备南京东路和外滩，对该区域的重要机关、银行、商店、仓库和外国驻沪机构实施保护。第 80 师坚决贯彻毛主席、中央军委关于"完整地保全上海"的指示，要求部队严格遵守"三大纪律、八项注意"和"入城守则"，不入民宅，秋毫不犯。夜间，从师长、政委到每一个战士，都打开背包，席地而睡或靠墙而眠。

人民解放军露宿南京路，在上海市民中一传十、十传百，立刻成为特大新闻。胜利之师睡马路这个新闻传出后，许多群众专为此事在南京路等到深夜，就是要亲眼看一看部队夜宿街头的实情。

第80师师长张铚秀将军曾经回忆说，一天拂晓，他同警卫员碰到一位两鬓斑白的老人，于是攀谈了起来，老人首先发问："你是负责南京路区域防务的军官吧？"张铚秀说："南京路、外滩一带都是由我部担任警备，老人家有什么事情需要我们做的？"老人笑了笑，连声说："没事，没事。今晨专从徐家汇赶到南京路，看你们官兵露宿马路的实情。甚为感动！"张铚秀说："老人家这般关心部队，我们很感谢。"老人回答说："不敢当。你们进入上海忘我为民之举，远远超过干戈相戟而胜的影响，全市民众极为铭感。"张铚秀于是说："毛主席、朱总司令早就教导我们，战争的目的是为了建设，解放上海是为了建设上海，这个道理每个干部战士都牢记在心。"老人脱口而出："仁义之师必胜，得人心者必胜！古往今来，无不如此。"张铚秀请老人到指挥所谈谈，老人说要去江边看看，匆匆告辞了。

当年，也正因为看到人民军队的新形象，荣毅仁决定留在上海。这也给我们指战员以极大的教育，使我们更进一步看到了入城守则规定不入民宅的重要性。多年后，荣毅仁回忆起人民解放军开进上海城的日子时，仍颇为感慨。他回忆道，听说解放军要进城，因为怕吃流弹，晚上他让家人都睡在楼下，自己坐在客厅里。第二天清晨6点钟，公司的一个厂长急匆匆开车来向荣毅仁报告消息，荣毅仁问他怎么过来的，厂长回答说是解放军都睡在马路上，走路没事。荣毅仁问这是真的？厂长说是真的。荣毅仁就连忙开车出来，一路上只见解放军官兵果然都露宿街头。车到成都路浦东大厦时，一个解放军拦住车说，前面敌人还没清除，不安全，劝他不要再向前。荣毅仁发出了由衷的感慨："解放军军纪真好，秋毫无犯，同国民党军队相比，一个天上，一个地下。"

永远忘不了　要继续战斗

张承宗

张承宗（1910—1996），浙江镇海人。1937年8月加入中国共产党。解放战争时期曾任中共上海市委书记。

奉命返沪

抗战时期，我在华中局（新四军军部）城工部工作了三年多。1945 年抗战胜利前夕，奉命重返上海。因为我在解放区接待和培训过我党从事地下斗争的干部好几百人，熟悉我的人很多，只好乔装改扮，避免暴露身份。记得那时我穿一身西服，戴一副白金架眼镜，俨然绅士派头。这样，即使遇到了熟人，也是很难认出的。平时两条腿走路，或坐三轮车，偶尔也骑自行车，但不坐电车或公共汽车，因为碰到相识者不易躲开。

1948 年，国民党在前线不断失利，对上海加强了军警宪特的控制，企图破坏我党地下组织。从我们得到的情报中得知，敌人多次想捕拿上海局领导刘长胜等同志。这年 3 月，发生了工人系统党组织因王中一等同志被捕而遭到大破坏的事件，环境十分险恶。7 月，国民党又决定在全市核对照片换发身份证。此时，解放区紧急通知我党上海地下组织，说新四军里有一名投敌分子现在上海，准备参与敌方换发身份证的工作，领捉共产党。恰巧这人又是认识我的，事态相当严重，上海局不得不考虑对策，并决定：为了防备敌人的袭击，刘晓、刘长胜、沙文汉和我，由方行同志陪同前往杭州暂时隐蔽一个星期。我们于 7 月底到杭州，经赵朴初居士介绍给净慈寺的方丈，在净慈寺给我们安排了一间僻静的房间住了下来。后来我们发现那里的一个大殿被国民党青年干训班的一个机关占据了，故在大热天里也只好忍暑待在房间里，不大好露面。到了晚上，我们才有时雇一条游船，在西湖荡舟，并计划着下一步的斗争。等我们回到上海，家里人已把身份证代换了。刘长胜和我通过保甲机构里的关系，各人又弄到一张改姓换名的身份证，以备急需。

利用矛盾　打击敌人

1947 年 7 月 27 日的晚上，我从西摩路（今陕西北路）向西步行回愚园路家途中，忽然从东面传来一阵枪声，不知发生了什么事情。回到家里，我急忙打电话向地下警察党委书记邵健了解情况，这才知道是金都戏院（今瑞金剧场）里宪兵与警察发生了冲突。起先是一名宪兵排长将一名学警打伤了，后来附近新成分局的学警和老闸等分局的警察闻讯赶来声援，宪兵队则调来 100 多名荷枪实弹的宪兵，不顾一切地开枪射击。当场有 7 名警察被打死，另有 7 名被打伤。一时秩序大乱。是即有名的“金都事件”。当我了解此情况后，即和警委的同志商量决定，要抓住这一时机，通过新成、老闸分局和警校等地下党组织的发动，把这一起敌人内部的矛盾，转变为警察反对宪兵的行动，以达到分化瓦解敌人的目的。

第二天一早，各警局即纷纷传谈宪兵打死警察惨案的经过，闻者无不愤怒，形成了全市警察大罢岗的局面。当天，警察训练班的学员，满乘 10 多辆大卡车，到塘沽路宪兵第二十三团团部，绕着团部转了 3 圈，高呼“杀人偿命”等口号。宪兵团则如临大敌，严阵以待。双方剑拔弩张，形势非常紧迫。当事态扩大后，国民党市长吴国桢受到蒋介石的严厉训斥；蒋并准备派国防部次长秦德纯来沪彻查案情。上海高层官员则想趁秦来沪之前了结此事，便匆忙答应了警察方面提出的开追悼会、抚恤伤亡人员等条件。随后，我们又因势利导，发动大批警察和被难家属去参加追悼会，无异又是一次示威浪潮，使敌人处于十分狼狈的境地。这之后，敌人千方百计妄想在闹事的警察积极分子中寻找我党地下组织。只是由于我们在分化瓦解敌人营垒的目的达到后，及时收缩，敌人的阴谋才未能得逞。

晴天霹雳

1949 年 3 月 20 日的上午，我在同志家开会，忽接电话，得知我弟弟张困斋昨夜未回家。我想莫非是秘密电台出事了？便赶紧去联络地点打听，同时也接到了警察党委同志的报告。果然不出所料，打浦桥新新里秦鸿钧电台被敌人破获，秦鸿钧夫妇和张困斋都已被捕。困斋的职业掩护所——丰记米店已有特务进驻，困斋家里也有特务看守。接着，我便与刘长胜商量决定：立即通知与秦台和困斋有联系的党组织和人员，提高警惕，注意防范；通过各方营救被捕的同志；刘和我转移住所隐蔽。同时，将秦台被破获情况报告中央和华东局，迅速将预备电台与中央接通，保持和中央的联系。

这天晚上我先住到李庆发家中，一星期后搬到五原路的一幢小洋房里。这儿原是国民党陆军总司令张发奎的住宅。张因时局紧张，把重要东西带着，跑到广州去了，房子就托他的秘书莫振球代管。莫振球是我们党的老党员，他的父亲是张发奎的部下，因为这个关系，莫当上了张的秘书，并以此为掩护，从事党的地下工作。莫为了掩护得更好一些，把妻子和刚出生的孩子也带了来。刘长胜开始住在江闻道家里，为了更隐蔽一些，以后又搬到当国民党少将参议许彦飞家里去住。

华东局的领导得知上海电台被破获，秦、张被捕，很担心我们的安全，曾经要长胜和我暂时撤离上海。当时我们多次商量，认为上海已面临最后决战的时刻，上海局只留下长胜一个人了，我又负责市委的工作，于是决定继续留下，坚持斗争。

5 月 7 日，传来张困斋、秦鸿钧等同志英勇就义的消息。这犹如晴天一声霹雳，使我们极度震惊和深感悲痛，同时也更坚定了我们斗争的决心。

第一面旗帜

海关是个重要部门，我党曾有过长期深入的工作。我们利用合法团体——海关俱乐部，团结教育了很多海关职工，使他们参加到我们的队伍中来。为义卖而光荣牺牲的茅丽瑛烈士，就是海关的职员。

因为在国民党统治时期，海关是掌握在英美人手里的，一些美国商人就肆无忌惮地大量走私。于是我们发扬海关华员的爱国心理，组织关警（或称税警）进行武装缉私，把走私的美货扣留和没收，使美国人大为发怒，这也加深了美蒋关系的裂痕。我们争取上层，开展统一战线，打入有武装的港警和关警里，掩护了下层群众组织活动的开展。直到后来，我们争取了华籍副总税务司留下来，保护海关，迎接解放。

临解放前夕，海关职工负责沪中区北起苏州河、南至新开河、东沿外滩

五原路大华新村 7 号张发奎寓所

黄浦江、西至西藏路这块地区的防卫工作。黄浦江上有海关大型巡逻艇 3 艘、小艇三四十艘，敌人命令这些船只向吴淞口集中，为大家所拒绝。港警中的党组织带领群众，把贮存在浦东仓库的 10 挺机关枪和各种冲锋枪、手枪及几十箱子弹，搬到江海关地下仓库，由我党领导的关警和港警日夜看守，用之于解放上海的战斗。

5 月 24 日晚上，当我们发布了全党动员、全体人民保安队立即出动的命令之后，刘长胜、吴克坚、沙文汉三同志来到我的住所。为了庆贺人民解放军的即将到来，我们请莫振球把张发奎家藏着的洋酒拿出来喝了两杯。我们于谈笑间说起了 1927 年广州暴动时，张太雷等同志曾经住在广州张发奎的家里，并把那里当做指挥部；现在我们迎接解放，又是以张发奎家为指挥部，真是无巧不成书哩！第二天一早，我和莫振球从张发奎保险箱里各取左轮手枪一支，带领赵茅兴、李庆发等同志进驻江海关，并通知一部分负责同志前去报到。当我们进入海关的时候，盘踞在交通银行（今总工会）的国民党军队，向我们疯狂开枪，前来报到的马飞海，就险些遭到枪击……但我们终于在江海关成立了上海人民保安队总部，从那里指挥和部署了我们人员的战斗任务。

江海关第一个悬起了欢迎人民解放军解放大上海的旗帜。

每当我经过外滩时，总要抬头看望江海关的大钟。永远忘不了江海关挂起的第一面旗帜！永远忘不了过去战斗的日日夜夜！永远忘不了要继续战斗！

回忆上海工人的护厂斗争

张　祺

张祺（1910—1993），浙江浦江人。1933年3月加入中国共产主义青年团，1936年1月转为中国共产党党员。解放战争时期曾任中共上海市委委员、工委书记。

解放前夕，我是上海地下党的市委委员，参与领导了上海工人保护工厂迎接解放的斗争。回想起当时的情景，真是一场冲破黑暗迎接黎明的战斗。

保护工厂就是最好的里应外合

1947年9月，刘（伯承）邓（小平）大军过了黄河，人民解放军转入了大反攻。这年年底，毛主席作了《目前形势和我们的任务》的报告，指出：“人民解放军的主力已经打到国民党统治区域里去了。”“这是蒋介石的二十年反革命统治由发展到消灭的转折点。这是一百多年以来帝国主义在中国的统治由发展到消灭的转折点。”我们听到这些消息，心里是多么的激动啊！我在上海坚持党的秘密工作有十多年了，就是盼望这一天快点到来。如今，解放军真的就要来了，我的心情怎么能够平静呢？

从那以后，我脑子里一直在盘算着，如何组织上海工人举行武装起义，里应外合解放上海。我有这种想法也是有原因的，因为历史上有过多次先例。1927年3月，敬爱的周恩来曾经在上海领导工人武装起义，配合北伐军，胜利地占领了上海。虽然后来由于陈独秀推行右倾机会主义路线，蒋介石发动了四一二反革命政变，武装起义的胜利果实丧失了。但是武装起义，消灭敌人，解放上海的思想，在上海工人中有很深的影响。又比如1945年8月，日本帝国主义刚投降时，党中央也曾经决定解放上海，派粟裕率领4个团的兵力南下包围上海。新华社已经广播刘长胜同志任上海市市长，我们在上海街头贴出了欢迎刘长胜当市长的标语。根据党中央的指示，我们还组织了一支地下军，带了武器占领了沪西一个汉奸老板开设的信义机器厂。参加这一行动的有一万多名工人，我们打算以这个厂为据点，进一步发动上海工人武装起义，里应外合，配合新四军解放上海。虽然后来由于形势的变化，党中央又决定新四军不进上海，我地下党改变了武装起义的计划，但是，武装起义，里应外合这一思想已深深印在我们地下党许多同志的脑子里。这次解放军就要来了，我又日夜思考着如何发动群众组织武装起义，迎接解放。然而，这个思想没有多久就起了变化。

1948年8月，在东北解放区哈尔滨市召开了中国第六次全国劳动大会。根据中央指示，地下市委决定我们上海推派一批同志参加这次大会。我记得汤桂芬是上海代表团团长，朱俊欣、李家齐、韩武成、孙明、欧阳祖润、倪复生、江怡、杨春林、沈鸿春、沈翔声、蒋阿龙等同志，都是这次大会的代表。多数同志是由交通员带领，经过苏北解放区去的，也有少数同志是在香港学习后，从那里经过朝鲜仁川到达东北解放区的。这次大会通过了《关于中国职工运动当前任务的决议》，其中指出："在国民党统治区的职工运动，应比以往任何时期要更加善于联系群众，聚积力量，扩大队伍，以便迎接人民解放军的到来。""国民党统治区职工们和革命职工团体，应该十分注意保护一切公私企业的机器和设备，反对破坏迁移和分散这些机器与设备。""特别在人民解放军到来时，职工们应当尽力保护一切公私企业及其工厂机器和物资不受破坏和损毁，并应联合各界人民监视反革命分子，维持社会秩序，以待新的秩序之建立。"整个决议没提武装起义这个词。六次劳大的文件很快传到了上海，我们通过学习研究，思想上得到启发和提高，开始认识到我们的任务不是搞武装起义，而是要发动与组织群众，把工厂保护好，配合解放军，进行接管。1949年春，中央进一步明确了这一点。

当时上海局利用香港的地方，轮训部分干部并总结工作经验。根据组织上的通知，1948年11月中旬的一天，我坐火车离开上海到了广州，接着就到了香港。那时香港和广州来往自由，用不到护照，两地的生活习惯也差不多，银元也是通用的，一元换一元。我住在香港学士台，地处一个土山腰里，是个中等的砖木结构的二层楼房，两边都有楼房连着。这里是中共中央上海局的学习班所在地。参加这次学习的一共有9个人，大多数是从上海分头来的。工人方面有我和陈公琪，店职员方面有陆志仁、周炳坤，学生方面有吴学谦、吴康，教师方面是个女同志，名叫陈育辛。除掉我们上海的这7个人外，还有南京的两位，一位是朱启銮，是我过去就认识的，另一位是一个很活跃的青年，可惜忘记了他的名字。按照秘密工作的规定，我们互相之间不能叫名字。组织上给每人都编了号，我是1号，陈育辛是8号，那个不知姓名的青年是9号，其他的编号已经记不得了。

我们这期学习班一共办了两个多月，分三个阶段。第一个阶段是学习党中央和毛主席的指示，检查“隐蔽精干、长期埋伏、积蓄力量、以待时机”16个字方针的贯彻执行情况，展开批评与自我批评，总结经验。我记得当时批评了我们上海工委个别同志在1948年上半年工作中的急躁情绪。第二个阶段是学习如何配合解放城市，如何接管城市的经验。当时讨论了华北和华东几个城市在接管中的经验教训。第三个阶段是研究如何从组织上保证迎接解放这一任务的完成。当时大家一致感到党中央关于白区工作方针中所说的“以待时机”，就是指迎接解放这一时机。这是我们长期坚持地下工作等待的决战时刻。要取得决战的胜利，原来按工人、店职员、教师、学生等系统进行工作，已经不能适应形势，需要把条条改成块块，按地区组织，因为在解放上海的过程中可能发生巷战，地区之间被分割，需要独立作战。在学习期间，中共中央上海局书记刘晓、中共中央南方局书记方方以及许涤新都来讲过话，中心是要护厂护校，反复强调不能在上海解放时把机器都给敌人搬走或破坏了。具体管理学习班的是个名叫阿程的同志。这次学习使我们总结了反对美蒋斗争的经验，明确了当前保护工厂、迎接解放的迫切任务。

1949年1月下旬学习班结束，我们分头回到了上海。一到上海，中共中央上海局副书记刘长胜就向我传达了中央的指示：军事上，人民解放军有绝对的把握解放上海，上海党必须广泛动员工人阶级，组织起来，有计划地进行保护工厂、机器、原料、物资，反对国民党屠杀、破坏，维持社会秩序，保障人民生命财产的安全，这是首要的任务，亦是最好的里应外合。这样，我的思想就更明确了，不是只有武装起义才是里应外合；组织群众，保护工厂，反对国民党屠杀和破坏，维持秩序，保障安全，这就是里应外合，而且是“最好的里应外合”。在地下市委的会议上，市委书记张承宗根据上级党的指示，提出了取消条条的工作委员会，建立地区委员会的建议，得到了一致通过。我记得在市委下面分五个区：沪东区委书记陈公琪，市委分工由我联系；沪西区委书记夏明芳，市委分工由马纯古联系；闸北区委书记吴学谦；沪中区委书记周炳坤；南市区委书记马飞海。吴学谦和马飞海也是市委委员。另外还有浦东地区，由周小鼎等负责。在区委下面，工人、职员、学生、警察等按条分工领导。通过学习讨论，不但明确了方针，而且从组织上作了调整，这就为全面开展护厂护店护校、迎接解放的斗争，创造了必要的条件。

发动力量开展护厂斗争

1949 年 1 月，辽沈、平津、淮海三大战役以后，国民党主力大部被消灭，形势急转直下，我解放军陈兵江北，隔江相望，江南解放指日可待。我们听到这一喜讯，便加紧迎接解放的一系列准备工作。

首先是统一党员干部的思想，明确保护工厂迎接解放的任务。1949 年春节的一天，以探亲访友为掩护，在宁武路河间路转角一家老虎灶楼上陆文才家里开会，宣布成立沪东区委。参加会议的除区委书记陈公琪外，还有区委委员苏博、陆文才、沈默等同志。在会上，我传达了中央的指示和市委的决定，有的同志流露出对不搞武装起义觉得不大过瘾的情绪，我就谈了自己的思想转变过程，向大家说明现在的形势和过去大不相同了，在军事上解放军有绝对的把握解放上海。今后全党的工作重点要从乡村转向城市。我们要把眼光放远些，要看到解放后城市生产的恢复和发展。我们地下党的同志长期生活在城市，比较熟悉城市，许多同志懂得工厂企业的生产和管理，和群众有联系，解放后还需要我们多发挥作用。不搞武装起义，改搞保护工厂，配合解放军解放上海，这是斗争的需要，也是党中央对我们上海地下党的爱护和信任。经我一说，大家你一言、我一语地展开了热烈的讨论，统一了思想。接着，又讨论研究了保护工厂迎接解放的具体部署。会议结束了，女主人端出了饭菜。窗外北风呼啸，室内同志们欢聚谈笑，就像温暖的春天一般。远处传来国民党飞行堡垒的怪叫声，仿佛是敌人临死前的几声悲鸣，眼下的上海虽然还是个黑暗世界，但是一场冲破黑暗迎接黎明的战斗已经开始！此后，区委又多次召开会议，对上海解放的几种可能作了设想。我又反复向大家强调要吸取第二次世界大战中，苏联红军在解放东欧时，有些城市过早举行起义，力量受到损失的教训，要大家沉着、坚定，不能过早暴露地下党的力量。

早在1948年下半年，地下市委就决定抓住有利时机，扩大和发展党的力量。这一方面是保护工厂、迎接解放斗争的需要，因为当时还有不少厂没有我们的党员，即使有的厂有我们的支部和党员，但工厂的关键技术部门我们没有党员；另一方面在抗战胜利后的和平民主运动、反饥饿反内战运动中涌现了大量的积极分子，为扩大和发展党的力量提供了有利条件。当然，整个发展党员的工作是积极慎重、个别进行的。几个月的建党工作使我们党的力量在原有基础上得到很大的发展。到上海解放时，全市地下党员达到8000多名，工人方面占40%左右，沪东区党员有1000多名，这是整个护厂斗争很重要的组织保证。

与发展党员相适应的，就是发展上海工人协会的会员。上海工人协会本是我党对外的一个半公开名称，只是在重大斗争中以工协的名义发布宣言、声明，借以指导斗争，并无专门机构和专职干部。这时我们就以上海工人协会作为党的外围组织，把党外的积极分子吸收到这一组织中来。我们组织了工协党团，以加强领导，还起草了一份《上海工人协会简章》。其中第一条，说明我们工人协会的前身，在第一次大革命时期是上海总工会，抗日战争时期是上海工人救亡协会；第二条，说明我们工人协会拥护中国共产党的路线和政策，执行中华全国总工会的决议，以团结上海职工，保护职工利益，争取职工解放为宗旨。在发展会员时，还向对方说明：现在解放军快来了，我们工人协会的任务是领导工人保护好工厂，迎接解放。在党外积极分子中，年纪大一些的，对上海总工会和工人救亡协会的印象很深，因此都把工人协会看作党领导下的工人自己的组织；年纪轻一点的，经过几年斗争的锻炼，对党也有了感情。因此，要求加入工协的人很多。工协会员一般都由各个支部自己发展，因此没有一个全市的完整的统计。它的人数不会少于党员的人数，因为据我知道，在沪东区，工协会员就有一万人左右，当然各厂的情况不一样，有的厂党员只有八九十人，而工协的会员却有一二百人。也有的厂工协会员没有超过党员数的。但是，大部分的工协会员后来都参加了人民保安队，有些表现好的还参加了党。那时，为了工作的需要，工人协会党团也用工协名义去突击开辟一些空白单位。后来工协党团就成为人民保安队总指挥部的一部分。

为了在解放后顺利地进行接管，我地下党发动所有的支部党员调查研究、收集情报。从本厂的机构、人员、设备、地址、敌特在工人中的活动，到本厂及附近驻有多少部队、什么番号，以及武器配备、有多少碉堡、在什么位置等，统统收集起来，有的还画了地图交上来。我们收到后，马上交给刘长胜和张承宗，由他们转发给中央和解放军第三野战军。据长胜告诉我，当时地下党送来的调查材料和情报非常多，有军事、政治、经济、生活各方面的，甚至包括物价指数都有。我们的报务员每天从晚上12点钟用密码发到半夜三四点钟都发不完。这一情况说明当时我们在调查研究上发动的面是比较广的，收集的材料也是大量的，包括国民党特务头子的住址我们都搞得一清二楚，中纺十四厂的同志甚至把国民党特务、流氓头子向工人敲诈勒索打秋风的帖子都收集起来，从中搞清这些坏蛋的住址。解放后，我们看到解放区用江南问题研究会名义编印的准备接管用的《上海调查资料》，其中很多是根据我们送去的调查材料和情报编印的。这些材料对我解放军了解敌情，顺利地解放上海和进行接管，起了很重要的作用。

解放军快要来了，眼看国民党就要垮台，上海的国民党惊惶万状。我们利用这一有利形势，普遍进行政策攻心，瓦解敌人。主要的方法是向国民党大大小小的特务写警告信，连上海特务头子陆京士那里，我们也写信给他，指出蒋介石大势已去，晓以利害，警告他不得再干坏事，要放下屠刀，将功赎罪。记得我们还发信给国民党工福会在沪东的特务头目范才骙。不仅发给范的父母，要他们不让自己的儿子再做坏事，而且还把信寄到范的小老婆那里。这件事把范吓了一大跳。因为一般来说，小老婆的住址是秘密的，共产党连这个地方也知道了，真是不得了。我们用工人协会或“你的一个朋友”等化名发出的这些警告信，收到了很好的效果。特别是那些小特务收到信以后心神不定，他们知道写信的人很清楚他们的底细，而且就在他们的周围，他们的一举一动，写信的人都知道，但又吃不准是谁，从此有所收敛，这就显示了我政策攻心的巨大威力。我们在信里责成他们要把工厂的机器、原料等保护好，将功赎罪。这些家伙虽然不会听话，但对工人的护厂斗争不敢再公开阻挠，在客观上为我们的护厂斗争减少了阻力。

护厂斗争还需要团结一切可以团结的力量，组成广泛的统一战线。民族资产阶级是我们团结争取的对象。当时国民党大势已去，但不少民族资本家对我党不了解，犹豫动摇。国民党强迫有些民族资本家迁厂，他们中间有些人也不愿走，也想把工厂、机器、原料保护好，怕国民党破坏。针对这种情况，我们就写信向他们宣传《约法八章》，向他们宣传我们党保护民族工商业的政策，争取他们和工人们合作把工厂保护好。当时，我们争取了中纺公司的总经理顾毓瑔、中纺十二厂厂长郑彦之、中纺十四厂厂长王子宿等上层人士。通过我们的工作，郑彦之发了4亿多元伪币作为厂里护厂队的活动经费。王子宿召开全厂职员座谈会，表示工厂是大家的命根子，保护工厂人人有责，使该厂国民党特务不敢公开破坏护厂。国民党反动派为了赶筑工事，下令征调日亚钢铁厂生产的竹节钢，我们争取该厂资本家余铭玉，采取消极应付的办法，使每天的产量从20吨下降到1吨，而且最后迫使国民党全部撤出驻厂的军队，一吨钢也没有拿走。另外，我们还写信给工厂关键部门的技术人员，宣传我们党的知识分子政策，鼓励他们和工人一起把重要的技术部门保护好，解放后参加新民主主义建设。由于我们进行了这些工作，使很多民族资本家的情绪稳定下来，不少技术人员成为护厂斗争中的重要力量。

淮海战役以后，国民党乱作一团，南京当局实行疏散，军政机关提出了“应变”的口号。我们党抓住这一口号，发动各行各业工人要求发“应变费”“应变米”。这一斗争虽然在各个单位有不同的结果，但是有一点是成功的，就是使全市的工厂、企业、学校，乃至家家户户都储备了大约三个月的粮食、油、煤、酱菜。在沪东的中纺十二厂，我地下党同志和厂方谈判，争取到无锡购进大量粮食，又储存了不少煤球，另外还发给每个职工两至三个月的“应变粮”和“应变费”。为了不使银元外流，又争取到应变费和工资不发伪币，改发银元。由于中纺十二厂打开了缺口，使沪东其他厂的斗争也争取到类似的胜利。储粮应变，这一方面可以稳定群众的情绪，同时又为解放后顺利地进行接管和恢复生产创造了条件。记得解放初，在一次会议上，陈毅还表扬了我们。他说，我们解放军进城前很担心粮食问题，所以也做了一些准备，想不到你们上海地下党工作做得这样细致、周到，发动群众储粮，使我们进城后放下了心。

为了把工厂保护好，在各厂党支部的领导下，组织了党员、工协会员和积极分子为骨干的护厂队伍。它的名义在各厂是各不相同的，有护厂队、纠察队、消防队等，这样做是为了使国民党不易察觉这是由我地下党统一组织的。护厂队日夜不离工厂，值班巡逻。我们提出了“机器是工人的命根子”“保住工厂就是保住饭碗”“天快亮了，我们工人要出头了”“保护工厂，保护饭碗，迎接解放”

中纺十厂人民保安队队员与解放军战士共同守卫厂门

等口号，得到广大工人的热烈响应。有的厂里，许多不是护厂队的工人也挟了被头铺盖进厂，睡在厂里，更壮大了护厂的队伍和声势。这支护厂队伍在斗争中发挥了很大的作用。如中纺十厂和十二厂都发生国民党派兵来厂运布的情况，我们护厂队即发动工人一起拦截军车不准运布，并提出运布要用棉花来换的条件。在中纺十二厂有1000多名工人把军车团团围住，迫使国民党军队只好把空车开回去。国民党白天运不走布，就晚上来，但我们护厂队日夜值班，国民党的阴谋仍然不能得逞。随着战事加紧，国民党见形势不妙，就派军队进驻工厂，这时在纱厂，我们就以厂内女工多，驻军不方便为理由，阻止国民党军队进厂。万一阻止不了，国民党军队进了厂，我们一方面寄宣传品给他们，宣传党的政策，警告他们不准破坏机器，否则，就要走上与人民为敌顽抗到底的死路；另一方面，以护厂队和他们接近，给他们讲形势，讲前途，瓦解国民党军队的士气，送便衣给他们，策动他们开小差，不要再为反动派卖命。护厂队特别注意控制企业的要害部门。如杨树浦发电厂，敌人要在高楼顶上架机关炮，这样就对高压炉造成危险，而且会给我解放军从楼下进攻造成困难。我护厂队即找国民党军队连长谈话，警告他，如果楼顶架炮，万一高压炉中了流弹，会使方圆三里内全部化为灰烬，你们都要完蛋，吓得他连忙下令把机关炮从楼顶上搬下来。这一阶段的护厂斗争和敌人短兵相接，相当紧张。当局妄图用屠杀公交三烈士来阻挡广大工人保护工厂迎接解放的斗争。但是，广大群众并没有被吓倒，在我党提出的“反屠杀、反搬迁、反破坏”的口号下，以更加英勇的姿态投入了这场迎接黎明的战斗。

组织人民保安队迎解放

1949年5月中旬，上海的外围战已基本结束，国民党军队被迫龟缩在市区。24日，张承宗和我在南京路四川路口中央商场楼上一家贸易行里碰头。我在这个贸易行里挂了个职员的名义，以此作为掩护。这天，国民党打肿脸充胖子，明明吃了败仗，却在南京路上游行，大吹大擂所谓保卫大上海的

“胜利”。看看国民党的军队到了南京路四川路口，却不向外滩走，折向北面，朝苏州河以北方向开去。这时，张承宗笑着对我说：什么“胜利”，明明是吃了败仗朝北撤退，看样子今天晚上他们都要走了，你赶快回沪东去准备一下，给大家一个消息，人民保安队要全部出动。这样，我们就分手了。

实际上，就在这一夜苏州河以南解放了。24日晚上，我解放军开始向苏州河以北进攻，25、26日整整又打了两天。

5月27日早晨，四川路桥北堍邮局的国民党军队撤走了，我人民解放军已从沪西方向突入苏州河北，我连忙赶到沪东去，先到姜才宝家里，部署了公用事业职工迎接解放的工作，接着又赶到杨树浦路英联船厂对面的一爿小炒货店。这是我们的一个联络点。这爿店原来是警察局党委邵健职业掩护的地方。在这里，我亲眼看到英联船厂的人民保安队把解放军领进厂去。按照我地下党的决定，在解放前一星期即把人民保安队的臂章发了下去，在解放当天佩戴，便于识别，防止敌人浑水摸鱼。所以这时我们的护厂队都戴上了人民保安队的臂章。这个厂的护厂工作是搞得比较好的，在25、26日这最紧张的两天里，这个厂党支部的同志团结全厂护厂队员，向敌人发动政治攻势，宣传党的政策，劝降了敌军一个团的兵力放下武器。我解放军进厂后，迅速缴了敌人的枪械，但解放军在敌人缴械后马上又离厂了，赶到前面去消灭别处的敌人，这一个团俘虏的看管吃饭问题全由我人民保安队帮助解决了，后来他们觉得这些俘虏长期待在厂里不是办法，向我们汇报后，由我们和解放军联系，把他们押走了。当时沪东区委的联络点设在中央玻璃厂。看到解放军让英联船厂的敌人缴械后，我就赶去中央玻璃厂，准备和沪东区委取得联系。谁知半路上被国民党军队拦住，我只好又返回炒货店。联络员对我说，没有什么事了。但是我不放心，又绕道到了中央玻璃厂，在那里碰到了沪东区委书记陈公琪和区委其他同志，知道沪东的敌人基本上都解决了，没有发生什么大的破坏，杨树浦发电厂三班头的工人坚持了24小时，保证供电，我才放了心。当我知道杨树浦一带人民保安队和我人民解放军共同在工厂门口站岗时，胜利的喜悦涌上我的心头。

正在这时，张承宗打电话到中央玻璃厂，要我马上到瑞金路励志社去，他在那儿等我。我立即赶到那里，这里原是日本人的三井花园，坐落在现在瑞金路广慈医院对面，日寇投降后成了国民党的励志社所在地，上海解放初是中共中央华东局和第三野战军领导机关的驻地。我进去以后，就见到了华东局的许多负责人，其中有陈毅、刘晓、刘少文、舒同、曾山等同志，他们和我亲切地握手。解放军和上海地下党胜利会师了！这种兴奋心情真是很难用言语来表达，只有我们这些长期做地下工作的人才能体会到。我还见到了上海地下党撤退到解放区参加六次劳大，这次随军进城的朱俊欣、汤桂芬等同志，战友重逢，分外高兴。当时，部队正在向首长汇报战况。华东局的一个负责人给了我一个任务，叫我到民政局去找曹漫之局长，赶快把被关在监狱的我地下党同志放出来，并给了我三百块银元作为这些同志的临时生活费。我立即拎了一旅行袋的银元坐电车赶到江西路汉口路原来租界的工部局，我原以为民政局在这里面，可是进去以后怎么也找不到，原来民政局在上海大厦后面的塘沽路，是接收国民党地政局的房子。我正想出门赶去，却被站岗的解放军同志拦住了。他问我手里拿的什么东西，我说是银元，他又问我，你是从哪里来的，盘问起我来。这时我才发现自己穿的是一件长衫，手里拎了这么一大袋银元，难怪解放军要怀疑我、盘问我。正在这时，突然遇见了过去邮局地下党的金殿贵。他是解放前撤退到解放区去的，这次随军南下，穿一身解放军的黄军衣，热情地和我打招呼，并向站岗的解放军说明我是地下党的领导人，这才为我“解了围”。我马上赶到民政局，找到曹漫之同志，他热情地帮我打电话到提篮桥监狱，把我的去意告诉了对方。我又到提篮桥，见到了余敬成、杨光明等许多地下党同志。一见面，大家有说不出的高兴，他们知道上海解放了，就集中在楼下一个饭堂里，又是唱歌，又是跳舞。当时我要把这些同志接走，但监狱里办事的还是一些旧人员，他们说不行，得办个手续，要明天才能走。这样我就把带去的三百块银元分给这些受难的同志，每人三元、五元的，用来理发洗澡。第二天，我坐了一部客车把他们接出了监狱，一共有四五十人。这件事后来被第三野战军司令员陈毅知道了，他说，这么大的事情怎么开部车子去接出来就完了，应当敲锣打鼓、放放鞭炮，拍成电影才行啊！陈毅真是一位伟大的无产阶级政治家，他想的是多么周到啊！他从政治上充分估计迎接被难同志出狱这件事的重大意义，短短几句话倾注了他对我们地下党同志多么深厚的无产阶级感情啊！

在这里我还应当特别感谢解放后第一任的上海警备区政委郭化若。那时上海刚解放，路上还有敌军的散兵游勇和潜伏的特务活动。我每天在华东局开会到深更半夜，每次他都要我坐他的汽车送我回家，并要他的警卫员帮我敲门，等我进门以后他才放心地离去。他这样关心我的安全，使我十分感动，这充分反映了解放军对我地下党同志的亲密感情。

敌人是不甘心自己失败的，就在解放后最初的几天里，突然冒出了不少打着“华东地下军”“江南中共地下军”“苏浙皖地下司令部”“中共地下军耀字部队”等旗号的坏家伙，有的甚至戴上伪造的白底黑字的“人民保安队”臂章（我地下党印发的是白底红字），跑到沪东一些厂去“接管”，妄图趁火打劫、浑水摸鱼、破坏治安，被我人民保安队识破后，把这些坏蛋抓了起来，押送给解放军。那时，我地下党和解放军胜利会师后，陈毅即向解放军下达命令，只有人民保安队才是我地下党领导的真正的革命组织，因此解放军对人民保安队的同志非常信任。人民保安队的同志更把解放军当作自己的亲人，军民亲如一家。在中纺十二厂，解放军还给该厂人民保安队赠送了“护厂英雄”的锦旗，给了全体队员极大的鼓励。

由于人民解放军的英勇作战，和上海人民，特别是上海工人阶级的紧密配合，1949 年 5 月 27 日，整个上海解放了。在上海解放过程中，水、电、电话、煤气始终没有中断，大多数的工厂没有停止过生产，我们地下党胜利地完成了自己的任务，基本上完整地保存了上海，迎接了解放，粉碎了国民党反动派阴谋破坏上海的罪恶计划。毛泽东和党中央电贺上海解放。1949 年 5

月 31 日的《人民日报》刊登了经毛泽东亲自修改、批准发表的新华社社论《祝上海解放》，其中说道："上海的革命力量和全国的革命相配合，这就造成了上海的解放。"对我们上海地下党的工作作了很高的评价，使我们受到很大的鼓舞。

在上海解放的过程中，人民解放军的不少指战员光荣地牺牲了。我们地下党和党领导下的革命队伍中也有一些同志献出了自己的生命。我们深深地怀念他们。

上海解放的第四天——5 月 30 日，在中共中央华东局的领导下，召开了纪念五卅、成立上海总工会筹备委员会的大会。从此，上海工人运动进入新的历史时期。我也结束了长期的地下工作，走上新的战斗岗位。黎明前的战斗胜利结束了，迎来的是一个建设新上海的更加艰巨的战斗！

解放前夜的上海学生运动

吴学谦

吴学谦(1921—2008)，上海市人。1939年5月加入中国共产党。解放战争时期曾任中共上海市委委员、学委副书记。

抗战结束以后，中共江苏省委按照党中央制定的“荫蔽精干、长期埋伏、积蓄力量、以待时机”的方针，在上海的工厂、学校、商店、银行等基层单位重建党的地下组织，开展群众工作。负责开辟学生工作的上海学委，在江苏省委领导下，贯彻执行白区工作方针，紧密依靠群众，坚持秘密工作和公开工作相结合的原则，利用一切可能利用的合法条件，开展多种形式的群众活动，不失时机地领导群众同敌人进行有理有利有节的斗争，同时在广泛的群众斗争基础上，逐步发展党的秘密组织和党外积极分子队伍，积蓄和保存力量。

经过抗日战争时期和解放战争时期的艰苦奋斗，到上海解放前夜，党的学生工作已经有了强大的基础：在全市主要大中学校中建立了党的支部，在大多数学校的学生会中确立了进步力量的优势，党的外围组织上海学联成为各校学生会的指挥中心。上海学生经过反对日本侵略者和针对美蒋统治的大规模反饥饿、反迫害、反内战、反对美国干涉中国内政等斗争的锻炼，觉悟程度和组织程度大大提高，并且积累了丰富的斗争经验。这里就上海解放前3个月的学生运动作一简略的回顾。

揭露假和平　争取真和平

解放前夜的上海学生运动，可以分为解放军渡江以前和渡江以后两个阶段。在渡江以前，上海国民党当局虽然已经公布戒严法，实行法西斯统治，但由于南京政府为了争取喘息时间，还在玩弄假和平阴谋，对上海的革命群众运动不得不暂时收起赤裸裸的血腥镇压手段。同时，国民党控制的各学校当局，眼看“蒋家王朝”分崩离析，行将覆灭，他们中的多数都在考虑自己的前途，不愿再死心塌地为国民党卖命，充当镇压学生运动的凶手。因此，我们利用敌人内部的各种矛盾，开展公开合法的群众运动，扩大积极分子队伍，发展党的组织，为解放上海的最后决战做好准备。在渡江以后，面临死亡边缘的国民党反动派于4月底对上海各校学生进行了疯狂的进攻。在此后的一个月内，上海学生运动处于最困难的时期。由于各校党组织紧密地依靠学生，同学生一起坚守阵地，坚持斗争，终于粉碎了敌人的进攻，保存了力量，迎来了上海的解放。

1949年3月初，上海党组织根据中央关于发动蒋管区群众运动配合我党同国民党谈判斗争的指示，在各校开展了揭露假和平、争取真和平的群众运动。这次运动是结合各校学生为切身利益而进行的许多具体斗争逐步发展起来的。当时，学生对于国民党当局叫嚷的“全面和平”毫无兴趣，他们最关心的问题是：上海什么时候解放？在解放军进入上海以前，怎样才能在反动派的暴政下安全地生存下来？针对学生的迫切要求，我们提出了组织起来，依靠自己的力量，储粮应变，争取生存，争取真和平的口号。这一口号不仅反映了广大学生的要求，同时也符合教职员工和大多数学校当局的利益。因此，运动具有广泛的基础，超出了学生的范围，从而形成了以学生为基本力量，团结教职员工，联合一部分上层当局的广泛的统一战线。

这次运动首先在国立大专院校普遍开展起来。当时，家在外地的自费生断绝了经济来源，交不出伙食费，要求实行全面公费，得到了绝大多数有能力交费的学生的支持。他们自发地组织起来，强烈要求全校学生采取行动，展开争取全面公费的斗争。在教职员工方面，由于伪金圆券日夜贬值，物价飞涨，工资收入根本不可能维持生活，他们要求按物价指数发薪，希望同学们给予支持。

我们在开始发动争取真和平的学生运动时，并没有同上述学生的切身利益结合起来，这就使得运动局限在少数先进分子的圈子内；而如果让学生的争生存斗争停留在单纯的经济要求上，那么这一斗争就可能被敌人分化瓦解，甚至遭到残酷的镇压。为此，党组织作了如下布置：

第一，各支部发动学生支持自费生的斗争，成立10个国立大专学校争生存的联合机构，加强领导；把学生实行全面公费、按物价指数发薪的要求同当时的政治形势联系起来，作为宣传工作的中心内容，说服学生在具体经济要求上不对国民党反动派抱幻想，根据斗争策略的需要，准备作必要的让步，适可而止，并动员群众积极参加争取真和平的政治斗争。

第二，在各校争生存的合法斗争掩护下，开展保护学校、迎接解放的活动，建立各种内容的护校队，如纠察队、救护队、宣传队等，而以发展宣传队为重点。参加宣传队的同学组织收听解放区电台的广播，学习党的城市政策，收集材料编写街头活报剧，学唱解放区流行歌曲，排秧歌舞，画宣传画；利用民众夜校打入原有的民校或者开办新的民校，并开展学校附近工人和贫民的工作等。此外，还组织一部分同学分工调查收集全市各区社会经济情况和战犯、特务的地址、名单。这些活动吸引了越来越多的同学参加，运动迅速发展到全市大中学校。学生通过这些活动，扩大了眼界，提高了觉悟，从实践中认识到解放上海同维护自己切身利益的关系，认识到必须组织起来，积极参加迎接解放的各种活动。

加强对学生组织的领导

在学生已经发动的基础上，有必要进一步加强党对各校学生组织的领导。党组织决定利用当时敌人表面上对学生活动有所放松的时机，在下列两类学校中发动了改选学生自治会的斗争：一类是在历次运动中受迫害最重、学生会领导权被三青团、国民党特务控制的学校；一类是学生还没有充分发动，还没有建立起学生自己的组织的学校，许多中学属于这一类。这次改选运动除了个别学校外，都搞得很好，参加投票的同学达 90% 以上。许多中学把改选自治会同讨论应变计划、组织宣传队的活动结合起来，进一步发动了中间群众。到 4 月中旬，我们在全市 62 个大、中学校建立了全校性公开合法的学生组织，它们在各校党支部的秘密领导下进行工作。同时，通过上海学联的渠道，在大约 30 个没有党支部的中学加强了进步力量在学生自治会中的影响。

为了确保党能领导学生积极参加迎接解放的斗争，上海党组织决定抓紧时机，大胆吸收一批新党员，扩大非党积极分子队伍。这次大发展既是形势的需要，也具备了客观条件。1948 年秋天，上海党的学生组织曾经有过一次大撤退，把大约 1000 名在历次斗争中暴露的党员和积极分子通过秘密交通转移到山东、皖西和浙东等解放区。这次撤退打乱了敌人的进攻部署，党的各级组织荫蔽得更好了；但同时也带来了新的问题：许多支部的党员和积极分子数量减少了，不能适应当时学生运动的规模和运动深入发展的需要。另一方面，上海学生经过 1947 年以来历次政治斗争的锻炼，觉悟大大提高了，其中的积极分子盼望着早日参加组织，迫切要求党加强领导，使自己的斗争跟得上全国革命形势的迅猛发展。这次发展工作进行得很顺利，绝大多数新党员是在斗争中表现好、在学生中有威信的先进分子。

1949 年 4 月，新民主主义青年团第一次全国代表大会在北平召开。各校积极分子要求立刻成立全市青年团组织。考虑到当时的环境，我们坚持各校积极分子组织相互间不发展横的联系，在每一个学校内部，也以分组活动为主。为了适应当时斗争的需要，并为解放后建立共青团作准备，我们放手扩大各校积极分子队伍，同时加强对这些组织的领导，在学习和工作上对他们提出了更高的要求。

经过这次大发展，党在重点学校的支部组织加强了，同时还开辟了一批新的中学。有些学校还秘密成立了新民主主义青年联合会组织，仅交通大学就有 400 多人。到解放前夕，上海学生系统的地下党员大约有 2000 人，党外积极分子 5000 多人。

4 月 1 日，国民党政府代表团到达北平同我党进行和平谈判。同一天，南京 11 个专科以上学校的学生 6000 余人举行示威游行，要求南京政府接受中国共产党实现和平的八项条件，遭到国民党军警特务的血腥镇压，死学生 2 人，伤 100 余人，造成“四一”惨案。这次事件充分暴露了国民党反动派的反革命两面派面目，激起了上海学生的极大愤慨。各校支部立即分头发动群众，用召开追悼死难同学大会、举行罢课抗议、募捐慰问受难同学家属等方式，支援南京同学的斗争。上海国民党当局对此十分恐慌，伪警备司令部的特务头子到各校巡视，恐吓校方和学生，扬言谈判一破裂，就要立即大逮捕，“格杀勿论”。各校的特务也活跃起来，竭力搜集黑名单，对积极分子监视盯梢。种种迹象表明，反动派就要动手了，最后决战即将来临。为了保存力量，坚持到胜利，我们必须改变斗争策略和活动方式。对南京四·一事件我们没有组织全市学生的联合罢课和游行示威，并要求各校的支援活动及时结束，以便集中力量去整顿和加强基层群众的战斗组织。当时的部署是：

第一，把原来组织在学生会等合法团体中的同学，在自愿的基础上统一编入护校（即纠察）、宣传、救护等大队。每个大队的编制 270 人，下设中队（90 人）、分队（30 人）、小队（10 人），以大队或中队作为独立活动单位。队长和队副由指定或选举两种方式产生。在党内，我们把一校（力量强的）或数校编为一个区大队，准备以后由地区指挥部统一领导。

第二，组织队员学习和接受训练，主要内容有学习党的城市政策、纪律教育、群众观点教育和业务训练等四项。

第三，把护校同开展学校周围地区的工作结合起来，要求各队把各个队员分配到一定的具体工作岗位上去。由于局势发展比预料的快得多，这项工作没有普遍展开，但它使我们的组织工作比过去更加深入细致了。

整编群众战斗组织的工作，是在半公开的状态下进行的。也就是说，对群众是公开的，对敌人是秘密的。在解放军渡江以前，全市组织在战斗队里的学生超过一万人。几个重点学校有组织的学生占全校学生的 80% 以上，一般学校约占 30%。

护校、保产配合解放

4 月 20 日，国民党反动派拒绝接受和平条件。4 月 21 日，毛主席、朱总司令发布向全国进军的命令，解放大军全面渡江，上海形势急剧改变，国民党当局在头几天惊慌失措，乱作一团，顾不上对学生发动进攻。各个学校处于无政府状态，少数属于国民党嫡系的反动校长，有的逃跑了（如暨南大学的李寿镛，大同大学的胡敦复），有的隐藏起来。多数学校当局则不再限制学生的活动，甚至积极参加护校工作。上海党组织估计上海的解放已指日可待，但在解放军进入上海外围之前，必须提高警惕，准备应对敌人垂死挣扎，不要过早暴露力量。我们向各支部提出，号召各校师生员工团结起来，保护学校，照常上课。实际上照常上课这一条已经做不到，许多学校的学生已经自动带上纠察臂章在学校周围布岗，教师也无心教书。群众中传说解放军已经逼近上海，敌人准备不战而退。学生情绪更加激动，党内外存在着急躁情绪。有些同志怀疑敌人是否再有力量进行全面镇压。但就在这时敌人动手了。

26 日晚上，伪上海警备司令部出动了一万人以上的军警特务，于深夜 1 时团团包围各个大学，越墙而入，根据他们事前收集的黑名单和照片等，挨屋搜查学生宿舍，有的在 27 日撤出，有的直到 29 日上午 11 时才撤走。这次大搜查，被捕学生 350 名左右，其中党员约 70 名。由于我们事先知道了敌人要大逮捕的情报，及时采取了措施，一些最暴露的党员和积极分子已经转移，各校支部负责人和大部分群众领袖荫蔽得比较好，都没有被捕，各校党组织和群众战斗组织的指挥系统都没有遭到破坏。

第二天，国民党当局宣布紧急疏散 15 所郊区学校的学生，限令两天内离开学校，否则强制执行。这 15 所学校包括全部国立大学和几所重要的私立大学和中学，是学生党组织的主力所在。敌人的这一手使我们的群众工作一度

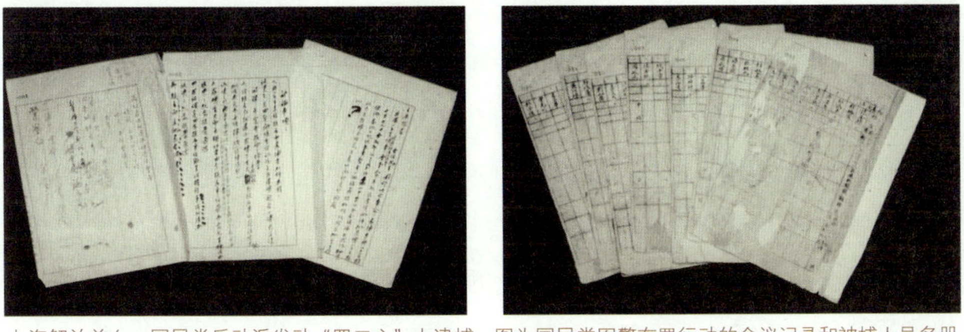

上海解放前夕，国民党反动派发动“四二六”大逮捕。图为国民党军警布置行动的会议记录和被捕人员名册

陷入混乱状态，家在市区的学生都回家了，无家可归的外乡学生则在市区流离失所，原来的联络系统大都被打乱，不起作用了。

敌人的血腥统治使我们的群众工作遇到了严重的困难。在当时的形势下，党的地下组织系统必须严格遵守秘密工作纪律，以便坚持到最后一分钟。因此，只能继续采取分散的、逐级联系的方法同群众保持联系。同时由于半公开的积极分子组织和群众战斗组织也被迫转入地下，这种联系就更加困难了。但是我们必须在最短时期内做好迎接解放的准备，必须想方设法在敌人的鼻子底下，把一万多学生重新组织成一支随时能出动的战斗队伍。这是一项艰巨而复杂的任务。各校支部经过一个星期的努力工作，恢复了同学生的联系，以积极分子为骨干，重新整顿学生队伍，按原来的编制，建立联络网。党员和积极分子分头走访学生，报道解放军胜利进展的消息，说服学生行动起来，为解放上海贡献自己的力量，克服部分同学坐待解放的消极情绪。各支部还以合法的同学关系为掩护，以小队为单位，发动学生讨论上海解放时我们应采取什么具体行动，并进行准备工作，如制作统一的纠察队臂章，举行小队紧急集中演习，调查预定的看管对象的住所周围情况，等等。

为了适应新的形势，使党组织能随时指挥战斗，我们改变了每星期接头一次的上下级联系制度，在支部以上的各级组织建立了日夜办公的秘密机关和紧急联络系统，保证党的指示在最短的时间内可以传达到基层。与此同时，上海市委在 5 月初决定建立秘密的市纠察总部（人民保安队）和宣传总部，准备在解放时统一指挥全市人民保安队和人民宣传队的行动。市以下是各个地区指挥部，确定沪南区、沪西区（新成、静安、长宁）和沪北区以学生为主力。上海学生参加人民保安队和宣传队的总数约有 1.5 万人。人民保安队和宣传队在解放军解放上海的过程中，起了积极的配合作用，在为解放军做向导，搜索残余敌军，提供敌情线索，协助接管敌伪财产，保护工厂、学校、公司、机关不受破坏，向群众宣传党的城市政策等方面做了许多工作，对于迅速恢复社会秩序和人民正常生活起了重要的作用。

里应外合　解放上海

马飞海

马飞海（1916—2013），福建福清人。1939 年加入中国共产党。解放战争时期曾任中共上海市委委员、教委书记。

1949年，上海经历了一场翻天覆地的历史变革，人民解放军浴血奋战，只花了16天时间，就解放了全上海，歼敌达15万余人。在上海解放的过程中，上海地下党组织团结带领各界群众，为迎接解放和配合接管，进行了大量周密的准备工作。

制定迎接上海解放的方针

辽沈、平津、淮海三大战役后，国民党已到了覆灭的前夕，蒋介石不甘心失败，玩弄假和平的阴谋。1949年元旦，新华社发表毛泽东撰写的新年献词《将革命进行到底》，号召全党、全军、全国人民坚决彻底干净全部地消灭一切反动势力，推翻国民党的反动统治，建立人民民主专政的共和国，绝不能使革命半途而废。人民解放军积极准备渡过长江，解放全中国。中共上海地下党的工作重心及时转入迎接解放和配合我军接管上海。

中共上海局制定了工作的基本方针：积极地、广泛地发展力量，巩固与扩大核心，加强重点工作，依靠基本群众，团结大多数人民，为彻底解放京沪与具体准备对京沪的接收与管理而奋斗。并提出了在解放前夜要进行的具体工作：在反破坏、反出卖、反屠杀的基本口号下，开展反遣散、反迁移、反裁员、保厂、保校、保业、保命等斗争。以基本群众为主要的与主动的力量，把争取与提高中间阶层的统一战线工作渗透到基本群众中去，同时，集中策反与动摇京沪的一切防守武装力量。

北平和平解放后，党中央明确指示：我人民解放军占有绝对优势，上海解放不需要采取城市工人武装起义的方式。上海党组织的主要工作是发动群众，反对国民党破坏，保护工厂、机关、学校，配合人民解放军维持社会秩序，迅速恢复生产，接管城市。这是最好的里应外合。

根据党中央和上海局的指示精神，上海地下党组织为里应外合，解放和接管上海进行了积极准备，开展了大量的工作。

做好里应外合的准备工作

如何里应外合，地下党的任务是什么？首先，做好迎接解放、接管的思想准备。中共中央继指示上海不需要城市武装起义之后，又指示人民解放军：以建设为前提，破坏必须服从建设，即既要歼灭上海的敌人，又要保存这座城市，将一个完整的上海交到人民手中。对于中央这两个战略决策，上海市委向党内作了传达，进行了以解放军和外来干部为主体接管上海的会师教育，以解放和接管城市的政策为主的政策教育，保证党员在思想上、组织上、行动上的团结一致，遵守纪律，执行任务，积极努力，迎接解放和接管上海的战斗。

其次，做好组织上的准备。1949 年 2 月初，为了适应里应外合及可能发生巷战的需要，决定党组织由原来按产业部门划分改为按地区划分，设沪中、沪东、沪西、沪南、沪北、新静长（新成、静安、长宁）、北郊、徐龙（徐汇、龙华）、浦东区委，每个区委下面按行政区划和产业系统设立党和分区委和产业分区委。公用、市政等与全市有关系的生产部门另成立市政工作委员会、交通工作委员会，加上警委和新成立的妇女工作委员会，直属市委领导。

为配合人民解放军顺利接管上海，1949 年 2 月，上海市委将海关、邮电、电讯、铁路、官僚资本的金融机构、新闻出版、印刷系统和国民党市政府所属地政、民政、财政、法院等单位及部分重点中小学的党组织划归上海局下设的官僚资本企业接管准备工作委员会和市政机关接管准备工作小组。调集 500 个熟悉情况和业务的干部参加工作。所有各区委和市政工委、交通工委、警委、妇委由市委委员分工联系。

在全市党组织机构实施全面调整的同时，上海市委按照中央关于在大城市的工人及学生中“应采取多吸收积极分子入党的方针”的指示，在重要的工厂、学校中，积极、谨慎地吸收了一批新党员。此外，上海市委还相继恢复或建立了党的秘密外围组织：上海工人协会（工协）、上海市职业界协会

（职协）、上海市教育协会（教协）等。学生界没有成立全市统一的外围组织，各校以党员为核心，组成了名称不一的外围团体。如：新民主主义青年联合会、新民主主义青年联盟、新民主主义少年先锋队，等等。这样，把一些尚未具备入党条件的群众运动中的积极分子组织起来，由上海人民团体联合会统一领导。

第三，开展政策攻心和策反工作。针对国民党人员和地方实力派等的不同情况，投寄《约法八章》和警告信、劝告信等，宣传党的政策，晓以大义，警告他们不得继续为非作歹，欺压群众，也鼓励他们戴罪立功，负责保护好国家财产和档案文件，等待接收，争取人民宽恕。对一部分上层分子，还直接找他们谈话，做工作。这一工作收到较好效果。

第四，利用国民党提出的“应变”口号。广泛开展群众性的应变运动和护厂、护校斗争，成为当时动员、教育、团结各阶层群众，包括中间和落后群众，争取民族资产阶级、工程技术人员、大学教授、中小学校上层，组成广泛的反蒋统一战线，反对国民党搬迁和破坏阴谋，保护国家和人民财产，积极迎接解放的主要斗争形式。

第五，秘密建立人民保安队和宣传队。1949 年 4 月中旬，根据群众高昂的斗争情绪和配合解放战争的需要，上海市委决定将分散的、名称不一的各种护厂、护校组织，集中领导，统一指挥。在人民团体联合会的领导下，建立统一的人民保安队和人民宣传队，作为团结积极分子和进步群众，迎接和配合上海解放，维持社会秩序的人民自卫组织。协助解放军在入城前后，当向导，搜索残敌，维持社会秩序，防止国民党特务、流氓、地痞以及散兵游勇的破坏，迅速恢复生产和交通水电等公用事业。

第六，加强配合人民解放军接管的准备工作。上海市委要求各部门党的组织发动群众，对各部门、各系统、各单位进行认真细致的调查研究，调查的范围包括：国民党政军警宪特机关团体，官僚资本工商企业，公用事业，铁路、码头、仓库、航运、邮电、海关、银行、保险、学校等。调查内容有：

主要负责人姓名、简历、政治倾向、住址、电话，各单位库存物资、生产设备、表册等。调查的材料分别写成书面报告，市委汇总整理后送华东局，华东局社会部编印成《上海调查资料》等小册子。这些调查材料使接管人员在入城前初步了解了上海各方面的历史和现状及所接管单位的主要人员、组织机构、内部情况，为接管部门制定接管计划提供了可靠的依据。

与陈老总相处的日子

1949 年 2 月，沪南、徐龙区委成立后，我负责领导沪南、徐龙区委和人民保安队的工作。沪南区和徐龙区是连在一起的，西起七宝，东到黄浦江，有江南造船厂、法商电车公司等大的工厂企业，有交通大学、震旦大学和上海医学院等高等院校，中小学校多，居民密集，党的力量比较强，估计是人民解放军自西郊进入市区的走廊。这两个区建立了一个统一的人民保安队指挥部。法商电车公司的党组织原来直属市委市政交通委员会，在解放前夜，转到沪南区委来，使沪南和徐龙地区成为统一的战斗单位，以便更好地配合解放上海的战斗。

4 月 23 日，南京解放。5 月初起，人民解放军势如破竹，陆续解放了太仓、嘉定、青浦和松江，从东西两路发动钳形攻势，对上海形成大包围的局势。西面一路，5 月 15 日连克松江县泗泾镇和上海县七宝镇，进入上海西郊。七宝镇的东面是七号桥，在这个地区，国民党军修筑了许多永久性的碉堡群，吹嘘至少可以坚守 6 个月。5 月 23 日下午 4 时，人民解放军开始攻打七号桥，不到两个小时就摧毁了敌人的抵抗，打开了进入上海的大门。接着沿七宝、梅陇、漕河泾，于 24 日傍晚解放了龙华镇，25 日凌晨 2 时，到达卢湾区法商电车公司，一早直抵江南造船厂，苏州河以南市区全部解放。27 日，解放上海的战斗胜利结束。上海这个党的诞生地、工人阶级的集中地、有着革命传统的英雄城市，回到了人民的手里。

我特别要叙述一下陈毅等华东局领导进驻上海和以后几天的情况，这是一件激动人心的历史事件，也是我一生难忘的大事。

26日，我由沪南指挥部坐吉普车到设在海关大楼的上海人民保安队总指挥部开会，车到外滩就遭遇外白渡桥以北上海大厦的国民党军的射击，一名路人中弹身亡。海关隔壁大楼还不时有敌人打冷枪。就在我快走进海关时，一颗子弹从我头上飞过，好险！到了人民保安队总指挥部后，得知晚上刚进城的华东局领导同志要接见我们。晚上，刘长胜、张承宗和我从海关大楼坐小汽车出发，先到威海卫路成都路，位于十字路口东南角的一座楼房，在那里见到了久别的刘晓、王尧山等同志，他们是刚从丹阳同陈毅同志一起坐火车来的。接着，我们分坐两辆小汽车到中山公园后面圣约翰大学接见的地点。那时已是晚上9时左右，马路上没有什么行人，路过静安寺时，看到好几辆军用卡车满载着全副武装的解放军，心中感到热乎乎的。在圣约翰大学一个宿舍的房间里，见到了华东局的领导同志。陈毅与我们一一握手，还问起没有到来的市委成员的名字。他关切地问起上海党员是否都安全，这时我含着

人民保安队总部旧址

眼泪，几乎不能控制自己的感情。转入正题之后，他首先问起宋庆龄的下落和安全，说中央对此十分关心，要立即把宋庆龄接到更安全的地方。当我们汇报到国民党军队在逃跑前企图破坏杨树浦几个纱厂时，陈老总当即决定通知部队，加速消灭盘踞在各大工厂的国民党军队，保证工厂不受破坏。后来谈到华东局进城后的临时办公地点，我简单汇报了励志社已被完好地保护下来，水电也抢修好了，房内设备没有受到损失，可以马上进驻。选定后，陈老总要我立即通知沪南人民保安队指挥部做好准备工作。第二天，华东局和第三野战军领导机关就进驻瑞金二路上的励志社（即现在的瑞金宾馆）办公。27 日晚上，华东局召开较大规模的汇报会，直到天亮。以后几天，陈毅等华东局领导每天晚上都在听取各方面工作情况的汇报，并作出各种决策，解决各种问题。陈毅进城之后，就密切联系群众，广泛接触各阶层人民，5 月 28 日在中国银行大楼接见上海各界人士。5 月 31 日、6 月 1 日分别出席在大光明电影院和交通大学召开的全市职工代表和全市各界青年代表纪念“五卅”大会。以后几天里，还先后会见科技人员和民主人士，邀集文艺界人士座谈。陈毅在这些大会上或会见时都讲了话。6 月 6 日出席在上海大戏院召开的全市教师大会并发表讲话。教师大会原定上午 8 点半开，陈毅早在 7 点多就赶来了，因为教师还没有到齐，他就坐在主席台上等了 1 个多小时。每一个到会的教师都很受感动，他们说：“共产党的市长就是不一样，这样的好作风好品德，同骑在人民头上作威作福的国民党官吏，作了最鲜明的对照。”陈毅是体现党的优良传统和好作风的杰出代表，深刻教育了全市教师。

对敌军的策反、破坏和组织起义

周 克

周克（1917— ），江苏南京人。1934年6月加入中国共产主义青年团，1937年7月转为中国共产党党员。解放战争时期曾任中共上海局外县工委副书记。

在黎明到来前夕，上海局作出了一项决定，号召地下党同志为迎接解放，开展立功运动。我们外县工委热烈响应号召，加强了敌占区的群众发动，武装扩展，政治攻心、策反，情报和统战工作，做了一系列漂亮的工作。

由于地下党同志的足智多谋，解放时杭州的钱塘江大桥未遭到敌人的破坏。那里的国民党雷达部队还经改编，成了我军空防的最初基础。

我们打通了国民党监狱的关系，使关押在苏州监狱里的大汉奸陈璧君、日本女间谍中岛成子等要犯没有被劫走，而是受到了人民的严惩。

我们做通了上海龙华机场油库管理员的工作，保存了机场的大油库，在国民党撤退时未被炸毁。

我们在吴江拉起了一支 400 多人的人民地下军，在解放军未到之前首先攻占了吴江。

我们昆山的地下党同志通过关系，对驻在上海江湾的国民党空军修护连进行了策反，全连 100 多人和 100 多车辆装备全部编入了地下党市委领导的“上海人民保安团”，参与维持上海治安，还收缴了许多国民党军队败走时留下的散兵游勇、枪支弹药。

……

在上海迎接解放的日子里，在策反敌人方面，我还直接参与组织了几件大的策反工作，至今回忆起来仍心潮起伏，难以忘怀。

炸毁江湾军火库

炸敌人的江湾军火库这项工作是我直接组织的，应该说是获得了全胜，我们没有任何损失，没有任何牺牲。

那是 1948 年的初冬，地下党员周沙尘异常兴奋地来告诉我说，江湾军火库有个非常合适的工作对象。那时，江湾军火库是国民党一座十分重要的军火供给基地，供应着前线急需的枪械弹药。那里守备森严。但是，我们在里面没有一个自己的同志，也没有一个积极分子。所以，听说有了工作对象，我也十分兴奋。原来，那里有个年轻的少尉技师叫赵聚能，担任检修军械的工兵组长。他是个追求进步的好青年，对国民党残害人民的内战十分不满，所以已经自发地行动了起来。他常常把一箱箱弹药当作废品运到吴淞口销毁，还把许多真正的废品混到弹药中运到前线去。赵聚能是湖南人，与周沙尘不仅是同乡，还有甥舅的亲属关系。赵父与彭德怀曾是少年时的同窗好友，他亲自修书推荐周沙尘到延安抗大学习。周毕业后回到了国民党统治区做新闻工作，直到 1948 年才由我与他重新接上了组织关系。赵聚能知道周的来历，经常央求这个小舅舅帮助他到解放军去。我与周沙尘仔细研究了赵聚能的情况，觉得他的政治态度是真实的，决定加强与他的联系，把他作为我们的重要工作对象。在一次交谈中，赵聚能在十分愤慨时无意中说到想将军火库炸掉，引起了周沙尘和我的很大兴趣。但是靠他小赵一个人，靠他的一腔热情，能炸掉吗？这是一件大事，必须周密计划。为此，我和周沙尘、小赵多次具体商讨，对每一个细节、每一个可能发生的情况，每一个困难，都反复推敲、仔细部署。我们最后决定：目标是彻底炸毁这个军火库，方案是从仓库的炮弹库中心开花。为了确保完成任务，又要确保安全，务必细致、果断、安全。当时赵聚能的弟弟赵申也在这个军火库工作。我们立即采取措施，要他弟弟和母亲转移到安全的地方去。同时，安排人员组成接应小组，在仓库外面接应小赵完成任务后安全撤离。我还决定，从此时起，小赵不能再有任何可能引起敌人怀疑的议论和行动。

这一行动只能安排在晚上夜深人静时进行。因此，行动的第一步是如何让小赵这个修械组人员能在仓库里住宿下来。不能留库住宿，就无从下手。此时，前线急需军火，而检修工作根本跟不上。军令如山倒，库长急得如热锅上的蚂蚁。小赵趁机提议晚上住库加班进行，得到了库长的赞同。小赵又利用住库机会，主动接近选定的爆炸中心炮弹库的看守老兵，得到他的信任，摸清了库房地形。

为了能顺利引爆，我们还一起仔细研究了用什么材料引爆。经过多次试验，最后选用了俄罗斯人抽的一种长烟卷作为引线，点燃着火油筒后，烧着黑火药，引爆炮弹。我们又安排了老党员杨孟亮协助小赵撤退。

小赵利用先后进炮弹仓库的机会，布置了火油筒和黑火药。当一切准备停当后，我向上海局汇报请示："如计划可行。何时执行？按目前形势，是和平过江还是战斗过江？如和平过江，就可以不实行爆炸计划，军火库可以保存下来交给我军。"上海局根据战争形势的发展，最后指示我们："要准备战斗过江，可按原计划行动！"

1949 年 2 月 16 日晚上，赵聚能让组里的其他士兵出去玩，自己单独留下守库。他趁看守炮弹库的哨兵走开时，乘机溜进去，按照预案点燃了长烟卷，然后从容离开。在库外接应他的老杨用摩托车将他迅速撤离了现场。我是在从上海去无锡的火车上看到报纸上登出的江湾军火库爆炸的消息的。这一行动震动了整个上海。

后来我们把赵聚能送到了浦东的游击部队去了。大家很欢迎他。因为他会修枪。轻重枪、长短枪他都会修。解放以后，刘晓很看重他，将他安排到了上海锅炉厂做车间主任，表现非常好。以后他又支内到沈阳锅炉厂。"文革"中，他调到武汉中南地区一个发电机供电站公司里做经理。赵聚能的弟弟原来在上海一所大学里工作，现在已经离休。他弟弟没有直接参与这件事，是他哥哥一个人做的，小赵是孤胆英雄。

组织"长治号"起义

组织国民党海军"长治号"起义是我们在 1948 年初就着手进行的工作，1949 年 9 月 19 日起义成功。

"长治号"是艘日本制造的新型护卫驱逐舰，排水量达 1350 吨，装有火力十分猛烈的主炮和机关炮，抗战胜利后转归了我国，是国民党海军中除"重庆号"外航速最快、火力最强的军舰，又是当时其海军海防舰队的旗舰。

1949 年 9 月 19 日，国民党海军长治舰在上海长江口外起义

“长治号”上曾发生过两次士兵的骚动，都被镇压下去了。在“重庆号”起义成功，另一艘军舰“永兴号”起义失败后，国民党特别加强了对军舰的控制和警戒。为此，他们特别调来了一批山东籍军官，掌握了军舰上一切重要部门，控制了整个局面。这使得舰上占绝大部分的福建籍士兵更加受压，双方情绪更是对立，矛盾十分尖锐。这些军官很反动，对他们不可能进行策反。我们决定走组织下层士兵进行起义的路。1948 年初，我们在暨南大学学生中发展了几名新党员，他们都是福建人。我们研究了他们周围的关系，决定派他们中的党员王保鎏、陈健藩、林慰慈打入敌海军，开展策动海军的工作，筹建地下党海军支部。通过陈健藩，我们与“长治号”上的进步水兵陈仁珊建立了关系。不久，舰上建立了由陈仁珊、林寿安、李春官组成的水兵三人小组。陈仁珊是枪炮下士，身材魁梧，为人慷慨仗义，很有魄力，和士兵有着广泛的联系。林寿安是枪炮上士，为人机智多谋。而李春官是个帆缆上士，

曾到过解放区，政治上坚定地靠近我们。陈仁珊由陈健藩发展入党，要他独立负责领导起义。其他两人虽然还不是共产党员，但由于都出身于贫苦农民，对国民党的统治早有不满，因而思想进步，向往共产党，都有着参加共产党的要求。

“长治号”起义由我直接部署，由王正、陈健藩两人协助我进行。我们一起研究了形势，充分估计了反动军官控制的严峻局面，决定起义的方针是准备“流血起义”。为了表达坚定的决心，陈仁珊曾将自己唯一的“财产”——一枚金戒指请陈健藩转交他的妈妈，表示万一牺牲了，可以让妈妈维持生活。

解放军渡江时，“长治号”三人小组经过反复研究，认为目前起义的条件还不成熟，决定先随国民党军队撤离吴淞口。上海解放后，“长治号”泊于浙江定海，担任国民党海防舰队的旗舰。此时，陈仁珊利用机会秘密串连，迅速在士兵中建立单线联系的一个个“三人小组”，逐步发展了43个士兵，由他们三人分别联系，形成了一支不小的队伍。八九月间，“长治号”在吴淞口外大矶山附近游弋，执行封锁吴淞口的任务。陈仁珊觉得这里离上海很近，正是行动的有利时机。这时，舰上的军官乘机对渔民们敲诈勒索，激起了士兵更大的不满。9月19日午夜，士兵在陈仁珊、林寿安、李春官等人的指挥下行动了。陈仁珊迅速打开了枪械库，分发了武器。起义士兵将军官压到了仓底，按计划迅速占领了舰上的要害部门。起义很快取得了成功。随后，“长治号”加足马力，向吴淞口全速前进。为了不致造成误会，“长治号”在进吴淞口时将主炮罩上炮衣，炮口向下。船樯上还挂上了白布。当军舰驶进吴淞口时，全舰士兵高呼：“解放军，我们是起义的！”此时，敌人派来的飞机追了上来，并不断地扫射、轰炸。但轮机手和士兵们毫不畏惧，依然勇敢沉着地前进。当军舰驶到外滩码头时，陈毅司令亲自来迎接。按照陈毅同志的安排，“长治号”立即开往南京。在南京燕子矶华东海军基地码头，解放军举行了热烈隆重的欢迎仪式。可能是因为这个场面太激动人心了，陈仁珊当众跪了下来，并磕了个响头。为避免国民党空军轰炸，我们自行凿沉在燕子矶。

后来打捞起来经上海江南造船厂修复。

后来，“长治号”改名为“南昌号”，加入了人民海军的序列，并作为华东海军第六舰队的旗舰。10 月 10 日，毛主席和朱德总司令亲自致电“长治号”全体起义人员，电文说：

长治号全体起义的同志们：

庆祝你们的英勇的起义行动。由于国民党海军内的爱国官兵陆续起义，人民海军已在迅速发展。希望你们努力学习，积极参加建设中国人民海军和完成解放中国全境的伟大事业。

毛泽东　朱　德

一九四九年十月十日

后来，毛主席 1953 年 2 月在长江首次视察海军时为海军题写了“为了反对帝国主义的侵略，我们一定要建立强大的海军”的题词，就曾亲自乘坐过这艘军舰。2 月 24 日这一天，毛主席就在“南昌号”的会议室听取了海军领导人的工作汇报，指出：我们有了一个强大的陆军，再有一个强大的空军和一个强大的海军，帝国主义就不敢欺负我们了。

解放前夕的策反工作

田云樵

田云樵（1909—2003），山东潍坊人。1931 年 11 月加入中国共产党。解放战争时期曾任中共上海局策反委委员。

西线瓦解敌军

1949年5月，中国人民解放军解放南京、杭州之后，包围了上海。夜深人静的时候，我们怀着十分兴奋的心情，倾听着传来的隆隆炮声，凝视着桌上的上海地图，从炮声中分析敌我双方的军事动向。显然，连日来浦东方面的炮声自南向北移动，嘉定方面的炮声则逐渐向东移动，在地图上也就出现了解放军部队运动的两个箭头紧紧在吴淞口合围的钳形攻势。这是为了卡住吴淞口，不准敌人从水路逃走，以便全歼守敌。

面对着这一形势，已经进行了8个月之久的策反工作，怎样在这解放上海的最后一役中，在这条看不见的战线上发挥我们的作用呢？在中共上海局策反工作委员会书记张执一，委员王锡珍、李正文、田云樵领导下，我们的同志曾经建立了各种策反关系，现在就要分析形势，在战场的关键部位，选择突破口，瓦解敌军，配合解放军早日解放上海。

中共上海局策反工作委员会机关旧址
（复兴中路485弄11号三楼）

我们根据各方面搜集来的情报，把国民党部队调动部署的情况，在地图上标出来。从地图上可以看到国民党把它的近20万主力部队集中在吴淞口周围，与我争夺出海口，在市区以西虹桥路一带的西线并无主力部队，但设了三道防线。第一道防线是交通警察第18纵队，以堡垒为依托；第二道防线是江苏一带垮下来的地方保安队，都是一些乌合之众；第三道防线是宪兵2团压阵，他们沿着铁路线，利用路基作掩护，构筑工事。真是无巧不成书，我们在交警第18纵队和宪兵2团都有策反关系，一个大胆的设想在我们脑海里酝酿成熟了，我们决定在几天之内加紧对这两支部队的策反工作，在西线撕开一个缺口，让解放军从西线攻进市区，使吴淞口方向的敌人腹背受敌。

5月22日，我同联系交警第18纵队和宪兵2团的邵洛羊一起，作了研究和部署。茅禹（即茅铸九）是从浙江四明山地区来沪的党员，他通过社会关系取得交警第18纵队副纵队长的职务。纵队长马柏生是国民党军统特务，因病住院，茅禹利用这个机会掌握了指挥权。我们要茅禹在24日晚上，传下一道假命令，将部队撤至交通大学待命，同时，要茅派一可靠人员将部队后撤的消息越过火线送给解放军。部队后撤后，要茅禹到我们指定的地点隐蔽，以保证安全。

当天下午，邵洛羊约见了宪兵2团三连连长王知理。王是湖南人，反蒋态度坚决，在1948年冬已和我建立了联系，曾将当时蒋介石在上海复兴岛召开高级将领军事会议的重要情报通知我们。当时出席会议的除蒋介石外，还有何应钦、陈诚、刘峙、顾祝同等。王表示愿利用担任会议警卫工作的机会，身带手榴弹去炸会议厅，和蒋介石等同归于尽。我们当时赞扬了王的献身精神，同时对他多方面进行教育，使他懂得共产党人不采取暗杀恐怖手段的道理。1949年5月，王知理率所部宪兵调到虹桥路铁路沿线布防后，邵洛羊曾到阵地上和王晤谈，由王陪同到各个堡垒群巡视察看，详细了解布防情况。5月22日，邵洛羊布置王在24日晚交警第18纵队后撤后，也率部撤到汾阳路150号白崇禧的住宅集中待命，因为我们知道那里的看守人员已逃避一空。还要他在撤退过程中尽可能把沿路散兵游勇收容起来，不让他们危害居民。王知理表示坚决执行命令。

22日晚，茅禹回到部队后，感到传达假命令和向解放军发出通知，在执行上有困难，即于 24 日晚上只身跑到指定的隐蔽地点。交警第 18 纵队在茅禹离队后，无人指挥，一些反动骨干、下级军官也大多跑掉。我人民解放军发动进攻后，士兵们把枪支从碉堡的枪眼里塞出来投降。解放军才发现交警士兵被锁在碉堡里，费了很大劲才把碉堡的铁锁砸开，俘获了这批交警士兵。

王知理在解放军发动进攻后，就率部撤出阵地。5 月 25 日，苏州河以南市区解放后，邵洛羊赶到汾阳路 150 号时，王知理率部果然在那里集中待命，接受缴械，人数一个也没少。

以上两支敌军的瓦解，对我人民解放军突破西区敌军防线起了一定的作用。

策动刘昌义反正

5 月 25 日清晨，想到解放军进城以后急需地下党配合工作，没有顾得上吃早饭，我就骑上自行车出门。一路看到解放军部队已在市区遍布岗哨，有的地方解放军战士在人行道上席地而坐，休息待命。我想他们经过一夜的战斗，多么需要喝点开水、饱餐一顿，继续战斗。通过电话联系，我们几个搞策反工作的地下党员在江宁路第二劳工医院集中，一则可以与沪西区指挥部马纯古取得联系，二则可以与进驻沪西区的部队进行必要的配合，三则便于协助西区的护厂工作。

上午 8 时许，我们与进入沪西区的部队第 81 师联系上。师政委罗维道婉言谢绝了我们为部队供应粮食、开水的提议，他说在郊区的后勤部队马上就要进城。接着，他向我们介绍了军事形势，我军两翼按照战略要求已在吴淞口合围，截断了敌军从水路逃窜的航道。西路部队已突入市区，苏州河以南已全部解放。现在近 4 万敌军已被包围在苏州河以北、蕴藻浜以南的一小块地区。接着，罗维道以严肃的神情告诉我们，敌军在占领了苏州河以北的制高点以后，用轻重机枪封锁了所有桥梁。有一个连队的战士在冲上外白渡桥时，遭到架设在百老汇大楼（现上海大厦）上的机枪扫射，伤亡很大。他还告诉我们陈毅司令员有指示，为了保护上海人民生命财产的安全，部队不准携带重武器进入市区，即使手榴弹也要尽量少用，一定要把上海市区完整地接管下来，既要完成军事任务，又要完成政治任务。但是用轻武器压不住敌军的火力，我军的伤亡就较大。讲到这里，罗维道顿了一下，双眉凝聚，似乎在沉思怎样避开敌人的火力网，用最少的牺牲取得这场战役的最后胜利。

我们懂得一个指挥员是多么珍惜战士的生命和鲜血，他们强渡长江，攻克南京，横扫江南，现在又攻入上海市区，这些胜利都是战士们用生命和鲜血换来的。想到这里，我们的心情也沉重起来了。这时我突然想起解放军最需要我们配合解决的不是粮食和开水，而是我们这条战线的工作。我请罗维道讲一下苏州河以北敌军部队的番号，或许我们可能出些主意。他告诉我们在造币厂桥以北主要是第 51 军，还有一些杂牌军队。我怕情报有出入，追问了一句："是不是王秉钺任军长的那个第 51 军？"罗说："是的。"我觉得有了些办法，就说："王秉钺是东北军出身，过去我们策反过他，他当时态度不够坚决，对国民党尚有幻想。今天在重围之中，要他率部放下武器，是有可能的。"罗维道听说后，非常高兴，认为这是减少伤亡突破苏州河北岸敌军防线的好办法，立即向前线指挥部聂凤智军长作了电话请示。

罗维道回来告诉我们，前线指挥部很重视我们的建议，同意我们的意见。我立即把关系人王中民找来。王中民是东北人，东北讲武堂毕业，在国民党部队干过一阵，在伪国防部任少将部员，从事特种工作。退伍后，来上海担任伪海关税警大队大队长，和王秉钺是老朋友。我跟王中民作了一次严肃的谈话，分析了敌我双方的军事形势和争取王秉钺放下武器的可能性，要王中民过桥去找王秉钺进行工作。想不到王中民在这严峻的形势面前犹豫了起来。他一怕王秉钺的副手是个军统特务，一到那里，就有可能被他搞掉；二怕桥两边都在打枪，有可能没有过桥就被打死。这两个顾虑我们给他一一作了分析："王秉钺身陷重围之中，你去帮助他摆脱困境，得到出路，决不会与你为难；至于打枪问题，我们可以下令，我方部队首先停止打枪，为你过桥创造条件。”我并向他指出：“关键是你愿不愿意前去为人民立功。过去你对人民是有罪的，现在有大好机会，又不愿立功。我们虽然建立了联系，今后也很难相处下去。”王思想斗争激烈，要求让他回去考虑一下。我告诉他：“你不干，就请回去。我们另外找人。”就这样，王中民默默地走了。不到半小时，王又回来对我说：“老田，不要见怪，我想通了。我马上过桥去找王秉钺，一定要他率部放下武器。万一出了问题，我一个老婆、三个孩子，请照顾一下。”我说：“想通了就好。过去你对人民做过许多错事，今天你为人民立功，人民就会谅解你。万一有什么问题，你的家庭生活组织上一定会照顾的。”

时间已经是上午10时半了，我们与罗维道交换了意见，决定由第81师派两个参谋，送王中民至前沿阵地，由造币厂桥过河。王中民被送到桥南堍连部后，立即通知我方部队停止射击，让王安全过桥。对岸国民党部队戒备森严，见人露面就拼命打枪，一时无法通行。王中民急中生智，在桥堍下敲开一家烟纸店的门，买了一张大白报纸，用墨笔写上“和平使者”四个大字，然后双手举起，一步一步向桥北走去。国民党部队看到这个情况，果然不再打枪。王过桥后，就被送到敌连部询问，王说，要到第51军司令部找老朋友王秉钺军长。敌连部觉得此人有些来历，就把他逐级上送，最后到了司令部。

在敌司令部接见王中民的不是王秉钺而是刘昌义，彼此都很惊异。原来王秉钺在浦东与我军作战时负伤，军长由淞沪警备司令部副司令刘昌义兼任。刘昌义也是东北军出身，后来在西北军中混过一阵，和王中民也是老相识。汤恩伯仓皇逃走之前，交给他统一指挥上海战场的任务，答应多少天内会有援兵到来。刘心知上当，又没有别的出路，只得困守苏州河以北地区。王中民说明来意后，刘昌义把他请到自己的房间里，王问刘有何打算？刘说：“他们都跑了，留下我撑这个烂摊子，只好拼下去。”王给他分析了形势：“现在退路都已切断，处于四面包围之中，解放军就要瓮中捉鳖，仁兄难道不为自己的前途考虑一下？”刘不信任地看了王一眼说：“你讲的都是事实，可是你老弟不能代表解放军呀！”王告诉刘，他是共产党派来的。刘如果不信，可直接与共产党的代表通电话。刘提出要与共产党的负责人直接谈话。王中民立即从国民党第51军司令部打电话到劳工医院与我联系。我要王叫刘昌义听电话，双方通报了姓名身份之后，我就单刀直入地说："王中民是我们派来的。现在形势逼人，突围是绝对不可能了，放下武器是唯一出路。"刘昌义回答说："形势已明确了，但怎样做，能否过来当面商谈。"我当即表示："同意你过来当面商谈，谈得好最好，谈不好，保证你安全回去，让战场来解决问题。"双方约定在下午3时，由刘昌义通过造币厂桥进入我方防线，进行谈判。通话完毕后，守候在电话机旁的罗维道十分高兴，他立即打电话给前线指挥员向第27军军长聂凤智作了详细汇报，并确定以聂凤智为主与刘谈判。

下午4时许，从造币厂桥北开来3辆吉普车，我们去了2辆车，一同开到虹桥路前线指挥部。会谈立即开始，我方参加的有聂凤智、罗维道和我等人，对方参加的就是刘昌义和陪同来的王中民。聂凤智先谈了当前政治形势，着重指出国民党反动派拒绝签订八项谈判条件而自绝于人民，用和平方式解决问题已不可能，唯一的办法只有用武装解放全中国。联系到军事形势，聂军长指出，淞沪的国民党部队已毫无出路，据守在苏州河以北、蕴藻浜以南的弹丸之地，很快就要被摧毁。为了减少人民财产的损失，我们希望刘昌义先生当机立断，率部放下武器，走上光明大道。刘昌义表白了自己过去对蒋介石排斥异己，一直是不满的。过去想投靠人民，苦于没有机会。今天当然要靠拢人民，可以率部放下武器。刘又对自己在国民党部队内的实际地位作了解释，他说："虽然我是淞沪警备司令部副司令，是留下来的最高的军事指挥官，有权命令和调动一切，但我的命令有些部队可能拒绝执行。"他扳着手指，历数着各个部队的番号和人数，有近30个部队番号、10万多人。聂凤智当即表示，你的实际情况和处境，我们是了解的，问题的关键在于决心和态度。至于有些困难，人民解放军可以协助解决。刘昌义马上表示："我前来会见聂司令，就是我的决心，态度就看我的实际行动了。"最后，聂凤智表示，你的决心既然已定，态度也很明朗，那么我去电请示三野陈司令员作最后的决定。当时已经是深夜11时了。大家因紧张谈判连晚饭都没有吃，聂司令要司令部开饭解决肚子问题，并等待三野司令部回电。饭菜端上来的时候，我才想到今天从早到夜，还没有吃上一餐饭呢。

5月26日凌晨1时许，三野陈毅司令员回电来了。聂凤智当即宣布：一、接受刘昌义投诚；二、限刘部于26日上午4时前，集中在江湾附近指定的3个村庄待命；三、所撤地区由人民解放军接防；四、凡拒不接受命令者，由人民解放军解决。刘昌义听后，要求看一看电报原文。他仔细地读了电文还特意地看了电报最后的署名。他对电文感到很满意，但提出了一个要求，对第二条限于26日上午4时前集中表示有困难，现在已过午夜，即使马上回去下命令，也难以做到。聂凤智很干脆地回答说："这确是实际问题，那么限期推迟于中午12时前集中完毕。"刘表示同意，随即告别上车。我们送刘昌义仍由造币厂桥回到苏州河以北。

26日上午8时许，国民党部队沿苏州河北岸开始向东北方向后撤，人民解放军随即接管所撤防区。我们随部队在进入造币厂桥以北地区后，听到东面方向还有一处枪声，不久就平息下来了。事后，我们了解到有青年军残部拒不执行命令，占领一座大楼进行顽抗，很快被我解放军缴械投降。

从5月22日到26日，是策反工作最紧张的5天，也是8个月来我们的工作胜利结束的5天，这里记述的仅仅是两个主要的收获。我们满怀着胜利的喜悦，仰望着在全市上空迎风招展的红旗，结束了过去的工作，走向新的工作岗位。

隐蔽在总统府的地下战线

段伯宇

段伯宇（1904—1998），出生于河北省蠡县。1938 年加入中国共产党。解放战争时期打入总统府军务局任少将高参。

出身军人世家

1904年我出生于河北省蠡县的一个军人世家。父亲段云峰早年追随孙中山，是同盟会会员，在保定姚村速成武备学堂时与蒋介石是同学。1919年，我在天津读中学时参加五四运动，被学校开除，领导我们的是周恩来。1923年我考入河北大学医科，由于参加学生运动，被两次降级，1930年大学毕业。因为我戴了红帽子，人家都说我是共产党，所以毕业后就失业了。其实当时我还不是共产党员。

抗战爆发以后，我去太行山寻找八路军，没找到，就到豫北参加了国民党第32军。1938年春，第32军移驻豫中许昌、叶县一带休整，我借机请假探亲，经西安北上到了延安。在延安，经任白戈介绍，我到抗大学习（因为任白戈的亲戚是我的部下，和我一起工作的）。那时，抗大第4期已经开班，我就作为插班生入学了。抗大是4个月一期。一天，队长找我说，现在日本要打大武汉，我们要保卫大武汉，第4期学员全都要回去，不毕业。你要提前回去，因为你原来的部队现在已到了湖南，你再不走火车就不通了。这样，8月初，我赶到了湖南长沙第32军集训地。不久，第32军政治部主任、中共地下党员王兴刚约我谈话，我汇报了去延安学习的经过，并提出了入党要求。8月中旬的一天，王兴刚通知我，组织上同意了我的要求，由他作介绍人，在岳麓山土地庙由湖南省委的聂洪钧带领我宣誓入党。就这样，我在第32军秘密加入中国共产党。

1938年秋，第32军在赣北战役中打退日军的进攻后被整编。我奉命从第18集团军南昌办事处调到重庆办事处。我不知道调我走的原因，就找到了王兴刚，我说："前方在打仗，调我去重庆，我不想去，我不喜欢过城市生活。"王兴刚说不行，这是党的纪律，他还告诉我说是周副主席要我去的。1939年初，我到了重庆办事处报到，接待我的是周恩来的秘书周怡，我和他单线联系。他说，调你过来，是周副主席的指示，你先找个社会工作吧。我正在为找社会工作发愁时，我父亲知道了，他给他陆大的同学李任潮（李济深字任潮）写了张字条，我就到了李济深领导的国民党军事委员会战地党政委员会当了一名视察员。

不久，我在重庆见到了周副主席，他让我做好长期在国民党统治区工作的思想准备，并指示我：在国民党统治区工作遇到的困难多，在困难的情况下，要争取有利的一面，并努力使之转变为现实。此后不久，由于周怡被敌人逮捕杀害，我与党组织失去了联系。

1941 年，战地党政委员会的工作结束，李任潮建议我报考陆军大学。他说你父亲是军人，弟弟也是军人（我父亲是陆大第 4 期的，弟弟段仲宇是陆大第 17 期的）。你要是在陆大毕业了，就可以在国民党军队里“游泳”，意思是说就可以在国民党军队里很自如了。因为国民党军队中凡师以上的参谋长和军事机关人员，大部分是陆军大学毕业的。为了在国民党军队里开展工作，我决定报考陆大特 7 期。经过一年多的认真准备，1943 年 10 月我以第 7 名的成绩考入了陆军大学特 7 期。在陆大，我结识了贾亦斌、刘农畯、宋健人、宋光烈等爱国进步同学。

打进蒋介石总统府军务局

1946 年 3 月，我从陆大特 7 期毕业。当时我弟弟段仲宇问我毕业后的去向，我说想去河北老家，人地两熟，便于工作。仲宇建议我到蒋介石总统府侍从室（后改为军务局），因为那是国民党最高军事机关，有很多优越的条件，可以用其所长，开展工作。仲宇当时是蒋介石侍从室参谋，他可以推荐。我考虑如果可以争取到这个有利的岗位，能够更好地开展工作，便同意了。

不久，仲宇利用他调任联合国安理会军事参谋团中国代表团的机会，向侍卫长俞济时推荐，由我替补他走后的空缺。当时俞济时在陆军大学将官班学习，听仲宇这样一说，对我的出身、学历、成绩等各方面都非常满意，于是把我的情况上报给了蒋介石。同年 3 月 10 日，陆大特 7 期举行毕业典礼，蒋介石以校长名义亲临学校主持典礼。毕业典礼讲完话后，不解散，谁也不知道为什么。正在这时，班主任叫我出列，说可能校长要召见，你做好准备。他带着我到了讲台，后面有个校长办公室，办公室外边站个人，班主任介绍说是俞济时主任。俞说，“先生要见你”（国民党总统府的人都称蒋介石先生）。我进去敬礼后，说，“报告！”蒋介石坐在藤椅上，他问我叫什么名字，哪里人，学习情况等，我一一作了回答。这时我看到桌上放着一张纸，是我的简历表。当他听说我是河北蠡县人时，又特意问了一声：“令尊早年何处求学？”当我回答“可能是保定姚村速成武备”时，他站起来了，以指扣额，连声说，“哦哦哦”（蒋介石有个习惯，当他同意时，会连声说“哦哦哦”），“你们父子三人同是陆大出身，难得，难得”。事后，我回到家中，仲宇告诉我蒋接见就说明可能同意了。当我讲到蒋一再询问父亲的情况时，父亲告诉我说，蒋也是速成武备毕业，和他是同学，不同班。我这才知道蒋为何一再询问我父亲的学历。

毕业后，军令部长徐永昌打电话叫我去，对我说，“你调到侍从室，有什么意见没有”？我说，“侍从室我不想去”。他说，“哦，你不想去，说说道理”。我说我不太愿意应酬做官。他说，“我知道，你父亲那样，你也是”。他又问：“你想到哪去？”我说：“想到华北抗战。”他说：“不行”。想了半天，说：“我给你说实话吧，到侍从室是校长点你，毕业典礼你不是去了吗？（徐永昌也参加了毕业典礼）他不是接见你了吗？接见后就下了命令，通知我了，调你到侍从室。”我说：“那怎么办呢？”他说：“只有去。”我说：“去了不好工作，我什么都不懂啊。”他说：“不懂可以学”。他还告诉我说，侍从室谁都想去，那个地方很容易升级，你去了后当参谋，不久就可以当师长。你给蒋介石当参谋，近水楼台，谁都想去。将来我这个军令部长一定帮助你，你当师长、军长都可以。

到侍从室后，我在第 4 科。第 4 科管全国的军事情报，张国疆是第 4 科高级参谋兼科长。仲宇告诉我说张国疆和他在陆大是同班同学，他已告诉张有关我的情况。侍从室是军事机要部门，是给蒋介石做助手和参谋工作的，我是共产党员，进了侍从室后，如何利用侍从室开展党的工作呢？当时首要的问题是得到党的领导。不久，当我得知周恩来副主席到了南京，住在梅园新村，就冒险去见他，但去了几次都不能接近。周围到处都是补鞋的、修车的，都是特务。去了几次后，我家里接到一个通知，具体是谁送的、怎么送来的我都不知道。上面说要我好好工作，决不要再接近办事处，不要再找党。这样，我进了侍从室，跟党就没有联系了。后来我才知道只有这样才能放手工作。

一个星期日我在值班，在检查第 4 科的文件档案时，偶然见到里面房间的办公桌上放着一个木匣，打开一看，全是国民党中央通讯社收集的我党中央文件和毛泽东等领导同志的报告、讲话，顿时像黑暗中见到了光明，无比兴奋。第二天上班后我问张国疆：我们办公室内为什么有共产党的文件？他告诉我是研究共产党的对策用的，可由我保存。这样我就能合法了解党的基本方针和政策，这是我在蒋军内部开展中共地下工作的依据。

地下反蒋战线的形成

我在进入陆大特 7 期学习时，结交了贾亦斌、刘农畯、宋健人、宋光烈等一批对国民党消极抗日、积极反共，对官僚腐朽、贪污腐败现象不满的爱国进步同学，经常与他们谈学习、谈政治，建立了感情。进入军务局后，我利用有利条件，和部分陆大同学多方联系。当时南京警备司令部参谋长万建藩，蒋经国的副手、国防部预备干部局代局长贾亦斌，伞兵司令部参谋处主任刘农畯，以及宋光烈、宋健人等陆大同学经常在我家聚餐，漫谈形势，各述见闻。交谈之中，大家普遍对内战政策深感忧愤，通过这些交往和做工作，为日后组织武装反蒋奠定了思想基础。

总统府军务局是军事机要部门，门口挂着“闲人免进”的牌子，不是军务局的人都不能随便进入，进军务局的外人只有一个，就是我老伴敏如（那时还没有跟她结婚)。和敏如结婚后，有了她这个助手，来访同学大多由她接待，有事她就直接到总统府告诉我，这样我开展工作方便多了，也比较保密。那时跟贾亦斌的联系，很多是由她做的。这期间，有一天，贾亦斌给我打电话，他说，伯宇我要去接你，想跟你好好谈谈。因为他不能进入总统府，所以他把车开到总统府门口接我。出来后，他直接把车开到了中山陵。我很纳闷，问他："你不到家里，到中山陵干什么？"他说，走吧。因为车上有司机，我也不便多问。到了明孝陵，他下了车，让司机把车停到旁边去了。我俩步行从明孝陵走到了中山陵，到中山陵他坐下来，哭了。因为亦斌每次和我谈话都是很兴奋的，而且他人也很直爽。所以，我急忙问他是不是家里有事情或者有什么困难。他说没有。这时，他说："四大家族独裁专制、贪污腐化、卖国求荣、天怒人怨。蒋介石早晚要垮台，共产党准成功，我做蒋经国的助手，将来我不就是帮凶了吗？""我给他垫背，成为罪人，我不干。从前我不懂，跟着蒋家干。现在我懂了，我不能再跟着蒋家做什么了。"他还讲了一句话"乌龟变黄鳝"，我问是什么意思？他说，要解甲归田，不干了。之后，他向我述说了他的身世。因为家道中落，他没有上过什么学，就去当了兵。我就问他："你当兵的后来怎么当团长了？"他说："国民党兵没有文化，我有点文化，就升了文书，由文书一步一步提上来，我又上了军事学校。当时我是为了保家卫国，现在我看见蒋介石四大家族贪赃枉法，国民党政府内部腐败，我怎么能与他们同流合污呢？因此我不干了，要解甲归田。"我说你是陆大毕业的，有才华，有抱负。为了个人打算，自然可以退出政治舞台以洁身自好，但这样做无补于国家民族，不是一个现代中国军人所应走之路。要保持忍耐，坚持干下去，不要退。我希望我们将来一起合作，你不要放弃工作。这样我和贾亦斌就有了更进一步的交流和沟通。

1948 年秋，济南战役中国民党损失惨重，10 万余人被歼，绥靖区司令王耀武被俘，陆大特 7 期同学张遵光（旅长）被俘，史若愚丧命，孟昭进全师投奔解放军，周力行全师被歼，这对陆大特 7 期同学震动很大。这年秋末的一天，我正在总统府军务局上班，突然接到贾亦斌的电话，说有要紧的事约我到干河沿109号他家中一谈，有几个同学在等我。我一去不得了，他爱人出来了，说伯宇你来了，她指指后面的小屋说，你去看看吧，紧张极了，剑拔弩张。我一进去，看见小屋烟雾缭绕，两把枪放在桌子上，气氛很紧张。除了贾亦斌，还有刘农畯、董嘉瑞、宋健人、万建藩等人在。刘农畯看我进去了，说这下好了，伯宇来了，大家说吧。贾亦斌首先发言，他说："蒋介石天怒人怨，失掉人心，前方节节败退，我们不能给他殉葬。今天大家商议在南京暴动，包围飞机场，把为首的蒋家王朝官僚一网打尽，如果失败了就上山打游击。"宋健人年纪大些，较稳健。他说亦斌的志愿是好的，但做法欠妥当。刘农畯说，反蒋究竟怎么反，我们大家没有主意，因此找你来共同讨论这个问题。我说我也不知道怎么反，你们都是带兵的，我是军务局的，赤手空拳，光杆能干什么呢？那时我还有些保留，不敢全部暴露，因此说了上面的话。后来宋健人说你讲讲你的意见吧。我说我的意见是：反蒋我同意，蒋介石祸国殃民，但关键是怎么反。南京暴动我也同意，但要计算计算兵力吧。后来，我讲了几点意见：首先表示十分同情同学们的义举，但我们能调动的部队无几，南京则有重兵驻守，我们的行动无异于以卵击石，如暴露了自己，则非常不利。第二，我们要反蒋，是革命行动，但绝不能盲动，应当有组织、有计划、有领导地搞。第三，我们要掌握武装，积蓄力量，待机行动。我讲完后，同学们都表示同意。在这种情况下，我提个建议说，这种会今后不能开了，只能个别碰头联系，行动要严守机密。宋健人说现在是夜里12点，会议就到这，将来日久天长，伯宇的意思不要再开这种会议，我说必要时还要开，但是不能经常碰头了。宋又建议说，我们出去时不要在一起，12点多了，国民党的眼睛一夜没睡觉，特务晚上都巡逻的。因此，我们一个一个出去，看看没有人再分头走。刘农畯说我和伯宇一起走，我有车。刘上车后，没有回家，转了个大弯，开到南京清凉山去了。我说你还不送我回去，干什么？他说清凉山凉快，我一想他可能有事情和我说，他让司机把车开到一边去，我们两个上了山。到山坡上他坐下说，伯宇，今天你谈了观点后就暴露了，首先我问你，你是不是共产党员？他将我一军。我想了一下说，我们不谈这个问题好不好？谈谈你上山的事。他想了半天，说好吧。其实他已听懂了我的话意。

他说我给你谈谈我的历史："我是湖南邵阳人，伯父和父亲都是为革命牺牲的。后来家里不能待了，拿了点钱跑出来，改了姓名，糊里糊涂地就到了武汉，后又上了船到了南京。在街上看到通讯学校招生，管吃有地方住，就报了名。结果是军事学校招的工兵，从此穿上了军装。抗日战争时期，当工兵营的营长，部队开到了缅甸。抗战结束前回来了。后来国民党成立伞兵，被抽调去。"这样，通过交谈，我进一步加深了对刘农畯的了解。以后我和上海局策反委员会的李正文接上关系，就把贾亦斌、刘农畯、宋健人、王海峤、宋光烈、齐国楮等几个人的情况作了汇报和介绍。

干河沿会议后，我立即约弟弟段仲宇和宋光烈分别谈话，通报了会议情况，分别布置工作。宋光烈在保定第二师范读书时就和我党有联系，参加过冯玉祥在察北领导的抗日联军。这时他联系了两个军长，段仲宇联系了爱国将领齐国楮和王海峤等部分同学。经过多方工作，到 1948 年冬，贾亦斌利用蒋经国组织新军的机会，成立了国防部预备干部总队，自兼总队长；刘农畯任伞兵 3 团团长，王海峤任国防部工兵 4 团团长，齐国楮任江苏保安总队队长，段仲宇任上海港口副司令并掌握了所属辎重汽车团两个团。这些部队，西起芜湖，东至嘉兴、杭州，沿江千余里，形成了一条秘密战线。

策应解放军渡江　迎接上海解放

1948 年底，国共两党展开了战略决战。局势的发展朝着对我们更有利的方向变化。蒋介石这时的如意算盘是借长江天险与共产党"隔江而治"，于是，将刘农畯的伞兵 3 团从南京调驻上海安亭，贾亦斌的预干总队调驻嘉兴。

为了加强工作，我借病脱离了军务局到了上海。当时弟弟段仲宇先到上海安置了家属，住在宝山路 1 号一座碉堡式的独立楼房内。我到家的当晚，表弟温尚煜告诉我他已入党，我告诉他我所联系的部队情况，让他速报上级党组织接我的关系。第二天温尚煜带着张执一（中共中央上海局策反工作委员会书记）到我家。我向张执一汇报了我入党、在重庆接受周副主席指示，以及失掉与组织的联系后，独立开展工作，联系国民党内部爱国将领共同反蒋的情况。张听后非常高兴。他认为我在失掉与组织关系后独立做了大量工作，是很难得的。并说我掌握的部队工作量很大，需要专人联系，约在 1949 年元旦后介绍李正文和我联系，指导工作。

李正文非常认真负责，他几乎每天到宝山路 1 号我的住处联系工作。我把贾亦斌、刘农畯、段仲宇、宋健人、王海峤等人分别介绍给他，谈了他们的工作情况和部队的兵力、驻地情况。此后，李正文他们经常到这里聚会。为了加强部队今后的联系，我建议派党的同志到部队。经策反委员会的同意，选派张文藻到贾亦斌的预备干部总队，周其昌到刘农畯的伞兵 3 团，王声明到王海峤的工兵 4 团，陈景明到齐国楷的江苏保安总队。布置就绪后，我就和李正文去看望部队。先到嘉兴看了预备干部总队，接着到安亭和杭州，看了伞兵团、工兵团。

谋划中的起义，是一个规模颇大的联合行动。上海局策反委员会十分重视，也十分慎重。经过缜密分析和商议，张执一认为，立即发动如此大规模联合起义的条件尚未成熟，眼下还是分头准备，各自见机行动为妥。

当起义准备工作紧锣密鼓地进行的时候，3 月初，接连发生了两个突发事件，迫使贾亦斌领导的预备干部总队和刘农畯领导的伞兵 3 团不得不提前起义。一是蒋经国连续发来 3 封电报，命贾亦斌即刻去溪口见蒋介石。二是蒋介石单独召见了刘农畯，说准备把伞兵 3 团水运到台湾，作为他将来退居台湾的卫队。这两件事促使这两支部队的起义日程进入快车道。

预备干部总队副总队长黎天铎是贾亦斌的湖北老乡，这个人爱做官，他希望得到总队长的职务，对贾亦斌当时以国防部代局长身份兼总队长很不满。

总队调驻嘉兴后，我党又派去了联络人员，总队学员在贾亦斌的带领下觉悟提高，种种迹象引起了黎的怀疑，他伺机向蒋经国告了密。虽然贾亦斌安然无恙地回来了，但是他被撤销了所兼各职，只保留了一个国防部少将部员的虚职。为了粉碎蒋氏父子的阴谋，我们初步决定尽量拖延移交，积极准备起义，待机行动。4月2日，贾亦斌接到起义通知，在段仲宇的掩护下连夜离开上海，赴嘉兴防地，决定预备干部总队于4月15日起义。可是，在布置起义任务的时候，消息泄露，遂决定提前发动起义。

4月7日凌晨，贾亦斌率领预备干部训练团第一总队4000余人在嘉兴起义，起义部队经莫干山向天目山解放区挺进。贾亦斌率部起义的消息震惊了蒋介石，他立即调集5个师、1个保安总队，约10倍于预干总队的兵力兼程赶到乌镇，将预干总队包围了。贾亦斌决定率部突围。4月7日夜，部队分3路突破敌军包围。在敌军的追击中，由刘异率领的第二路千余人转战数日，于4月10日冲上莫干山。这时，莫干山的管理局长王正宇假意殷勤，以招待食宿稳住部队，却暗中通报敌军。午夜，敌军开上莫干山，将起义部队包围，起义部队来不及抵抗，700余人被迫缴械。刘异被俘后被敌人投入钱塘江壮烈牺牲。由贾亦斌率领的第一路500余人和由李凯寅率领的第三路800人遭国民党集中兵力连日围攻，寡不敌众，经几昼夜激战，伤亡殆尽，到达安吉附近时，只剩下贾亦斌一人。当时天下着大雨，亦斌的脚趾头受了重伤，走不动路了，所以他只能往前爬行，饿了吃野菜，坚持了3天3夜。后来被一个小学校长营救，护送到宁国县境的苏浙皖边区。贾亦斌领导的起义虽然失败了，但它的影响是巨大的，当时报纸刊登了起义的消息，社会舆论普遍认为蒋家王朝大势已去。

4月下旬的一天，刘农畯匆匆来找我。他说蒋介石前两天到上海，在黄浦江的复兴岛军舰上召开军事会议。这个会议是军长以上人员和部分师长参加的，其中只有刘农畯一个团长。所以刘农畯参加会议大家都很奇怪。原来刘农畯这个团因为准备起义，训练得特别好，武器、装备以及人员精神等各方面都很出色。大概是有人给蒋介石报告了，蒋听说后，调刘农畯参加会议。会后，蒋单独召见刘农畯，对他说：“当年我在黄埔就是一个团起家的，将来到台湾后，即以你这个团做卫队，日后东山再起，你就是第二个团。”蒋介石说的第一个团是黄埔期间成立，团长是何应钦，后来何是国防部长。他说刘农畯将来是第二个团，也就是说将来到台湾刘就是国防部长了。刘到我家向我反映情况时，我正跟李正文讨论贾亦斌起义的事，当时贾亦斌也在。刘到我家后，一看到李正文在，他当时不认识李，就把我拽了出来。李正文说既然你来客人我们走了。这样刘把情况跟我谈了起来。我一听情况严重，第二天，李正文一到我家，我就把这消息告诉他了。正文向上级汇报后，上级指示保存伞兵团的实力，将来作为人民伞兵的基础。经过讨论，确定了伞兵3团海上起义开赴连云港的登陆计划，并进行了具体部署：由段仲宇调拨船只，协助伞兵起义；确定船只后，派人与海员联系协同行动；由上海地下党与连云港驻军联系，届时迎接伞兵登陆。

4月15日，刘农畯的伞兵3团在海上起义后开到连云港解放区。4月18日，地区党委召开群众大会，特委书记谷牧致欢迎词，刘农畯代表伞兵团宣

伞兵第三团起义官兵在连云港登陆时合影

读给毛主席、朱总司令的致敬电。当天新华社发表了伞兵3团起义的消息。5月8日，毛主席、朱总司令来电："祝贺你们脱离国民党反动集团，加入人民解放军的英勇行动，希望你们努力于政治上和技术上学习，为建立新中国的伞兵而奋斗。"

预备干部总队和伞兵3团都是蒋介石的嫡系部队，前者被称为蒋介石和蒋经国的"子弟兵""太子军"，后者被称为"御林军"。这两支队伍的起义，对于瓦解国民党军心，配合解放军渡江，解放南京、上海发挥了重要的作用。

此后，其他部队也相继行动。王海峤根据党的指示故意把铁甲车弄坏，堵住浙赣铁路，使国民党军队无法顺利向台湾撤退，蒋介石为此大发雷霆，下令逮捕王海峤，王海峤只得随中共秘密联络员撤往香港后转至解放区；齐国楷在解放军渡江后率领江苏省保安第9旅万余人在金坛、溧阳一带投向人民；段仲宇辎重汽车部队的两个团在解放上海的战役中于5月24日起义，迎接解放军顺利渡过苏州河，插入河北江湾地区，并且组成快速部队，追歼汤恩伯残部。有的部队虽未起义成功，但在解放军渡江后，均未进行什么抵抗而自行瓦解了。

资源委员会领导人起义始末

季崇威

季崇威(1922—2001),江苏江阴人。1938年加入中国共产党。解放战争时期在上海从事情报工作。

资源委员会人员起义迎解放

资源委员会是原国民党政府负责工矿事业建设和管理的机构。1949年管辖的全国国营厂矿有：煤炭、石油、电力、钢铁、有色金属、机械、电工、水泥、耐火材料、化工、造纸、制糖等行业，共121个总公司和事业机构，近1000个生产企业。拥有技术和管理人员32000余人，技术工人22万余人。可以说，它集中了旧中国工业基础和技术人才的精华。解放前夕，资委会委员长孙越崎、副委员长吴兆洪等在我党正确政策指引下，决心为保存这点中国工业的基础，留在大陆，维护厂矿，迎接解放，为此展开了一场抗拒迁厂、迁会，向台湾撤退人员和物资的斗争，使所有人员都留下来，厂矿安全地交给人民接管，对新中国恢复经济和开展建设，起了重大作用。现根据个人的回忆和体会，并参考资源委员会有些人员解放后发表的材料，追述这场斗争的始末经过和它的重大意义。

1946年至1949年，我在上海做中共地下党工作，公开职业是《大公报》记者。当时的领导人潘汉年派刘人寿和我联系。1948年夏，我的堂叔季树农（资源委员会财务处长）从美国实习回来，路过上海时和我谈到，他在美国时看了许多报道中国的消息、评论，阅读到中共发表的一些言论，认为国民党政策错误，对我党的政治主张表示同情。以后他每次来沪，我都去看他，和他谈论时局，交换信息和看法。

10月底，他来沪时告诉我，孙越崎委员长在南京召开了资委会主要厂矿、处室负责人会议，表示："战火日渐南移，中国只有这一点工业家底和技术人才，经不起内战破坏了。"并以鞍钢被中共接管后重视知识分子为例，暗示大家不必害怕共产党接管，号召大家坚守岗位，保护这点中国工业基础。会上大家都拥护孙的意见。我将此情况报告刘人寿，并建议通过季树农做孙越崎和副委员长吴兆洪（吴是季的同乡、同学、挚友）的工作，争取他们起义。刘同意进行，并报告了在香港的潘汉年。

1949年元旦，刘人寿告诉我，上海地下党有一个秘密电台已被敌人破坏，敌人正追捕刘，刘可能撤赴香港，临行前交给我香港的一个通讯处，嘱我和组织保持通信联系。

1月下旬，我在报馆获悉蒋介石伪称下野，飞往奉化，行政院长孙科宣布将政府各部迁赴广州。我考虑到如资委会被迫迁穗，则过去所做工作将前功尽弃，对争取资委会人员和解放后接管厂矿将造成很大困难。所以，我立即决定当天乘夜车赴南京，找季树农密商对策。行前给他发了电报。季清晨到车站接我，途经玄武湖公园，在园内密谈两个多小时。他告诉我资委会领导层正在彷徨焦虑，尚未决策。我向他分析了当时的军事、政治形势和蒋政权必将崩溃的命运，阐明了党的政治、经济纲领及对待国民党军政起义人员和知识分子的政策，指明资委会技术管理人员大多是爱国的，愿为中国工业化尽力，但只有在中共领导下才能建设好经济，中国才能实现工业化，说服他去动员孙越崎、吴兆洪设法避免南迁，留下来迎接解放。他对我表示，不愿再跟国民党走，并探询了若干抱有疑虑的问题，我都一一解答。他经过慎重考虑，答应去机关和孙、吴商谈。下午他回家后高兴地告诉我，和孙、吴谈得很顺利，他们决定不迁广州，拟将资委会本部主要人员和档案先迁往上海，指挥所属厂矿维持生产，并将资委会本部和所属企业、事业单位负责人名录交我带走。他还告诉我，去年12月，蒋介石曾亲自找孙越崎谈话，下令将不久前从美国进口的南京无线电厂、有线电厂、高压电瓷厂、电照厂和马鞍山机械厂等五个厂的设备拆迁到台湾去。马鞍山厂设备已拆下装在轮船上，正停在南京长江江面上，等待南京四个厂的设备拆装后驶台。但孙故意拖延，未动手拆卸。现决定令该轮先驶赴上海，将设备卸在上海，不去台湾了。（后来蒋介石又电令汤恩伯等催促，被孙借李宗仁名义推诿，终于将这五个厂都保存了下来。）据解放后孙越崎、吴兆洪告诉我，他们当时正在努力寻找中共关系，正是这个时候，季树农转告他们我要做他们的工作。这使他们特别高兴，提高了起义的决心和信心。

1月底2月初，资委会本部人员由吴兆洪率领，分批到达上海，借用四川路桥堍“资源大楼”办公，随带印信、重要档案、资金、账册、总电台等，实际上是把资委会从宁迁沪，而在南京成立一办事处留守。季树农到沪后，向我提出孙、吴委托他邀约中共负责人晤面的要求。我从南京回沪后，一面写航空信给刘人寿汇报，一面通过张锡昌（中共地下党员，解放后曾任内务部办公厅主任）向上海党组织汇报，要求派负责同志和资委会代表会见。3月初，组织上派王寅生（解放后曾任中财委编译室主任，财政经济出版社社长）代表我党在北四川路我家中和季树农晤谈，当时季汇报了他们保存人员、物资和维护所属厂矿生产的情况和部署，并将淞沪警备司令汤恩伯的命令—“查资源委员会物资疏运不力，仰即查明具报”给王看，请示如何应付当前困难。王寅生说：“共产党不做强人所难之事，汤恩伯既看重物资，那我们能留则留，不能留就让他运走些。人第一，物第二，保全人是最要紧的。以后按你们的步骤进行，注意安全。”季还向王转达了孙越崎两年多前因俞再麟工程师在辽宁煤矿中游击队流弹而死，在《中央日报》发表悼念文章中骂共产党之事表示后悔。王答道：“孙的情况我们了解，他靠拢人民，人民欢迎他，有什么可顾虑的?”季回去向孙转达上述谈话后，孙十分满意地说：“中共干部的水平高，我可放心了。”

资委会领导人得到党的支持后，留下来保护人员、厂矿的决心更坚定，信心更高。他们作了一系列周密的部署，上下同心同德，不畏艰险，在长达三个多月的时间内，多次巧妙地抗拒了国民党军、政、特几个系统催逼他们撤退物资、人员赴台的压力。由孙越崎在南京、广州掩护，吴兆洪在上海主持，动用资委会历年出口矿产品盈余外汇400多万美元外汇，源源接济维持全国厂矿企业所需生产和应变资金。这对鼓励支持各厂矿职工坚守岗位、迎接解放，起了极大的稳定作用。1949年4月23日南京解放后，资委会南京为事处的正副处长陈中熙、谢佩和即主动去找解放军要求接管。次日，万里即去资委会旧址，成立了南京市军管会经济部，顺利接管了资委会在南京的各单位。当时负责赴沪接管的孙冶方，组织他们成立了一个“资源委员会随军服务团”，于5月上旬，由南京赴丹阳，见到了陈毅。陈毅对他们亲切慰勉，转达了毛主席对资委会人员的重视和关怀，从他本人赴法国勤工俭学的经历感受，说明“不解决政治和社会问题，光靠工业是救不了国的。我们的革命就是为工业建设扫清道路，我国即将进行大规模社会主义建设，你们可全力发挥工程技术上的聪明才智”。

1949年5月27日，上海刚解放，孙冶方、程望、季文采等接管上海重工业的同志在资委会随军服务团的引导下，从丹阳乘汽车驶抵上海“资源大楼”，和吴兆洪、季树农及资委会各处负责人会面，商谈接管工作。29日上午，陈毅、曾山也来到“资源大楼”，对资委会本部和所属在沪各单位和工矿企业负责人员讲话。陈毅同志说：“我们对资委会的工作已有所了解，你们是主管国营工、矿、电、企业的一个全国性的管理机构。毛主席很重视你们。我们对国民党伪政府机构的接管是有区别的。资委会的建设人员（包括工程技术

资源委员会大楼

和管理人员）和工人很多。军事结束后，我国即将进入建设时期，希望你们安心留在原工作岗位，共同协力积极工作，为革命作出贡献。今天你们解放了，今后是为人民服务了。现在蒋家王朝已经垮台，所有单位纷纷南迁或逃往台湾。国民党政府的部、会一级中，只有资源委员会所有人员，包括各级负责人，以及已解放地区的所属各厂矿企业的员工，几乎未走一人，设备、器材等等，几乎未有一点破坏。……孙越崎先生是为国家事业而做官的，我们对他甚为谅解，请他即返上海。台湾及广州两地人才，也请设法召回。”会后，陈毅又到吴兆洪办公室略坐，询问前资委会委员长翁文灏在哪里？吴答："在法国。"陈说："请他回来，我们也不会难为他的。"

在资委会全体人员积极、主动的配合下，上海市军管会迅速顺利地接管了资委会及所属在沪各企业、事业机构。美商上海电力公司和拥有戚墅堰、汉口、芜湖、九江等地电厂的官僚资本扬子公司，也在谢佩和等协助下接收了。后来上海市军管会又分派资委会人员到浙江、武汉、湖南、江西等地，协助当地军管会接管所属厂矿。

孙越崎于1949年4月26日从上海飞到广州，5月19日赴香港。6月宣布脱离国民党政府。他在香港组织、推动了资源委员会国外贸易事务所员工的起义。11月离港到北京。

为新中国建设发挥了重大作用

资源委员会作为国民党政府管理国营工矿企业的机构，从正副委员长到职工，除在台湾的企事业人员外，全部留在大陆工作岗位上。仅大学毕业以上的技术人员和管理人员即达13000多人，技术工人约22万人，这是新中国进行生产建设所必需的一笔重大的、宝贵的资源和财富。解放后，他们中的绝大多数人都受到重用和提拔，成为国务院各工业部门和工矿企事业中的骨干和技术领导。在三年经济恢复和几个五年计划建设时期，发挥了重大的作用。可以说，在新中国成立初期，如果这支队伍被打散或削弱了，那我国的工业建设必将遭受重大的损失，不可能取得那么大的成就。

其次，资委会各级领导人和全体职工在解放前夕进行了坚决维护厂矿生产、保全国家财产的斗争，使全国各地厂矿企业未遭到重大的破坏、损失，完整地回到人民手中，真正做到保存了我国的这点工业基础，这在经济上的重大意义是难以估量的。

上海解放前夕，资委会从中央银行提出历年节余外汇 400 多万美元，换成资金和物资，分拨全国厂矿维持生产和职工生活，使他们在解放后很快正常生产，剩余专用的外汇 100 余万美元、黄金 500 两、银元 2 万枚和美钞都封存交给国家。另外有价值近 2000 万美元的“美援煤”和发电设备器材，经长江运赴汉口、长沙等电厂。从台湾运沪白糖 16000 吨，进口汽油 1800 万加仑，原油 10 万吨，解放后成为稳定上海经济的重要物资储备。后来华东工业部在高桥建了炼油厂，为新中国炼出了第一批国产的成品油。

资委会完整移交人民

解放前夕，国民党的特务密布，对接近共产党和反国民党的人士残酷镇压，为什么资源委员会领导层敢于抗拒蒋介石迁厂命令，逃避南迁，拒不向台湾撤运人员、物资，并且号召厂矿负责人坚持岗位，迎接解放。涉及这样众多的机构和千万人员的大事，居然未有人出来告密泄露而遭受破坏失败呢？为什么能做到使全体员工万众一心将全部企业主动地完整移交给人民呢？我分析其原因如下：

首先是国民党政治上的腐败、经济上的崩溃，共产党在政治上、军事上的胜利，使以孙越崎为首的资源委员会领导人感到国民党大势已去，不能再跟随下去。共产党正确对待知识分子和工商业的政策，使他们打消了疑虑。思想上逐渐觉醒，认识到唯有投向共产党，才符合国家、人民的利益，自己才有光明的前途。中共地下党的具体指引，对他们态度的转变，也有直接的重大影响。

其次是资源委员会的各级负责人，包括翁文灏、钱昌照、孙越崎、吴兆洪在内，都是技术专家、知识分子，虽然受到蒋介石的重用，但并非蒋的死党。他们长期搞工业建设，怀着“工业救国”的信念，为中国的工业开发出过力。但切身体会到在国民党反共“勘乱”的政策下，工业是搞不出名堂的。他们对中国前途彷徨观望，他们经常在思考着、对比着，国共两党谁能搞好中国。孙越崎当他亲手接管和恢复的东北厂矿纷纷解放，原以为在东北的努力可能一场空了。而事实正相反，鞍钢、抚顺等大型企业却走上正轨，技术人员有了用武之地，促使他反省和检讨了自己撤走东北技术人员入关的错误，作出了大胆号召“坚守岗位，等待解放”的重要决策。

第三是广大职工有着迎接解放的愿望，影响资委会的负责人作出了归向人民的决定。人心所向，齐心协力，护厂护矿。正因为这样，在资委会的转变过程中，除南京电照厂有个别人向国民党告密外，没有发生其他事故。相反，在迎接解放中，职工们表现了许多英勇的事迹。如资委会电业管理处长谢佩和，在南京解放前向首都电厂员工要求做好发电供电工作来迎接解放。所有员工都坚守岗位，始终正常供电。在南京解放前夕，解放军自长江北岸向江南炮轰时，下关电厂上空炮弹横飞，职工仍坚守岗位，照常发电。并将停在电厂、江边的小火轮和拖驳借给解放军去江北渡大军过江，往返多次直至将解放军渡完为止。又如资委会各电厂上海联合办事处在闸北多伦路有一座仓库，5 月 26 日我解放军进入虹口区与蒋军巷战，有少数蒋军包围多伦路仓库，企图抢劫所储器材和交通工具后逃窜。办事处主任钱承贻在员工及眷属的支持下，拒不开门。蒋军竟对大门架起机关枪，声称如再不开门，即要扫射。钱等威武不屈，坚决不开门。僵持约一小时，幸解放军节节进逼，蒋军不得不狼狈逃窜，未遭毒手。这种舍生保卫人民财产的英勇精神，是获得胜利的决定因素。

台糖公司总经理沈镇南，在上海解放前执行了董事长吴兆洪的电令，在计划供应大陆食糖外，又在每艘由台回沪的货轮中加运 1000 吨食糖，储存在上海。上海解放后不久，沈被台湾当局发觉逮捕，以“勾结大陆共匪”和“贪污”之罪，被枪决于台北。沈镇南是一个学识渊博、才能卓越的管理人才。1948年春，吴兆洪邀我去台湾考察糖业时，他曾到机场迎接并宴请我。他的敦厚面容在我脑中至今尚栩栩如生。解放初上海人吃的白糖是以他的鲜血换来的。沈镇南为了人民的利益而不幸牺牲，是值得我们哀悼和纪念的。

顺便讲一下，抗战胜利后台湾光复，日本人在台湾50年，经营的许多重要企业，由资源委员会从大陆派了1000多人负责接收。接办了其中规模最大和最重要的制糖、发电、炼铝、石油、制碱、化肥、水泥、造纸、机械、造船等十大行业共200个企业，成立了十大公司，其主要负责人都由资委会派去。1946年至1949年，这些企业逐步恢复，资委会罗致、培养了大量技术管理人员，使得以前完全由日本人掌握的台湾经济大权，比较顺利地转移到我国管理及科技人员手中。到1952年时，各产业基本上均已恢复到日本统治时期的水平，为以后台湾经济的发展打下了物质基础。

我希望，他们在今后大陆和台湾的经贸交流合作活动以及统一祖国的大业中，将起积极的促进作用。

“四行二局”黎明前的战斗

江春泽

江春泽（1915—2008），江苏南京人。1938 年加入中国共产党。解放战争时期曾任中共上海市委驻华中解放区工作委员会委员。

淮海战役后，国民党政府下令各地采取“应变措施”，企图拆迁工厂，搬运物资，转移资金，破坏主要设施。上海党组织根据中共中央指示精神，与之针锋相对，进一步动员人民群众，从政治上、思想上提高群众的认识，把群众的力量和行动进一步集中起来，护厂、护校，反搬迁、反破坏，以顺利地完成里应外合，配合解放的任务。这场斗争在“四行二局”（中央银行，中国银行、交通银行、中国农民银行，中央信托局、邮政储金汇业局），也表现得相当尖锐。

成立应变互助组织 维护职工切身利益

1949 年 1 月 27 日，国民党政府的中央银行（简称央行），将重要档案、账册 1000 余箱装上“太平轮”运往台湾。途中船被撞沉没，6 名押运人员仅 1 人生还。这一事故在各行局职工中引起很大震动。央行职工中的中共党员和原“四行二局”员工联谊会（简称“六联”）骨干，抓住这一惨痛事实，在群众中提出“反南迁”“反逃跑”的口号；并通过举行死难同人追悼会、募捐抚恤家属等活动，广泛进行宣传鼓动。

2 月间，央行职工中的中共地下党员和积极分子四五十人，向该行总裁贝祖贻当面提出意见，阻止央行当局将库存金银运往台湾，国民党政府国防部要求将央行持有的花、纱、布 14.5 万件收归军用，央行有关人员以未经“四联总处”指令为理由，拒不移交。这批物资后来一直保存到上海解放。

“四行二局”职工自 1948 年 9 月在南京“总统府”命令的强大压力下，被迫宣布自己的战斗组织——“六联”停止活动，尽管骨干之间保持着隐蔽的联系，但一时没有公开合法的广泛群众组织。这给我们的动员宣传工作带来了一定的困难。根据上级党组织指示精神，各行局中共党组织抓住战事迫近上海，群众有互助救难的要求，和反动当局自己提出的“应变”口号，发动群众以行局为单位，成立“应变互助”组织。1949 年 2 月，在农行、中行、

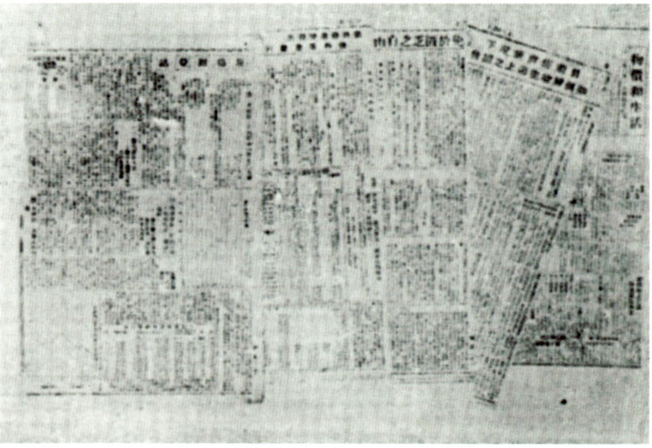

四行二局职工开展生活斗争的几种宣传资料

交行，相继成立了“员工互助会”、“员工应变互助会”组织，在央行，建立类似组织的要求遭到阻挠，未能获得公开活动的地位，但行内积极分子在应变互助会的名义下，有了半公开的组织联系。

这些应变互助组织的领导机构（委员会或理事会），都由职工民主选举产生，党员和积极分子在这些组织的领导机构中占了决定性优势。同时，他们也注意团结一些较开明的中上层人员，做好统战工作，推动行方尽可能按照职工群众的要求和党的政策需要办事。

当时行局职工迫切要求之一，是要了解共产党和解放军的政策，很想知道在城市解放后，银行被接管后，自己会面临什么样的处境。中行应变互助会运用油印刊物《会务报导》，摘登天津、济南等地中行同人来信，有时也摘录报刊上有关报道，在饭厅公布，很受群众欢迎。济南解放后，当地中行经理办好移交后来到上海，应变互助会邀请他向大家作了一次亲身经历的报告，帮助群众了解到，解放军对国民党政府的银行工作人员采取的政策是：凡愿意继续工作的，都能得到妥善安排；要求离开的，一律欢送。这样的报告使各种谣言不攻自破，许多人的顾虑消除了。各行局应变互助组织和地下党组织，在南京解放后，普遍秘密翻印散发了《中国人民解放军布告》(即《约法八章》)，大家相互转告，极大地安定了人心，急切地盼望着解放的到来。

行局职工群众另一迫切要求是希望解放上海的炮火不致威胁到自己一家的安全。为此，几家银行的应变互助组织采取了保障安全和生活供应的措施。中行在市内有 10 处职工家属集中居住的宿舍，应变互助会组织职工和家属值班巡逻，防止蒋军散兵游勇和歹徒乘乱抢劫。应变互助会推动行方腾出仓库空房，以备急时供居住在郊区的同人住宿。还争取行方垫款在员工消费合作社储备了粮食、食油、燃料，以备在市场供应中断时配售给职工。交行员工互助会在永嘉新村行员宿舍也组织了值班巡逻，并将消费合作社库存的粮食和食油分配给职工。这些措施进一步密切了党员、积极分子与职工的联系。

保护行产　反对迁移和破坏

各行局党组织根据上级布置，普遍通过党员和积极分子为接管做了大量材料准备工作。在平时了解到的情况的基础上，进一步具体摸清各单位的资产负债情况，金银外币、重要物资储存情况，大楼平面图，商股股东名单，主要负责人情况，组织机构和人员情况等。所获得的材料汇交上级党组织，大大方便了以后的接管工作。

争取各行局负责人员尽可能留沪配合人民解放军的接管，也是一项极重的斗争任务。在中行，争取的主要对象是宋汉章。经过发动群众挽留和各种渠道的争取说服工作，宋表示愿意留沪。但是，国民党也很清楚宋在上海金融业中有相当的影响，竟组织武装人员胁迫宋汉章匆促登轮驶向国外。争取宋汉章留沪虽未达到目的，但行局以及金融业的其他上层人员，在我们劝说工作下留在上海的也不少。

1949 年 4 月下旬至 5 月上旬，在中行、交行、央行和中信局，先后发生了群众要求行局当局给每个职工发给应变费的斗争。这时，这些行局的一些主要负责人看到战场形势对国民党越来越不利，纷纷准备逃往香港、台湾或国外。在群众斗争的压力下，他们急于脱身，先后答应了群众关于发给应变费的要求。群众这样的要求是合情合理的，完全正当的。但是，这一胜利事实，却使已经濒临绝境的国民党统治者不能容忍。仅仅几天之后，国民党的京沪警备司令汤恩伯，下令各行局职工必须在两天内全部交还这笔应变费，否则要“军法从事”。针对这一严峻情况，上级党组织立即作了认真研究，果断地指出：行局职工在上海解放在望之际，不宜为此死拼硬顶，以免招致严重后果。中行、交行、央行和中信局党组织在群众中进行了广泛、耐心的说服工作，由于党员和积极分子在群众中有很高的威信，群众迅即理解和接受了这个意见，纷纷将已拿到手的应变费（80元银元或2两黄金）退还各自行局当局。这笔款项存放在各行局库存里，在上海解放后，都由人民政府接管了。劝说群众退回这笔生活上迫切需要的款项，难度比动员群众起来进行争取这笔款项大得多。如果群众对眼前利益和长远利益的轻重关系没有一定的正确认识，这将是不可能做到的。

在临近解放最后几天里，斗争更加尖锐了。中行互助会要行方以央行惨案为鉴，有效地阻止了行方转移案卷账册和把库存金银移交央行。应变互助会还掌管了电话总机和对门卫的指挥权，有效地防止了资财、账册等的转移。在汤恩伯派出部队日夜不停地抢运央行库存的金银外币、证券账册准备逃跑时，中共四行二局工友支部的党员冒着很大的危险，对搬运工人进行说服工作，动员他们尽量慢装少装，“留一点，好一点”，起了组织怠工的作用。交行便衣警、地下党工友支部书记陈品梅，以负责收藏保管为名，集中控制了交行警卫班的全部枪支弹药，并组织工友和警卫人员站岗巡逻，防止破坏。农行总管理处奉国民党政府财政部命令迁往广州。互助会的骨干赶到代总经理家中，代表职工群众力阻迁移，迫使他同意将农行在沪资金和物资（粮食、棉花等）全部留了下来。

1949年5月27日，全市解放。当天下午，军代表就到达各行局。在广大职工热烈欢迎声中和具体帮助下，有条不紊地进行了接管。仅仅用了半个月时间，对国民党的国家金融机构所有部门的接管工作就已经告一段落。

沪南水电交通“三不停”

张浩波

张浩波（1928—　），江苏宿迁人。1944 年加入中国共产党。解放战争时期曾任中共上海工委下属法电区委委员、法电工会党团副书记。

上海战役期间，上海街头出现了世界战争史上的奇观：战争在激烈地进行着，自来水和电力却照常供应，马路上电车、公共汽车等仍然在行驶着。这水、电、交通“三不停”的背后，凝聚着法电地下党组织的智慧，展现着党和人民的力量。

接任务　法电党组织要保证“三不停”

法电，全称是上海法商电车、电灯公司，是旧时法租界里法国人办的一个垄断企业，它是凭借法国在租界的特权创办起来的。营业范围为电车，包括有轨电车、无轨电车和公共汽车；电灯，就是电力，整个法租界的电力；还有自来水。一句话，电灯、自来水和交通事业都是它的。它同广大市民的生活和生产密切相关，是一天也不能少的。所以，我们地下党组织考虑到，解放军要进上海，对这个企业，国民党当局肯定要想方设法把它破坏掉，那么沪南区就瘫痪了。而且，法电还有个特点，它发电用的是柴油发电机，启动非常快，一旦公共租界上的电厂有问题，它就可以很快启动，补充电网。所以，一定要想办法把它保护好，不能让它遭到敌人的破坏。上级党组织对法电党组织提出的要求是“三不停”，迎接上海解放，要水不停、电不停、交通不停。这是一项很艰巨的任务。

壮力量　积极部署护厂斗争

贯彻上级党组织的指示，法电地下党组织采取了积极的行动。首先是发展壮大党的力量。从1948年王中一事件以后（1948年3月20日，长期领导法电斗争的中共上海市委工委委员王中一被国民党当局逮捕，敌人搜到了部分地下党员名单，随即开展了大规模的逮捕行动，党内外共有200余人被捕，为上海地下党组织重建以后所遭受的最惨重的损失），有相当一段时间对发展党的组织采取了比较谨慎的方针，所以在党外聚集了一大批老积极分子。到了临近解放的前夜，要补充新的力量。于是法电党总支就布置各支部把一些条件成熟的积极分子发展入党，对于空白部门则要求有突破。这样，就发展了50多名党员，法电党员总数达到138名，大大增强了法电党的力量。

但是，仅仅依靠党员的力量远远不够，还要把广大的职工群众动员起来，而且要运用一定的形式把他们组织起来。法电党组织按照上海市委的统一部署，成立了上海工人协会法电支会，简称工协，有理事长、理事等。在这个基础上，还秘密组织了法电工人纠察队。

对工人纠察队这个名称法电工人很熟悉，它很有影响。法电工人是1927年上海工人三次武装起义南区的一支主力部队，工人纠察队是有传统的，所以抗战胜利成立工会以后，法电马上成立了工人纠察队。到1949年5月初，市委通知，各单位的工人纠察队全部统一命名为上海人民保安队。法电的人民保安队发展到了700多人。法电是一个有2600多人的企业，四分之一以上的工人已经被组织到人民保安队里来了。法电138名党员，再加上人民保安队员，这就是一支很大的队伍了。法电还组织了抢修队，一旦水电遭到破坏，随时抢修，保证水、电、交通不停。

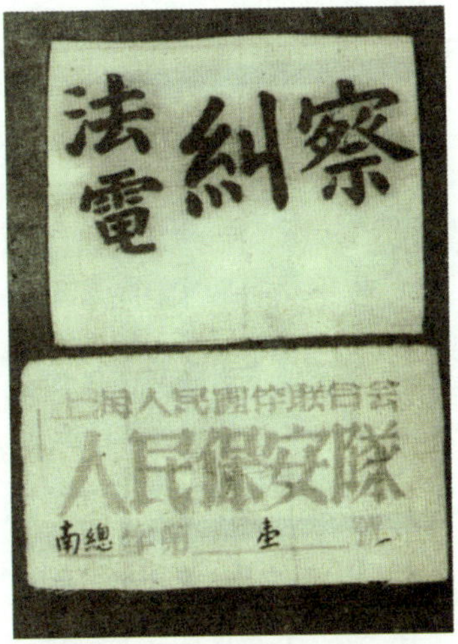

法电党组织制作的纠察队臂章和全市统一制发的人民保安队臂章

同时，法电党组织还做了许多调查工作，把南区国民党军队的布防情况、警察局的情况，有多少碉堡，有多少部队，都画出图来，交给上级党组织。另外，还做了许多宣传工作，进行政策攻心，譬如用贺卡的形式给资本家发信，向他们宣传我们党保护工商业的政策，充分做好迎接解放的各项工作。

细分析　作出护厂正确决策

开展护厂斗争，700多名人民保安队员就要想办法住到厂里去，但如果没有资方的同意是不行的。而且，住到厂里，一旦战争打起来了，交通不方便了，吃啊，用啊，这些问题谁来解决呢？地下党没这笔钱，又不可能让工人自己拿出来。这个问题怎么解决呢？法电党组织想了一个好办法，那就是去做法国资方的工作，同资方携手共同做好护厂工作。

法电党组织冷静地分析了法国资本家的心态，认为在当时形势下，法国资本家明白解放军一定会解放上海，国民党是守不住的。同时，他们也担心自己的企业会在战争中受到破坏，有把企业保护好的愿望。在保护好工厂这一点上，我们同他们是有共同利益的。另外，法国资方与国民党虽然因在统治工人、镇压工人方面有共同利益而相互勾结了起来，不过他们之间也有矛盾。前不久，法国前任车务总管马西拿还被国民党抓去关了好几个月，法国人憋了一肚子气。同时，平时如果遇到法电工人罢工，或与资方有什么矛盾和斗争，国民党一旦介入，总要敲它一笔"竹杠"，对此，法国资方也是深为不满的，但又无可奈何。总之，他们之间也有矛盾。国民党要逃离上海，曾经要法国人跟他们一起走，法国人不愿意，这就使争取法国资方参加护厂有了可能。于是，我们决定到既懂中国话，又是工会经常与之办交涉的法电车务总管、法国人勒莫尼家里去谈判。

乘夜色　三党员初访勒莫尼

接受到勒莫尼家谈判任务的是法电的三名工会干部：工会理事长许炳山，他是1939年入党的老同志；还有两人是工会党团成员马少林和陆如松。这三人在不久前因为领导法电工人罢工，为防止遭到国民党当局的逮捕，已经转入地下，隐蔽起来了，但一直在指导法电工人的斗争。

勒莫尼的家住在茂名路南昌公寓。一天晚上，许炳山等三名工会干部敲响了勒莫尼家的房门。勒莫尼开了门，发现来了三个法电熟人，因为他们经常斗争，是有交往的，但一下子不知道眼下发生了什么事，为什么三人突然夜晚来造访？为首的工会理事长许炳山一进门就亮明“身份”说：“我们是中国人民解放军先遣部队的代表。”之所以用这样一个名义，是因为不如此，后面的文章就没有办法做下去了。勒莫尼一听说是解放军派来的，吓得脸色煞白，搓着两只手不知道如何是好。解放军找他了，不知道会有什么事情？是否会把他带走？他怕了，气氛一下子紧张了起来。为防止不测，按照事先的部署，马少林迅速靠到门口把住大门望风，陆如松进屋后就坐在电话机旁边，把住电话。不让勒莫尼打电话，就减少了一分危险。许炳山随即把话转入正题。首先，许炳山向勒莫尼介绍我们党进城以后保护工商业，包括保护外商的政策。也许是“保护外商”这句话发挥了作用，勒莫尼逐渐镇静了下来。然后，许炳山向勒莫尼介绍了形势，告诉他：解放军近期就可以进上海，而在解放军进上海之前，国民党有可能破坏你们的工厂。在这点上，我们已经组织了强大的工人队伍来保护工厂，但是需要你们的配合。因此，请你赶快把这件事情向大班报告，请他配合我们，我们可以保护你们。另外，国民党有意图要派一部分军队进驻到发电厂来，你们可以通过外交途径，说明我们完全有能力自己保护工厂，不让他进来。一旦他们进来了，你就没有把握了，我们就不好办了。勒莫尼毕恭毕敬地表示，全部照办。临走，还拿出一沓美元要塞给许炳山等三人，但遭到了拒绝。

大无畏　三党员再访勒莫尼

第一次上门谈判成功了。但是，这样的谈判还是比较抽象的，究竟怎么做还需要具体地落实，于是法电党组织决定第二次上门谈判。

几天后，许炳山等三人再次登门。这第二次登门的风险不亚于第一次，甚至比第一次更危险，倘若勒莫尼已经走漏风声，这一次上门不就是自投罗网吗！经过几天的观察，未发现有什么异样的情况，于是许炳山决定再次去找勒莫尼。许炳山等三人一到勒莫尼家，就直接问勒莫尼，上次我们讲的事情你做得怎么样了？勒莫尼说，已经向大班报告了，大班完全同意你们的要求，我们可以配合。因为在这点上双方的利益是一致的。也向领事馆报告了，领事馆知道这件事情后会采取措施的。当然，领事馆具体是怎么做的，勒莫尼还不知道。在这样的情况下，许炳山等三名同志就向勒莫尼提出具体的要求：现在要保护工厂，因为解放军已经临近了，我们保护工厂的人员要住在工厂里，他们要吃饭，你要想办法买大米，买萝卜干，买咸鱼，买蔬菜，要准备好，供应给住厂人员吃饭。这个你要办到。同时，你要准备几万块银元，万一国民党军队要强行破坏工厂时，可以贿赂他们、收买他们，不让他们破坏。关键是水厂、电厂不能动。另外，可以指定几个无关紧要的地方，在万不得已的情况下，这些地方可以让他们破坏一下，让他们回去好交差。这些要求，勒莫尼也答应了。

临解放　三党员三访勒莫尼

到了 5 月 24 日，临近解放了，护厂也进入了关键时刻，许炳山等第三次来到勒莫尼的家里。许炳山告诉勒莫尼，解放军今天晚上就要进上海了，现在我们命令你今天晚上带着钱，到法电去，向谢炎昌报到，一切行动听他指挥。谢炎昌是法电的党总支委员。在这之前，法国资方已按上次谈定的买了 600 包大米，一些咸鱼、咸菜放在厂里了。护厂的人民保安队已经连续好几天住在厂里。他们的伙食，都是由法国人提供的。这天，勒莫尼带了 5 万块银元到了现场。我们为勒莫尼派了一个翻译王文林。王文林也是一名地下党员，始终跟着勒莫尼。万一国民党军队来了，怎么动作，听我们的指挥。当然，如果需要有人出面，还是法国人勒莫尼。

“三不停”　圆满完成党组织交办任务

这样，法电的护厂就不仅仅是我们共产党的事，不仅仅是工人协会的事，不仅仅是我们工人的事，而且还把利益相关的外国资方也拉了进来，还由他出钱，由他出面，共同来护厂；他向我们驻厂的指挥报到，听从我们的调遣。

那天晚上，沪南人民保安队的总指挥马飞海也到法电来了。在这之前，马飞海已经同法电人民保安队取得了联系。这样，在解放军进上海过程中，水和电就没有停过。

法电的“三不停”做到了，解放军来到时，交通通畅，水电照常供应。“三不停”完满地实现了。而且，法电人民保安队还帮助解放军维持治安。当时，国民党的励志社是沪南人民保安队命令法电人民保安队重点保护的对象。法电人民保安队不仅要把法电保护好，还要把国民党的励志社也保护好。有一天，突然来了一批人，说自己是“中国人民解放军地下军”的，要来接收励志社，法电人民保安队一看是假的，马上就把这些人抓起来了，没有让敌人的阴谋得逞。励志社里的一些枪支、文件等由法电人民保安队保护了下来。后来，华东局来了之后，就在励志社里开会。有些地方还有些国民党的散兵游勇跑到商店去敲诈老板，白吃白喝，还要钱，法电人民保安队就把这些人抓起来。

法电党组织所开展的迎接解放的斗争，是按照党的指示统一进行的，各单位、各地区的党组织都在开展。不过，法电有它的特色，我也有责任把这场斗争的情况介绍给广大人民群众。

解放前夕中国技术协会活动的回忆

郑定能

郑定能（1922—2018），浙江吴兴人。1945年4月加入中国共产党。解放战争时期曾任中国技术协会中共党支部书记。

5月27日是上海解放日，但我在5月25日就体会到了“解放”的喜悦，因为这一天给我的印象特别深刻。

地下工作

首先介绍一下5月25日前我的身份。我的第一个身份是技协的党支部书记；第二个身份是技协的理事、交谊部部长；第三个身份是国民政府上海市工务局的帮工程师（即助理工程师），这个身份是我从事地下工作的职业掩护。

技协是中国共产党上海地下党组织领导的一个公开的群众社团，最初由地下党学委社青区委领导。它的前身是1943年10月由交通大学一些理工科毕业生自发组织起来的“工余联谊社”。1947年3月，中共上海市委成立了由市委委员张承宗领导的科技部门委员会。技协随即由市委直属领导，主要负责技协社团的领导工作与科技界上层工作。1949年2月，上海地下党的组织作了较大调整，将原来按系统垂直领导改变为基本上分地区领导。我们技协等群众团体都划归“上海人民团体联合会总党团”领导。总党团的书记是张本，副书记是唐守愚等。

全市党组织调整后，技协党组织原50多名党员中，有一半左右的党员被安排去准备参加接管上海有关部门的工作。继续留在技协开展工作的包括我在内有27人，主要职责就是继续保持技协中党的力量，同时组织群众，开展迎接解放的各项工作。组织上还决定由老唐、我和我们技协的理事长宋名适三人成立领导小组，领导技协还有科协、中农社等几个社团。

人民解放军进入全面反攻阶段以来，国民党统治区的白色恐怖越来越厉害。1948年的“王孝和事件”后，地下党组织在党内开展了一次气节教育。党组织用王孝和经酷刑拷打只字未吐，保护了地下党的秘密和战友安全的事迹来教育所有党员，应该如何面对国民党的严刑拷打。为了尽可能地“保存力量，打击敌人”，组织还要求每个党员“坚壁清野”，一是要把家里进步的书报刊物统统销毁；二是认真梳理周围的群众关系，尽可能消除一切可疑的、有威胁的隐患。

黎明前的黑暗

白色恐怖笼罩了整个申城。越临近解放，白色恐怖就越厉害。我们天天都会听到警车鸣响着警笛在街道上呼啸而过。一听到警笛声，我们就知道，又有我们的同志要被捕牺牲了。

5 月中旬，唐守愚决定我们三人不再会面。我们技协 27 个党员的主要工作之一就是每天汇报自己和自己联系的同志是否安全。我们仍按照原来宝塔形的联系网络，每个人负责各自联络的同志。

每天约好一个时间，在某个地点，一个人走路或骑车经过，看到另一个人，相互之间不讲话，由此相互确定对方的安全。也可以电话联系，具体用什么方法联络可以自己选择，但是一定要看到本人或者听到声音。然后把情况逐级上报到我这里。

我和老唐约好，每天 5 点左右给他打一个电话，在电话里就对他说一句话："今天老大（指的是黄金）看涨。"这是我们约定好的暗语，讲这句话，老唐就知道我们技协 27 个人今天一天没出事。最后 10 来天，天天如此。这是临解放的时候，我们每天必做的头等大事。

临近解放的前一周，我们"技协"内也发生了一件事。在我们技协会所的信插里发现了一份"黑名单"，名单上明确地说我们中国技术协会里哪些人是中共党员。

拿到这份名单后，党组织立即研究，如何应对这份"黑名单"。我们推断这是敌人对我们的试探，敌人已经察觉到我们中国技术协会是中共地下党领导的一个社团，而且这份名单百分之六七十是准确的，一些积极分子也被他们怀疑是党员了，也有隐蔽得好的同志没被发现。当时情况十分严重，如果安排这些党员撤离上海，势必削弱技协中党的力量；如果不撤离而是隐蔽起来，敌人也同样能确认他们的怀疑，从而采取行动。最后，我们决定采取不理睬的态度，技协工作照常进行，党员也照常来会所活动。我们就这样“以不变应万变”，可以说是很大胆的一个应对策略。

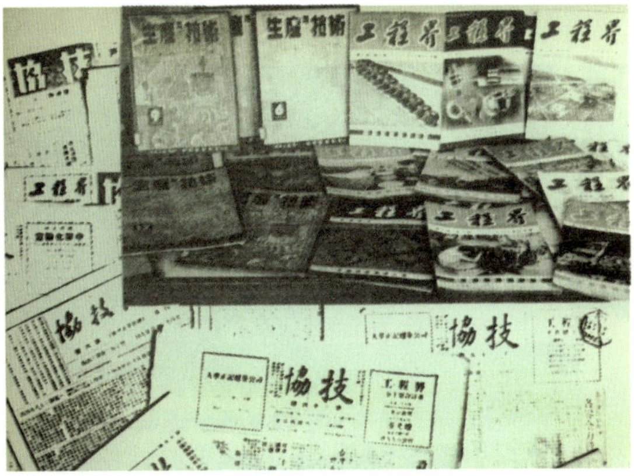

中国技协编辑出版的刊物

技协是个公开的群众团体，会员里也有三青团成员，这个情况我们是掌握的，因为我们地下党也有打入三青团内部的同志，后来还发现技协里有国民党的特务，可见当时我们是内外受敌，白色恐怖的形势就是那么严峻。

在这样一个大背景下，5月24日白天，整个上海看起来还是很平静，我到工务局去上班，也没发现什么异常。下午回家时，我到技协的会所去转了转，仍有一些会员在活动，但没有平时那么热闹。5点左右，我照例与老唐通了电话。

这些天来，精神非常紧张，晚上难以入眠，反反复复考虑得最多的是如何度过这黎明前最黑暗的时刻。一方面，5月12日解放军向上海外围发动进攻以来，每天晚上都能听到枪炮声。后来知道这炮声不是我们解放军往城里打，而是国民党往城外打的。组织上已经告诉我们上海不日就要解放，但解放军究竟哪天来还不知道。另一方面，我们“技协”几年来积蓄的力量如何保存下来，以待解放后发挥作用。我深感自己责任重大，虽然到现在我所联系的党员还是安全的，但不知道明天又会怎样，就怕出什么意外。因此，我真是急切希望解放军能早点解放上海。我相信我们每个地下党员都有这种心情。

当天晚上可以说是思绪万千，既充满希望，知道解放是指日可待了，又满怀忧虑。听着远处传来的枪声，我反复思量，直到半夜，才睡着。

天亮了

5月25日天刚亮，我突然听到有人敲门，“笃笃笃”、“笃笃笃”、“笃笃笃”，三个三下。我一听就知道是唐守愚来了，这种敲门声，也是我们约定好的暗号。我赶快下楼开门，只见老唐是老打扮：一身长袍，还戴了顶礼帽。他对我说：“解放军已经入城了，你带好人民团体联合会的臂章，去找老宋，然后和老宋一起到外滩江海关大楼军管会五楼来找我。我们到那里再详谈。”说完他就匆匆走了。我非常兴奋，也没顾上吃早饭，赶快带上臂章，去找老宋。

当时我家住在同孚路（现石门一路）的一条弄堂里，走出弄堂首先看到的是解放军睡在人行道上。有些抱着杆枪侧卧着，有的熟睡了打着鼾。那天夜里下了小雨，地上仍然是湿的，沿街的店铺都关着门，没有一个解放军进入民宅。当时我震撼的心情无法用语言来表达，那种乍见的欣喜和随之而来的感动与尊敬，至今仍让我难以忘怀。

当时只有5点多钟，还没有公共汽车，我就沿着同孚路走到中正路（现延安路），再往复兴路方向走。老宋住在复兴路。路过技协会所时，我看到路边停着一辆装甲车，方向是从西向东的，一定是被我们解放军击坏的，停在马路上。

到了老宋家门外，他住二楼。他家窗口摆着一盆花，这是我们约定的暗号，表示可以进来；如果不放，就不能进去，可能里面有其他人或者发生了什么情况。

我见到老宋，向他转达了老唐的吩咐。在他家吃过早饭，我们就出发去江海关大楼。那时7点多了，已经有公共汽车，我们就坐上了22路公共汽车。22路原来的路线是从延安路一直开到外滩，那天车子在外滩前一站就停下来。因为苏州河北岸负隅顽抗的敌人还不时向这里放冷枪，不安全。我们下了车，往江海关大楼走去，一路上有几颗子弹从我们头上掠过。我与老宋相对一笑，大踏步向前走去，只想尽快赶到军管会报到。

当时马路上没什么行人，解放军已经开始站岗了，看到我们的臂章也没有查问，就直接放行了。

我们是从江海关大楼位于汉口路上的边门进去的，江海关大楼那时已经作为军管会的办公处了。我们在五楼找到老唐，这时他已经换了一身戎装，穿上了灰布军服、戴着军管会的臂章，完全是解放军的打扮了。老唐告诉我们：苏州河以南已经解放了，苏州河以北马上也要解放了。同时要求我们暂不公开技协的党组织及党员身份，继续在群众团体的名义下，开展迎接解放的工作。此外，要我们去找张本，划转组织关系。

我们拿了老唐写的介绍信找到张本，她也在江海关大楼里。她告诉我们从现在起，技协的关系转到“市青委”，不再由“市人民团体联合会”领导。同时，要求我们根据自身的特点开展新的工作，迎接解放、恢复生产，协助军管会的同志一起接管好上海。

四点号召

9 点多钟，我们从军管会出来，到技协会所去。那时，会所已经非常热闹。很多党员、积极分子都自发地来到会所里，大家高兴得不得了，高唱着“解放区的天是明朗的天”，整个会所都沸腾了。确实，地下党员思想上白色恐怖的负担是完全解除了。我也切身体会到“解放了”这三个字的含义，在思想上确确实实可以用“如释重负”这四个字来形容。一些住在苏州河以北的会员都打电话来询问这里的情况，我们说我们这里已经解放了，会所里很热闹，希望你们那里也早日解放。

大家在欢庆解放之后，就开始七嘴八舌议论解放后我们要如何开展新的工作。大家各抒己见，一直讨论到下午四五点才散去。我们支部的党员继续留下来研究，最后在会员们讨论的基础上，草拟了向全市科技人员发出的号召书。第二天，经理事会审议通过后，5 月 28 日，我们以中国技术协会的名义，在《技协通讯》(当时已公开发行）上向全市的科技工作者，特别是青年科技工作者发出四点号召：（1）技协全体会员以及科技界的同志们，迅速团结自己周围的同事、朋友，共同投入到恢复并发展生产的队伍中去，为人民服务；（2）协助人民政府，参加接管工作，积极恢复生产，发展上海工业，支援前线，加速全国的解放；（3）集中各种科技人才，技协会员迅速到技协登记，以备协助接管和参加各种生产建设工作；（4）加紧政治理论学习，自觉地成为新中国建设工作的先锋，把科学技术应用到生产上，向提高生产技术、减低生产成本和增加生产能力方面努力。

这在当时产生了很大的影响。我只讲其中一条：技术人才登记号召发出后，前来登记的技术人员将近2000人。1949年8月上旬，东北工业部派代表团来沪招聘科技人才，市军管会介绍他们同我们技协联系。技协即请冯仲云团长来做报告，他在报告会上号召上海技术人员去东北参加建设。8月27日，首批200人奔赴东北。接着，各地来上海招聘的单位络绎不绝。到1949年底，通过我们技协这个渠道到祖国各地支援建设的就有近千人，他们分赴天津、河北、山西、山东、皖北等地。可以说长城内外、大江南北都有我们技协会员支援祖国建设的身影。

解放前，上海地下党员不到1万人。我们科技战线党员最多时有100多人。虽然这部分力量很小，但我们确实做了很多实事，发挥了不可忽视的作用。而市委在1947年3月成立科技部门委员会，就是看到了当革命取得胜利后，发展生产和建设国家需要大量的科技人员，这是一项做好迎接全国解放的人才战略储备的工作。由此可见我们党的远见卓识，也完全证明了党的地下工作16字方针“隐蔽精干，长期埋伏，积蓄力量，以待时机”的无比正确。

陈毅在1949年6月1日“上海市各界青年纪念五卅运动代表大会”讲话中，评价上海解放的意义时说了这么一句话：上海的历史从此改变了方向。确实是这样，上海这个城市从半殖民地半封建社会、冒险家的乐园、十里洋场变成如今的面貌，确实可以说是从上海解放这天开始发生巨大转变的。

我们技协的历史也是从这一天改变了方向。我们将四条号召概括为“团结、学习、生产、为人民”的口号，作为技协在上海解放后的工作方针。解放后，技协的会员迅猛增加，解放前我们有会员3000多人，解放后不到半年，会员就发展到6000人。这充分证明了广大科技人员向往祖国早日繁荣昌盛的爱国热情。

迎接上海解放的一项准备工作

陆象贤

陆象贤（1917—2010），上海嘉定人。1945 年加入中国共产党。上海解放初期曾任上海邮政工会主席、上海总工会常委兼调查研究室副主任。

参加香港学习班

1949 年 1 月 21 日我从上海撤退到香港。过了一个多星期，组织上安排在上海地下党干部学习班去学习，参加这期学习班的一共 6 人，是陆象贤、徐周良（曾任上海市劳动局副局长）、许炳庚、王克顺（曾任上海市总工会常委、生产部长）、陆忠义（曾任上海求新造船厂副厂长）和何馥麟。学习班有 4 个工作人员是程振魁（曾任中共辽宁省委统战部副部长）和他的爱人陈英，管财务，邓裕民和一位管生活的广东阿婶，这个学习班是秘密的，就是学习班的成员彼此也不讲自己的工作情况。到这个学习班来的同志极少，只有与上级联系的沈涵，来为我们治病的吴涤苍（曾任中共上海市卫生局党委副书记）和送来过龙虾给我们"打牙祭"的马小弟（曾任上海总工会副主席）。我们主要是反复学习毛泽东同志为新华社写的 1949 年新年献词《将革命进行到底》。当时，我们越学越高兴，认识到中国的工人和人民获得解放的日子快到了，在 1949 年里中国人民解放军将向长江以南进军，上海快要解放了。伟大的解放战争将在全国获得胜利，一个在共产党领导下的中华人民共和国就要出现在东方。我们也讨论如何迎接上海解放，但谁也不知道自己在迎接上海解放中究竟将担任什么样的任务，都等待着组织上的安排，每个人的心里又兴奋又焦急。

2 月中旬，沈涵到学习班来通知我，今晚有一个领导同志要同我谈话。到了晚上，沈涵陪我乘公共汽车到了一个车站接头。我见到一个从未见过的中年人，他一见我就说："你就是列车，是大陈（即陈公琪）的好朋友。"列车是我在 1938 年到 1941 年常用的笔名，我一听到这两句话，就明白了他就是了解我的底细的领导同志。我和沈涵就跟他到附近旅馆的一间房间里坐下，这间房真是狭仄，3 个人坐下就没有回旋余地了。这位领导人就是中共上海局书记刘晓，他交给我一项紧急任务，要在尽快的时间里收集上海的经济资料，做接管上海的准备。我听了后，有点犹豫，心想：我在大学虽学过一点经济学，也曾在1941年1月出版过一本《新中国经济地理教程》，这次从上海到香港，随身只带一本书，是联合国救济总署关于中国粮食问题的统计资料（到香港后就交给组织了），看起来，我也知道一些经济方面的事。可是我从未想到过要直接参加准备接管上海的经济资料，所以真不知道从何着手。我就把这点顾虑和困难对刘晓直说了。刘晓说：组织上考虑过这些情况，但是仍然要把这个任务交给你。我说，既然这样，我一定去努力完成。刘晓就交给我一张由许涤新签名的介绍我到九龙千家驹经济研究所看资料的条子，并且授权我在香港尽量购买有关上海经济和其他资料。从第二天起，我就每天在香港和九龙之间来回，为收集资料，紧张地活动了10天左右。

千家驹经济研究所给我们的帮助很大，收藏的上海经济资料很丰富，我每天上午、下午去看资料，为了节省费用，中午回学习班吃饭。当时九龙和香港之间有两个摆渡口，一个是摆渡人的，一个是摆渡汽车的。来往的人都在一个渡口汇集，容易碰到熟识的人，国民党有不少人也在香港活动，所以我的活动有着一定的风险。曾经发生过两次情况，都被我机智地躲避过去了。这一段工作总算是顺利的，我在千家驹经济研究所一边看资料一边心想，地下党要积累资料真困难，1939年中共江苏省委工人运动委员会出版过一本《上海产业与上海职工》，曾对一些重要产业作过一些调查，积累了一些资料，可是以后由于环境的险恶，没有可能继续进行下去。我看到香港积累和整理的上海资料，在上海就看不到。因此，热烈地盼望上海早日解放，迅速地建立起各种研究所。

前往解放区

我正在九龙和香港忙着收集上海的经济资料以及其他资料的时候，突然接到通知，将资料装箱，准备出发。我和程振魁、陈英是学习班中第一批出发到解放区的，其他同志还在待命。过了两天，在晚间我们分批乘小划船登上一艘货船，刘晓最后上船，他一到就启航了。我们一行6个人，是刘晓、程振魁、陈英（准备出席在北平召开的全国妇女代表大会）、吴涤苍（大夫）、王伟业（准备出席在北平召开的青年团全国代表大会）和我。在船上，刘晓对我们说：大家都是贩货的商人，货船过台湾海峡和上海长江口时可能遇到敌舰搜查，都要有所准备。我到船上后观察了这艘货船，这是一艘只有几百吨的小货轮，挂巴拿马旗，有无线电设备，船长和大副是英国人，管电台的是个德国人，船员大多数是马来西亚人，有一个华人。

船在蠕动，我环顾四周，港湾内十分寂静，海面上漆黑一片，远望香港的灯火绚烂，这是我到香港一个多月来第一次见到它的夜景，可是我已没有这种闲情逸致了，在我的眼里已展现着朝气蓬勃的解放区的景象和解放军向江南进军的壮丽画卷，巴不得货船飞快地到达山东的烟台港口。

真是天有不测风云，我们的货船在台湾海峡遇到了风暴，船离开海岸不远，我看得见岸上的电杆，而且在货船上要花一段较长的时间才能看得到另一根电杆，船被大风顶着似乎在原地踏步。所以我们航行了 10 天，比预定的时间大大延迟了。也许由于风大，或者这是一艘挂外国旗的船，我们在台湾海峡和长江口都没有发生什么情况，终于顺利地到达目的地。

船过了长江口，进入黄海后一直风平浪静，货船航行的速度正常了，解放区快要到了，我们 6 个人可以在甲板上活动了。刘晓抓紧时间向我们介绍各项准备工作，他知道我是第一次到解放区，他细致地耐心地对我讲了有关解放区的情况。他知道我从未填写过干部履历表，叫我按照他说的栏目写出一个草稿，然后，他逐项为我改正。从这一件事可以看到刘晓关心、教育干部真是无微不至。

烟台到了，我心里喜欢不尽，第一次看到解放军战士，第一次看到解放区的城市建设……总之，一切都是新鲜的、亲切的，特别是经过 10 天旅途第一次享受到安全感，觉得这是无比的幸福。我们在烟台住了一宿。第二天一早乘卡车到潍坊，换乘火车到青州，华东的军部在这里。刘晓看望了张云逸副军长，我们在军部换了军装后，乘火车到济南。

在济南，刘晓领导我们整理各种资料，我就整理经济资料，这时，我们知道七届二中全会已经开过了。毛泽东和中央其他领导已经到了北平，全国妇女代表大会和青年团代表大会都已经开过了，党中央要刘晓赶快到北平去。我们所以急急忙忙离开香港，原来是刘晓要赶去参加七届二中全会。由于途中遇到大风，没有及时赶到。刘晓率领着我、大夫吴涤苍和在济南见到的王寅生（新中国成立初，担任政务院财政经济委员会编译室主任，这时，周恩来要他到北平去。），从济南乘火车到北平，其他同志留在济南。

收集、整理上海经济材料

到了北平车站，我们就同王寅生分手，刘晓、吴涤苍大夫和我被接到中南海去住。这时毛泽东在西山办公，刘晓常要去汇报上海的工作，讨论关于接管上海的各项问题。我的任务就是抓紧整理上海的经济资料。同时，在六国饭店有一个上海经济问题座谈会，参加座谈会的有各民主党派的著名人士：沙千里、施复亮、盛丕华、盛康年、章乃器、包达三、罗叔章、胡子婴、俞寰澄、朱学范、王昆仑等二三十人，座谈会每星期举行一次，刘晓和我参加了3次。一次是讨论上海劳工问题，由朱学范作主要发言，一次是讨论上海的财政税收问题，由俞寰澄作主要发言。刘晓和我是倾听大家的意见，加以研究，没有发表意见，还有一次讨论什么内容已回忆不起来了。

中南海的生活是非常紧张而又非常活泼的。刘晓和我在一室办公，办公室不大，有一天，王稼祥来看刘晓，他看我们都在紧张工作，不要我们让座，就坐在我工作桌的一角上与我们谈话。每逢星期六晚上，在一个大厅里开晚会，许多中央同志都来了，一见大家都是亲亲热热的，我常见到叶剑英弹钢琴，邓颖超牵着李立三的小孩学舞步。周恩来这时忙着与张治中代表等谈判，只见到过一回。朱德几乎每次都来同大家一起玩一回。晚会的最后一个节目总是延安的大秧歌舞，这是青年人的精彩表演，一队男的，一队女的，龙腾虎跃，满场欢笑，精神抖擞，令人振奋。

有一个晚上，我和几个同志正向勤政殿走去，迎面碰到刘晓从西山向毛泽东汇报后回来，他一见我就将我叫住，说有要紧事办。我紧跟他回到办公室。刘晓对我说，毛主席要我们回答一个问题，上海有多少工人阶级，有多少资产阶级，有多少小资产阶级，有多少失业工人……毛主席出了一个题，要我们对上海几百万人民作一个阶级分析。我们就连夜工作起来，第二天，刘晓就去向毛主席交卷，这份卷子是这样写的：

1948年底，上海的人口总数是544万人，其中，职工94万人，占全市人口总数的17.7%，加上家属，约占全市人口总数的一半以上。职工总数中，产业工人有42万人，其中男工占65%，女工占31%，童工占4%。

失业工人，因开工的工厂不到60%，加上外地来的失业工人，估计共有30万人。

全市大中小学生共有51万人，其中大中学生有11万人。教职员共有2.5万人。

全市有公务员32200人，警察22800人。

全市工商户共有7.2万家左右，其中大小工厂1.2万多家，商店6万家。

全市有外侨6.5万人。

这本建国日记中留存了当年向毛主席汇报上海社会各阶级状况的底稿

我在起草这份答案的时候，感到相当困难，因为在香港收集的上海资料中，就缺乏上海社会各阶级分析的资料。而且在我的头脑里也没有想到这个重要问题。今天看来，这份答案显得粗糙，不完备，可是在当时确实花了很大功夫，因为我们在中南海里与外界没有联系，也没有什么图书资料可利用，譬如工商户的数目，就利用电话簿计算出来的。这是我到解放区工作中受到的一个最深刻的教育。

过了两天，刘晓从西山回到中南海，高兴地对我说：毛主席对上海经济情况的汇报表示满意，把那份资料留下了。第二天，王稼祥也知道了这一情况，特地来找刘晓要去一个抄本。我自己留下的底本，30多年来一直珍藏着，它记录着一段不寻常的经历，闪耀着毛泽东关于阶级分析教导的光辉，倾注了党对上海人民的极大关怀。在“文革”中，这个小本子因为不同手头常用的笔记本放在一起，所以在被抄家时“漏网”了，成为我写这段回忆的唯一依据。

毛泽东在党的七届二中全会上的报告中指出：“从1927年到现在，我们的工作重点是在乡村，在乡村聚集力量，用乡村包围城市，然后取得城市，采取这样一种工作方式的时期已经完结。从现在起，开始了由城市到乡村并由城市领导乡村的时期。党的工作重心由乡村移到了城市。”并且明确地指出：“从我们接管城市的第一天起，我们的眼睛就要向着这个城市的生产事业的恢复和发展。”当时，我们是怎样考虑解放上海后立即恢复生产的呢？下面是从资料中摘录的几段，这里留下了我们在30年前的思想痕迹，也可以回顾一下解放前夕旧上海的本来面目。

一、上海是全国最大的工业城市

据1948年上海市工业会的调查，上海工业设备占全国工业设备的比重是：

业　别	全国设备	上海设备	上海占全国的比重
纺　纱 织　布	470万锭（东北不在内） 95600台布机	230万锭 57378台	近50% 60%
毛纺织	151000锭	12万锭	80%
机　器	32000台机床（东北不在内）	16000台	50%
卷　烟	2600部卷烟机	1087部	41%

其他如化工、橡胶、制药、铝制、搪瓷、文具等工业的设备，上海占的

比重都比较大。

二、上海每月需要多少燃料和电力?

据1948年10月上海物资调节委员会燃料小组调查，用煤量:

轮 船 业: 2万吨

工　　业: 2万吨

公用事业: 5万吨

其他用户: 2万吨

总　　计: 每月需要煤11万吨

每月的柴油及燃料油用量:

轮 船 业: 33600吨

工　　业: 33163吨

公用事业: 38245吨

其他用户: 8000吨

总　　计: 每月需要柴油及燃料油113008吨。

上海的发电设备容量（1948年底）:

上　电: 198500千瓦

法　电: 20600千瓦

闸　北: 11000千瓦

华　商: 1440千瓦

浦　东: 4900千瓦

总　计: 236440千瓦

每月工业用电量:

1947年　5688万度

1948年　5913万度

三、上海需要多少粮食?

据1949年3月18日报纸报道，上海全市存粮约230万担，其中群众应变存米约 60 万担，米商和军用米约 170 万担。当时，面粉厂大部分已经停工，1 月 18 日报纸报道经合署存面粉 1.5 万吨。估计国民党反动派逃窜时会将一部分粮食运走，留下的粮食可以维持一个月，一个月后就要依靠老解放区供应。

四、供应上海的粮食、燃料、原料需要多少运输工具？

铁路：每天维持货运 1 万吨，载客 10 万人，至少要有货车 534 辆，客车 333 辆，机车 50 辆。

卡车：1948 年 10 月，全市登记的机动车辆总数是 28530 辆，载重量约 5 万吨，每月消耗油料 420 万加仑。

轮船：上海原有轮船吨位 72 万吨，占全国轮船吨位 80 万吨的 90%。其中公营的有 37 万吨，私营的有 34 万吨。当时，招商局的轮船已经大部分南逃，可能留下的长江线的吨位有限。

机帆船和民船：原有机帆船 20237 吨，帆船 508 艘，5 万吨。

在上海解放以前，党中央已作了部署，在山东、苏北、皖北等地集中了大量的粮食、煤炭和棉花等，准备支援上海，保证上海人民的生活供应和工厂继续生产。所以，对铁路的护路、护车，对公私轮船业的护船，反搬迁的工作就非常重要。

由于中国人民解放军的神速进军、英勇作战和上海人民特别是上海工人阶级的紧密配合，1949 年 5 月 27 日，我国最大的工业城市——上海解放了。

在上海解放过程中，商店一直营业。工厂的烟囱一直冒烟，电车、电话、自来水、煤气一直没有中断，上海地下党胜利地完成基本上完整保存了上海，粉碎了国民党反动派阴谋破坏上海的罪恶计划这一艰巨任务，作出了特殊的贡献。

上海地下党在香港办学习班的点滴情况

程振魁

程振魁（1917—1992），上海人。1939年7月加入中国共产党。解放战争时期曾任中共太平保险公司支部书记。

我是长期在上海搞地下工作的。1947 年由于受到国民党特务的注意和缉捕，在党组织的安排下，我先转移到武汉，以后又撤退到香港。我于 1947 年 12 月 31 日到港，不久由万景光和我接上组织关系。1948 年 3 月调上海地下党在香港办的学习班学习。学习结束后留港学习班工作，1949 年 3 月跟随刘晓离港赴解放区。

我在港学习班工作时主要在万景光领导下做些具体工作，对学习班的情况知道不多，这些回忆只是局部的点滴情况。

办班学习

1948 年上海地下党利用香港这块多年为英帝国主义掠夺的殖民地办起学习班，它的意义十分重大。1948 年是不平凡的一年，我们党在全国军事上已从战略防御转入到战略进攻，形势发展很迅速。9 月开始，三大战役接连进行，革命形势发展之快已大大超出全国人民的意料。因此，我们很需要加强学习，跟上新的形势。另外，我们长期搞地下工作的同志深感能看到的东西太少，没有学习的机会。我从太平洋战争起，直到去香港之前，几乎很难看到党的书面指示和学习材料，即使是口头传达的一些不完整的指示的机会也是很难得到的，有时得到一点在软薄纸上摘录的材料，都极为珍惜，还得准备危急时能立刻吞下肚里。日常只能靠在敌人的报缝中获得一些情况。在这样关键的一年里，地下党在香港办起的一系列学习班，对于各级革命同志提高对当时形势的认识和准备迎接解放起了十分重要的作用。

香港学习班吸收的学员范围，实际不仅是上海的同志，还有南京、武汉、台湾等地的同志，甚至四川方面亦有个别同志来学习。

党在香港办的学习班当然是秘密的。香港当局表面上是主张民主、自由的，像华商报、文汇报、三联书店等进步报馆、书店可公开经营出版进步书报刊物。但对有组织的革命活动是禁止的。对我们的学习班当然也不例外。

据说香港政府的办法是：一经发现革命组织，立即驱逐出境，那就意味着引渡给国民党当局处理。我们在一年多的工作中没有被香港当局发现，亦没出过事。

学习班不是在一个地方办的。我所知道的就有五处，有九龙旺角上海街，香港渣菲道，湾仔永丰街，石塘嘴金陵或广州酒家后面胡同里，学士台半山坡。其中永丰街和石塘嘴两所房是我出面租下来的。我这个上海佬在香港出面租房亦是很有趣的，那时首先天天在街上跑，找看出租房屋的招贴，察看房子的地段、环境是否合适，房租是否便宜。那时和广东人打交道比较多，还得学会几句四不像的广东话。租房时的名义往往是谎称代表上海某某公司拟在香港筹办工厂，所以身上还得穿一身过得去的西装。由于钱的关系，我们所租的房子并不宽敞，一般是 20 多平方米一间，另有一厕所和厨房。一般住房用木板间隔开。按香港政府的规定和普通居民的习惯，间壁的房间只能一人一手高，我们一般间隔成所谓两室一厅，做饭用的是红泥炉子烧劈柴。其中两处较大些。一处是石塘嘴的房子有 30 多平方米，间隔成两室两厅；另一处学士台一所老房子，有三室一厅。这两所房环境较为隐蔽，活动比较方便。我学习结束后就负责管理永丰街、石塘嘴和学士台三所学习班。

教学情况

我于 1948 年 3 月进学习班，地点在香港渣菲道，学习时间为两个多月。听说我们这个学习班已经是第二期了。我们这一班学员有八人，即：夏明芳、沈默、程振魁、罗炳权、沈涵、戚怀琼、安中坚（曾任中共上海普陀区委副书记），还有一位名字记不起了，他是个外国人脸型，据说曾在上海某局任副局长。领导我们学习的是江浩然。学习内容主要是两个单元。第一单元学习毛主席 1947 年 12 月 25 日发表的《目前形势和我们的任务》一文。这篇文章给我的印象极为深刻，因为见到这篇文章正是 1948 年元旦，就是我刚到香港的第二天清晨。香港的华商、文汇、大公等各进步报纸都全文发表了这篇文章，我买到这天的报纸欣喜地一口气把它读完了，顿时使我这个闭塞很久的人一下子明朗起来。全班的同学读了这篇文章也有同感。大家在江浩然领导之下，一章一节、一字一句地认真学习，共同感到革命胜利为期不远了。学习班的第二个单元主要是各自总结地下工作的经验并在会上作介绍。例如戚怀琼介绍了申九事件的情况和领导斗争的经验，沈涵介绍了“上电”和王孝和同志的情况，沈默介绍了染织业方面的情况等。他们大多是搞工人运动的，我是做职员工作的，因之他们介绍的情况和经验，对我来说都是很新鲜的，值得学习的。

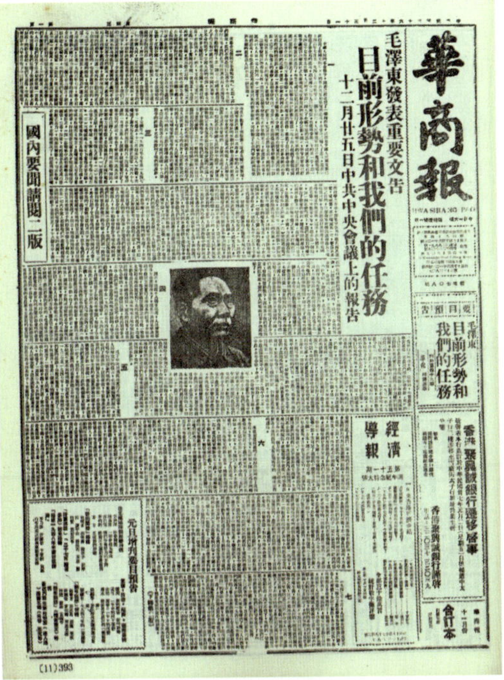
華商報

毛澤東發表重要文告
目前形勢和我們的任務
十二月廿五日中共中央會議上的報告

國內要聞請閱二版

經濟導報

香港《华商报》刊登毛泽东《目前形势和我们的任务》

我参加的这期学习班，在 5 月结束。我记得戚怀琼留港就和江浩然结婚了。沈涵留港调“劳协”工作。我和罗炳权留港参加学习班工作。其他同学可能都回上海去了。

生活情况

我们班共有十个人住在那里。其中有罗炳权爱人，她不参加学习。因为房子小，睡觉当然很挤。既要照顾夫妇，又要男女分开，这样有时只能用四块松板，脚后架上凳子，横睡四条汉子。罗夫妇是广东客家人，懂广东话，买菜都请罗的爱人帮忙。做饭采取轮流当伙头军的办法。学习期间没有星期天，亦不上街。4 月以后，香港天气炎热，晚上才到附近街上或附近海边走一圈。学员每月的伙食费已记不得了，反正伙食比较简单。零花钱每人每月港币 8 元，用作理发、买些必要的日用品和抽烟之用。洗澡在香港是用不着花钱的，广东人的习惯在厨房里冲凉，我们当然亦来个广东化。

五六月间，南京同志在湾仔永丰街办了个学习班，学员亦是八九个同志，时间亦是两个月左右。这个班的领导人是陈修良。她不住在那里，但经常去，经常住在那里的负责人是王明远。7、8 月间，武汉方面同志来港办学习班，地址在永丰街或石塘嘴，我记不起了。这个班是钱瑛负责。学习时间和生活大体亦差不多。9 月间台湾方面同志来港办学习班，这个班在石塘嘴，人数亦是十人左右。负责人是姓陈的。有一个学员是台湾二二八运动的领导人谢雪红，她不住在那里，但天天来。这个班的待遇较高，我们专门雇了一个可靠的女工帮助他们料理生活。刘晓亦经常去那里。这个班后期还请了潘汉年、方方、许涤新等同志来做报告。据万景光讲，请他们来是不容易的，因为他们在香港都是半公开的人物，怕后面有“尾巴”，所以汽车转好多圈子才送到这里。我记得潘汉年讲的是统一战线，许涤新讲的是国统区的经济形势，方方讲什么记不起了。这个班的同志们的情况，新中国成立初期万景光在华东局统战部时，告诉我一个不幸的消息。全国解放不久，台湾党组织出了叛徒，组织遭受严重破坏，在港学习班的学员中不少被捕牺牲。由于国民党特务知道在香港和他们联系的人叫“小万”，所以组织决定万景光急速撤离香港。听到这些同志牺牲的消息我很难过，在我的脑海里经常浮起这些烈士的音容笑貌。

在我负责的地方，上海市委一级干部学习班是在港办的最后一个班。这个班的学习时间大概在 11 月开始，学员有张祺、陆志仁、陈公琪、吴学谦、吴康、周炳坤，还有两位不知道姓名。一位男的是南京方面的同志，还有一位女同志，这个班是刘晓负责，因此他经常来这里。刘晓在这个班里有个外号，大家背后叫他“大肚皮”。这个学习班还请了潘汉年、方方、许涤新等同志来做报告。学习班的生活由一位已去世的老同志的爱人照管。

另外，还有两个学习班，插在中间办的。一个是马小弟、徐周良等八九位工人同志。时间大概在八九月间。他们在上海装扮成修船工，把上海一艘几百吨的破船拉到香港，停靠在大埔海边上。我每星期去船上和他们联系，布置他们学习。以后这艘破船通过关系处理掉了，这些同志就撤退到学士台组织学习。另一个班是上海先后逃避国民党逮捕来香港的部分同志组成的。他们中有余敦华、华世德、贝树森、程文魁、周德明等同志。其中华、贝、程三人是我在上海从事地下工作时直接或间接领导过的同志，程是我的弟弟。他们跑来香港后，散居在外，生活很困难。大概12月间由罗炳权负责组织他们先在九龙旺角上海街，后转到湾仔永丰街进行学习。

组织纪律

香港学习班的组织纪律比较严明，该知道的事就让你知道，不该知道的事不准打听。这也是我们搞地下工作长期养成的习惯。以上提到不少同志的姓名，包括上海的同志，在学习班中只知道老张、老李，例如我所参加的学习班中，有的用真姓，有的用假姓，江浩然就叫老李，戚怀琼叫小李。我在香港期间也是用假姓。我姓“程”，广东人读音“秦”，所以各学习班的同志都叫我老秦。大家亦不问同志们的真实姓名、工作地区和单位，除了交流经验和闲扯时才知道一些以外，大多数同志的姓名都是在解放后才知道的，因此对南京、武汉等地来的同志的名字就不知道了。又如到学习班来的同志，老万只事前向我打个招呼，学员来时由老万送来，学完由老万接走，到哪里去我就不知道了。学员到学习班后，他们的生活和安全我要负责。如香港政府有一个不定期的卫生检查制度，检查时警方事前通知，当然有他们的政治目的。我们这些学习班，一群大男大女，还有不少进步书籍，警方一看就会知道不是住家或办公机关。我们的办法是将书藏起来，人在清晨先后分批到附近山上去蹓跶，每人带些面包充饥，等到傍晚回来。学员一般不准上大街，更不准到进步的书店买书，即使我在香港待了一年多，也从没到过华商、文汇报社和三联书店等地方。各个学习班的学习内容，除了我参加的那期以外，其他班的学习内容概不去了解。还有像刘晓、钱瑛、万景光等同志的住处也概不打听。我同罗炳权虽然都在搞学习班工作，但我们都是各搞各的工作，互不发生横的关系。总之，这样严明的纪律是为了保护党的革命事业避免遭受到不必要的损失。

经费来源

我用钱时，办法很简单，打电话向万景光要。一通电话我就知道他在那个机构。他在“东方贸易公司”挂一个副理或襄理的名义。“东方贸易公司”我很熟悉，总经理谢寿天在上海保险界是个中上层。我们虽然党的关系不在一起，但是在“上海保险业业余联谊会”里长期合作过，彼此心照不宣。我知道谢受党的委托先办“大安保险公司”，后办“东方贸易公司”，作为党的财务来源之一。我有时给老万去电话，谢来接听，我一听声音就知道是老谢，但彼此决不说穿。有一次我和我爱人陈瑛有事到九龙，在弥敦道一家小饭店准备吃饭，遇上老谢和郭雨东（大安保险公司总经理），大家都是熟人，这位谢大老板邀请我们一起吃饭，他说“你来电话，一听声音就知道是你”，彼此哈哈地笑起来。地下工作各有分工，即使像老谢这样熟悉的同志亦不能来往呀！

我负责的三套房子，不办学习班时就接待因在白区危险来香港暂住的同志，以后转解放区或其他地区。特别是湾仔永丰街那座房子，因为街道太窄，对面楼的人能看见我们屋内情况，因此办学习班不太方便。南京同志在那学习时，即使白天没太阳亦要挂着竹帘。以后这屋子接待暂住同志较多。学士台主要接待上海同志。当时暂住过的同志有马纯古夫妇、邱一涵和她儿子，李正文夫妇、顾留馨、柯执之、陈瑛等，其他还有不知道姓名的。住在那里的同志生活很清苦，除定期给他们生活费外，买菜做饭都得自己动手，但有的事情也给以帮助。如邱一涵的儿子是个初小生，虽属暂住，可是不能耽误孩子念书，为给他的孩子联系学校念书，我在香港又没有多少关系，经过瞎闯，替他找到一个较进步的“培侨小学”去念书。还有一个从上海逃来的大学生突然得了阑尾炎，在香港动手术价钱很贵，动吧，动不起，不动吧，生命有危险。亏得我认识“广大华行”一个女职员，得到她的帮忙，介绍给香港政府办的医院的一位医生，一个钱没花送到香港有名的玛理医院动手术，总算化险为夷。我现在若有机会还想当面向这位女士道谢。

学习班之外

在香港期间，我特别要提一下的是，地下党负责同志曾在香港开过一个重要会议。地点在石塘嘴，那里环境较好，面对山壁，闹中取静，不易引起外人注意。时间大概在 10 月左右，有一次万景光告诉我这里要开一次会，开会期间会所由他负责，要我有时去照看一下。那次会我记得有刘晓、刘长胜、张执一等同志参加，其他人记不得了。会议内容我当然不能知道。1949 年初，万景光曾和我谈起上海解放前，上海地下党本来有个意见报中央，准备举行武装起义迎接上海解放，但是党中央和毛主席没有同意，并就此作了指示，大意是敌我力量变了，不必采取武装起义的办法，使地下党力量遭受不必要的损失，主要把上海保护好，不使敌人破坏。不知道对上海解放问题的意见是否就在那次会上讨论的，我只能提供一个线索。

我除了承担学习班的任务外，还负责联系从上海撤退到香港和因职业调动到香港散居在外的同志。所以我当时成了一个“马路天使”，几乎天天在街上跑，对香港和九龙的街道是很熟悉的。1948 年撤退到香港的同志不少，我能记起来的有梁于藩、小周夫妇俩，还有和他们在一起的一位女同志。其他还有马小弟等一批工人同志。一度散居在外的同志有周德明、程文魁，还有王贤春同志，在青山达德学院读书的一位女同志，在《大公报》工作的同志，在广大华行工作的同志，在国民党中国航空公司在港机场工作的同志和一度寄居九龙南国书店的同志等。还有一些同志已经记不起了。所以当时我几乎今天“大埔”，明天“启德机场”，后天“青山”，东跑西颠。有趣的是和在航空公司工作的一位同志（他是检查工）取得联系时，就是在国民党当时最大的民航机“霸王号”驾驶舱里进行谈话。当时和这些散居在外的同志进行联系，一般不布置他们工作，只布置他们学习，因为他们在这里是过渡性的。我和这些同志联系一般不用“秦”这个假姓了，有时用我母亲的姓“陆”，有的用过的姓我自己亦记不起了。这个问题在解放后却苦了部分同志。因为长期地下党工作的习惯，接关系时根据暗号，不问你过去的领导人是谁，转出关系时亦约定暗号，转到哪里亦不问。谁知道解放后却要取得你在香港是和谁联系的证明。我用的假姓，市委组织部当然不清楚，这些同志只能比比划划多胖多瘦多高多矮，穿什么衣服等。有的同志为了找我证明找了一两年，最长的找了三年。

离开香港

1949 年二三月间，三大战役亦已胜利结束。听说中央有指示，在香港的同志为了迎接解放基本上要撤回，以后就按此精神安排，能回上海的尽量回上海，如在“劳协”的沈涵和有些同志陆续回上海。陈瑛也是决定回上海，船期已定，但组织临时通知她和吴涤苍等同志代表上海党组织出席全国第一次妇女代表大会，因之回沪没有成行。有一部分同志留下准备转到党在香港的企业部门工作，如俞敦华等同志。据我所知，其中一部分同志后来长期在港工作，变成“香港佬”了。我和罗炳权、吴涤苍、陈瑛、王贤春、陆象贤六人跟随刘晓离港到解放区去。

我们是 1949 年 3 月 22 日傍晚离港的。头一天我和陈瑛离开学士台到西环海边老万为我们定下的一个小旅馆里住下，其他几位同志陆续到来。22 日刘晓亦到。傍晚由在港搞企业工作的同志和万景光带我们坐上一艘小汽船摆渡到深海，然后登上一艘货船。不一刻船就启动，离开我待了一年三个月的香港。当船路过浅水湾海面时，岸边已是点点星火了。

我们坐的货船名叫“北美洲”号，载重只800吨，挂的“巴拿马”旗号，船长是位英国人。这船是我们在港企业单位租用的，装了一船汽油。船上只有我们7个乘客和两位企业部门押货的同志，这艘船等于是我们的专船。这艘小货船的设备太差了，没有房舱，只在船的尾部有上下两层板铺，大概是船员们让给我们住的。刘晓和陆象贤睡在上面，我们睡在下面。这艘小货船很慢，到烟台走了快11天。从香港开出就遇着大风浪，过台湾海峡时风浪更厉害，船身摆动时螺旋桨直打空车。我们六个人躺在板铺上根本不能动弹，连呕带吐，只觉得天旋地转，5天没有吃饭，只用香港带的蜜桔充饥，肚里东西吐光了，就吐起黄胆汁来。只有刘晓一人满不在乎，一切照常，吃得下，睡得着，天天在甲板上走动。但他加了个任务，就是照顾六位“病号”。船过上海洋面进入北洋时，海面转为风平浪静，水平如镜，我们六个“病号”立刻都活跃起来，吃得下，睡得着，吃饭时似乎要拼命补回前五天的损失。一进入北洋，我们的心情特别舒畅，知道海岸上已是我们的军队，似乎已经到了可爱的解放区了。吴涤苍就教我们唱“解放区的天是明朗的天”“小末小儿郎呀嘿，背了书包上学堂”等革命歌曲。刘晓要我们每人写一份简历，以便交给组织。有一次刘晓问我：“你知道我叫什么名字？”我答复：我知道。因为我在市级干部学习班中已听说了。他说：“我还是你们上海保险业业余联谊会的会员呢。”我说：那我不知道。因为地下工作时他一度曾以“宁绍人寿保险公司襄理”名义作掩护，公开的名字叫刘镜清。

我们是4月1日抵达烟台的。一到烟台等于到了老家，党政领导都到码头迎接刘中委（刘晓同志是七大候补中央委员）。当晚市委设宴招待，我们当然沾光。当时大家的心情很不平静，因为一下子身份变了，过去长期搞地下工作的人，一下子受到这样隆重的接待，心情是难以形容的，真是有如回到母亲的怀抱里一样温暖！以后我们六人跟随刘晓，经过潍县、青州到济南，每到一地，当地领导都进行了宴请。

在济南不两天，刘晓带着陆象贤、吴涤苍和陈瑛赶赴北京去了。我和罗、王三人留济等候后来的同志。不数日，梁于藩等三同志到达济南，我们一起组织学习。大概 20 天左右，山东分局同志通知我们到车站和从北京出发的干部南下工作团汇合一起南下。在车站上我们又和刘晓他们会面了，得知吴、陈二位女同志赶到北京时全国妇代会已开过，蔡畅、邓颖超二位大姐接见了她们，并请他们列席了华北妇代会。

在南京，我们住在中央饭店，听说刘晓任华东局组织部长，他在百忙中还到中央饭店来看我们。由香港来的同志中，罗炳权留南京工作，其他同志到丹阳后，就由组织部门分配工作，各人走上新的岗位，准备接管多年在地下和敌人进行秘密斗争的上海。

解放前夕的工商界叙餐会

金学成

金学成（1905—1990），上海奉贤人。1925 年加入中国共产党。解放战争时期从事工商界人士爱国民主运动。

抗日战争胜利后，蒋介石“下山摘桃子”。就当时上海的情况来说，对蒋介石的真面目不少人尚未识破，尤其是工商界对蒋介石还抱有幻想。没有多久，蒋介石的真面目逐渐暴露。国民党接收大员到处“劫收”，许多民族工商业也被敲诈勒索，美国物资大量涌入中国市场，马路上到处摆着地摊，民族工商业受到巨大冲击，伪法币贬值一日数变，市场上投机倒把，囤积居奇，正当的工商业者惶惶不可终日。尤其是蒋介石撕毁《双十协定》，发动全面内战，使得刚刚还在做振家兴业好梦的上海工商界，在严酷的现实面前逐步清醒，民族资产阶级与美蒋统治的矛盾日益加深，在中共地下党的领导下，一些倾向进步的工商界人士开始参加反美反蒋的爱国民主运动。

1946 年 6 月，在地下党领导下，上海十万工人、学生和各界人士，为反对内战，举行示威游行，并到北站欢送马叙伦、马寅初、罗叔章、胡子婴、雷洁琼等代表去南京请愿，其中包括盛丕华、包达三、篑延芳三位工商界的代表。请愿代表到达南京下关，即受到国民党特务的殴打，发生了轰动全国的“下关事件”。上海工商界在下关事件中再一次受到教育，不少人开始认识到蒋介石假和平、真内战、假民主、真独裁的反动本质。

但是，由于国民党的反动宣传和民族资产阶级本身具有的两面性，当时工商界中大部分人对共产党还抱有不同程度的恐惧与怀疑，有些人对国民党反动派还继续存在种种幻想。在这样的情况下，上海地下党加强了对民族资产阶级的统战工作。解放前上海工商界的“叙餐会”，就是地下党领导民族资产阶级参加爱国民主运动的一个方面。

参加叙餐会开展统战工作

1946 年，我正在中共上海八路军办事处负责人刘少文领导下从事文化工作，编译出版日本问题研究丛书。这年秋天的一个下午，中共中央上海局派沙文汉来到我家，对我说，刘晓叫他来找我，并告诉我，今后我的关系改由他和我联系。沙文汉还说，考虑到我在上海工作时间较久，对上海文化界、工商界人士都比较熟悉，要我今后在做文化工作的同时，把主要力量转移到做民族资产阶级的统一战线工作。接着，他向我传达了党关于做好上海工商界工作的指示，阐述了搞好上海工商界爱国民主运动的重要性，还具体布置了任务，要我参加当时工商界自发形成的叙餐会，有意识地通过叙餐会了解工商界的思想、活动情况，宣传党的政策，团结一切可以团结的力量，结成最广泛的统一战线，反对美帝国主义和国民党反动政府。临走时，沙文汉同志对我说，以后有重大问题他还会来。事后，他又到我家来过多次，有时住在我家，对我进行教育、指导。1949 年 5 月中旬，国民党开出黑名单，要逮捕我和其他一些参加爱国民主运动的工商界人士。当天傍晚，沙文汉紧急通知我，并要我通知其他人立即转移。那天午夜，十多个武装特务，包围我家，闯了进来，翻箱倒柜，搜遍每个角落，终于扑了空，没有抓到我。其他人也都避开，未遭毒手。

所谓叙餐会本来只是工商界自发形成的一种集会形式。因为在蒋介石独裁统治下，包括工商界在内的所有人民群众都没有言论集会等自由，工商界为了做生意，必须及时交流经济情况，了解时局发展，于是以叙餐会为名，自发地形成了各行各业大小不一的叙餐会。在那个时候，地下党要公开召集会议是不可能的，即使秘密召开，工商界人士也不敢参加。所以地下党就巧妙地利用这些已经普遍存在的叙餐会，把它作为开展工商界爱国民主运动的一种组织形式。后来有些叙餐会，在党的影响下，实际上已成了宣传党的政策，交流情况，交换意见，统一思想认识的临时聚会。

当时我参加次数比较多的叙餐会，是一些在上海工商界中有影响的人士组织的。我与这些人比较熟悉，其中大部分是早已参加民主运动的人。凭我记忆所及，参加者有黄炎培、杨卫玉、盛丕华、胡厥文、冷御秋、陈巳生、王艮仲、俞寰澄、孙晓村、吴羹梅、徐永祚、盛康年、艾中全、蒉延芳、包达三、王志莘、项叔翔、蔡承新、沈肃文、高事恒、严谔声、王性尧等人。

叙餐地点有时在盛丕华所设的红棉酒家，有时在徐永祚家里、王艮仲家里，有时在我家里。在此期间，我还参加了浦东同乡会的叙餐会，成员有黄炎培、王艮仲、张伯初、黄竞武、姚惠泉、黄炳权、孙照明、蔡晓堤、朱鸿圻等。黄竞武是黄炎培的儿子，在上海解放前夕被国民党反动派逮捕，惨遭杀害。

在此期间，我还参加了以王性尧为中心、李文杰为总干事的“星五叙餐会”和“枝鸟叙餐会”等。

叙餐会活动

根据我的回忆，叙餐会在上海工商界爱国民主运动中主要曾起了以下几个方面的作用。

1. 揭露美蒋反动面目

1946 年国民党撕毁《双十协定》，发动内战，国内交通断绝，使工商界丧失了大片内地市场，再加上美货倾销，工商界正处在产品无销路，急需找市场的时候。这年冬天，国民党政府同美国签订了《中美友好通商航海条约》。公布以后，工商界中有不少人认为这个条约规定“双方权利均等”是个平等条约。特别是其中有一条规定：“中国对美国任何种植物、出产物或制造品的输入，以及由中国运往美国的任何物品，不得加以任何禁止或限制。”他们很欣赏，认为这是为中国商品开辟美国市场创造了条件。这种意见很快反映到叙餐会里来，叙餐会多次议论，对这个条约进行了揭露和批判，指出中国民族资本无力到美国市场去竞争，相反地美国剩余商品可以大量涌入中国市场，明目张胆地挤垮民族工商业，掠夺与剥削中国人民。这样一摆一议，使大多数人认识到这个条约实质上是把全中国的领土、领空、领海，从天上到地下，全部向美国出卖的卖国条约。

1948 年，国民党政权由于抗战胜利后所发行的伪法币越来越贬值，为了欺骗人民，继续掠夺人民财富，滥发金圆券来弥补财政赤字，造成金圆券同样贬值，物价飞涨。同时，蒋介石又采取了限制物价的措施，使商店存货被抢购一空，工厂无法维持生产，工商界濒临破产绝境。由于粮价也受到限制，郊区的粮贩不再来市区销售粮食，造成市区粮荒严重。当时，胡厥文、吴羹梅、徐永祚和我相继在"星五叙餐会"上发言，揭露了国民党政府限价政策的反动性，大家认为如果照这样下去，上海工商业将全部倒闭，提出了向反动政府请愿，要求撤销限价政策。不久，国民党政权迫于各界人民的反对，不得不取消限价。后来金圆券进一步贬值，物价直线上升，终于弄到不可收拾的地步。

1949 年 1 月，人民解放军节节胜利，蒋家王朝临近覆灭，蒋介石退居幕后，由李宗仁代理总统。李宗仁上台后，表示愿意恢复和谈，派出和谈代表团去北平，还到上海请工商界著名人士吃饭，亲自参观新光内衣厂等工厂，表示对工商界关心。当时工商界中有人说李宗仁还不错，可能比蒋介石"顾全大局"，愿意和谈。也有人希望能以长江为界，实行"南北分治"，好做些生意；甚至有的人害怕再打下去要是美国扔原子弹，大家都要倒霉。在叙餐会上大家针对这些思想进行了讨论，逐步认识到蒋介石是在解放军兵临长江、直逼南京的形势下被迫下台的，他在下台前，对重要军政人员作了调整部署，才躲在奉化幕后操纵，实权还掌握在他手里，国民党反共反人民的本性丝毫未变。至于为了保牢自己的一份财产而产生的"划江而治"的思想和怕美国扔原子弹的思想，客观上都是为蒋家王朝保持半壁河山、造成祖国分裂的想法，不利于祖国的统一。经过讨论，大家对蒋介石下野及和谈真相，有了比较正确的认识。

2. 宣传我党政策方针

1947 年 3 月，我军主动放弃延安后，国民党气焰极为嚣张，叫嚷要在几个月内消灭共产党。当时，工商界中很多人认为国民党有美国的援助，军队装备精良，共产党不是对手，现在延安失守，"大势已去"。为了消除工商界对形势的这种错误估计，在叙餐会上，我们几个人和大家一起讨论，分析当时战局，对党的战略战术作了一些说明，指出共产党军队的战略与国民党不同，不争一城一地的得失，重点放在不断消灭对方的有生力量，采取以农村为根据地，以农村包围城市的战略。因此，不能以退出延安来判断整个战局的成败。后来胡宗南军队被解放军围困，解放军收复了延安，充分证明了我党主动撤出延安是战略转移。叙餐会关于延安战局的讨论对工商界进一步认识共产党的战略、战术，进而认清整个形势，起了积极的作用。

1949年春，华北已经解放。从解放区传来了南北通邮、通商、通航的“三通”建议。这个建议通过各种渠道很快传到了工商界，也反映到叙餐会里来。我们在叙餐会上宣传了这个建议的意义及党对工商业的政策，讨论很热烈。大家认为这是一个好消息，好办法。因为当时上海市区严重缺乏“二白、一黑”（即粮食、棉花和煤炭），而工业品又滞销，急需打开销路，货畅其流。如果实行“三通”，就可互通有无，有生意可做。于是上海厂商纷纷联名派代表去南京请愿，要求实行“三通”，但遭到蒋政权的拒绝，请愿代表只得垂头丧气地回来。这件事，当时在叙餐会上议论纷纷，大家对国民党损害民族工商业者利益的行为，表示万分愤慨，而对共产党真正维护工商业的利益，有了感性的认识。

1949年春，解放战争取得辉煌胜利，上海即将解放，当时民族资产阶级在大局已定的形势下，一方面希望共产党早些来，另一方面又怕共产党来，处于一种矛盾的心理状态中。这时，中央上海局在香港，一天晚上，刚从香港回沪的沙文汉来到我家，他在听了我的汇报以后，给我介绍了上海局对当前工作的精神，要我及时向工商界宣传，接管上海将参照济南及东北各大城市的经验，一切工厂、企业照常生产、营业，实行“发展生产，繁荣经济，公私兼顾，劳资两利”的工商政策，我根据沙文汉指示的精神，在叙餐会上不拘形式地对此作了一些宣传。党的这种正确的工商政策对上海工商界起了稳定作用，对解放上海起了积极的影响。

3. 广泛团结工商界人士参加爱国民主运动

在叙餐会里，除了漫谈和议论重大政治问题外，还经常交流进步书刊，交谈读书感想，以团结更多的工商界人士。当时《时代》《中国建设》等进步杂志和其他进步书刊是叙餐会里经常阅读的。

为了更好地提高工商界的认识，动员更多的人参加爱国民主运动，在地下党领导下，叙餐会还有意识地加强了同社会各界各种类型叙餐会的联系和交流，扩大与上海爱国民主运动其他各条战线的接触。叙餐会上，经常邀请进步人士和非工商界的各种叙餐会的人员作为“特客”参加。当时，上海文教界也有各种叙餐会活动。例如：《中国建设》杂志编辑部的姚溱、郑森禹、金大钧等同志（均为共产党员）通过大教联张志让、李正文经常组织各大学教授座谈、叙餐。又如，在亚尔培路（现在陕西南路）还有一个各界人士参加的综合性叙餐会，其中既有工商界人士（如张敬礼），又有教育界人士（如李振翩、夏炎德），又有当时国民党党政人员（如李蒸），还有中共地下党员（如杨显东）等。经过交流，这些叙餐会的消息也迅速传递到工商界叙餐会来，起了积极的作用。由于与上海爱国民主运动的其他各条战线增加了接触，一些工商界人士还以捐款、赠物等方式支援学生运动、工人运动，同时也进一步提高了工商界的觉悟，使大多数工商界人士在解放前夕有了比较好的政治态度。

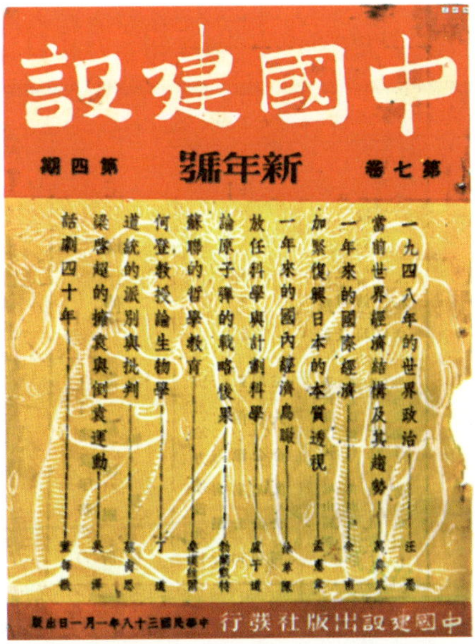
中國建設
第七卷 新年號 第四期
一九四八年的世界政治
當前世界經濟結構及其趨勢
一年來的國際經濟
加緊復興日本的本質透視
一年來的國內經濟鳥瞰
放任科學與計劃科學
論原子彈的戰略後果
蘇聯的哲學教育
何登教授論生物學
道統的派別與批判
梁啓超的擁袁與倒袁運動
話劇四十年
中國建設出版社發行 中華民國三十八年一月一日出版

《中国建设》是聚餐会成员阅读的刊物

1948年在王艮仲的掩护下，黄炎培到了香港，即与沈钧儒等共同发表宣言，号召工商界要与共产党合作。华北解放后，黄炎培等在港民主人士陆续乘船去天津转北平。在上海临近解放时，黄炎培在北平向上海工商界发表广播演说，受到了上海工商界的欢迎。

当时的叙餐会仅仅是党领导下的工商界爱国民主运动的一个部分，而我对这部分的回忆也只是其中的一鳞半爪，不足以概全貌。

在迎接上海解放的战斗日子里

姚海康

姚海康（1930— ），浙江余姚人。1949年4月加入中国共产党。解放战争时期是上海沪新中学学生。

在党的教育下参加革命

我出生在一个工商业主家庭。20 世纪 40 年代，父亲开了家木行，并附设锯木厂，家里经济条件还不错，有自备的小汽车。因我喜爱摄影，父亲给我买了一架德国产的莱卡照相机。1946 年秋进沪新中学读高中后，我的人生发生了重要转折。10 月，为了学习互助，我和几名要好的同学发起成立“丙戌社”，殊不知同学中有好几人是中共党员，于是我开始接受到进步思想的教育。

在党员的影响和教育下，我成了党外积极分子，同时担任了学校理二乙班的班长。地下党在物色外围可靠的积极分子成立秘密组织——“蜂社”（取意为勤奋与团结）时，我又成了其中的一员。1947 年 3 月 2 日，“蜂社”就在我家的大客厅举行了成立大会，大家商讨了宗旨、组织、活动内容等，就是要团结起来，反对国民党的腐败统治，为建立解放区那样没有剥削没有压迫的民主新中国而奋斗。华天惠、钟一鸣被选为负责人。并决定出版一份刊物，取名《新学风》。“蜂社”从开始时的 20 多人陆续发展到三四十人。

1947 年 12 月，我参加中共上海地下党以社会团体名义组织发起的“救饥救寒”运动，与同学一起到南市四明公所对面的贫民区进行社会调查。一进去，只见老百姓住的都是芦席竹片搭起来的四面通风的“滚地龙”；穿的是破烂不堪的棉衣，有的孩子只能用稻草当被子盖在身上御寒，一个婴儿仅有一块单薄的破布裹身，蜷缩在母亲怀里，借母亲体温暖身；而吃的都是麸皮和讨来的残羹剩饭……我怀着激愤的心情，用相机拍下了参与地下革命活动以来的第一批照片，并用照片在同学中宣传，揭露国民党当局腐败的罪恶。我还与同学一起走上街头进行宣传和募捐，将募集的寒衣和食品送给贫民区的百姓。

在党组织的指引下，我先后参加了“抗议美军士兵强奸沈崇女学生事件”“反内战，反饥饿，争民主，争自由”等学生运动，“抗议英帝国主义在九龙迫害我国侨胞事件”和“反美扶日”等示威游行。通过实际的斗争和地下党员对我的教育，我看到党员同志为了国家和人民，不怕自己牺牲，始终站在斗争的最前列，认识到共产党是真正代表人民利益的。要使中国从半封建半殖民地中解放出来，只有靠中国共产党的领导；也只有在中国共产党的领导下，才能使自己在革命的洪流中发挥作用。

华天惠在《新学风》受国民党特务追查后不久，决定投奔浙江四明山新四军游击队，临别给我留下一帧小照，背面题“康留念：生念肥瘦，死作纪念。惠敬赠，一九四八年二月七日”。地下党员的革命气概给我留下了毕生难忘的印象。1948 年 11 月，送别钟一鸣去解放区后，我同党一度失去了联系。为了寻找党组织，我曾于 1948 年 12 月凭参加游击队的华天惠要我寄笔记本、钢笔留下的地址，两次赴浙江四明山掌起桥寻找华天惠，但均未联系上。后来，我找到了在大同大学读书的原沪新中学老同学侯杰。于是我向党组织提出了加入中国共产党的申请，经上级组织的审查，1949 年 4 月 2 日，我加入了中国共产党。

我完成了地下党交办的特殊任务

1949 年 4 月，上海解放前夕的形势是：解放军已经解放了长江以北的广大地区，并抓紧准备渡江战役。而蒋介石政府还想凭借长江天险负隅顽抗，一方面假惺惺地提出“和平谈判”；另一方面又强抽壮丁，加固工事，并凶残地镇压革命力量。

当时，上海地下党领导要我们加强隐蔽斗争，积蓄和发展壮大革命力量，调查敌情，积极做好配合解放军解放上海的准备工作。那时，我的党员组织关系在大同大学支部。当组织上知道我家有一辆小汽车时，就交给我一个特殊任务，即尽快学会开汽车，准备在解放上海时使用。我抓紧时间在两个星期里学会了开车，考出了驾驶执照，并买了一大桶汽油，以准备随时使用。

4 月 20 日，蒋介石的假和平谈判阴谋被揭穿，毛泽东、朱德一声令下，中国人民解放军百万雄师横渡长江，以摧枯拉朽之势，攻克了江南一系列重要城市。蒋介石为了做垂死挣扎，不但在上海一带派驻了20万重兵，还亲自赶到上海复兴岛督战，同时又凶残地镇压上海革命力量。真是“黎明前更黑暗”。

4月26日上午9时许，我接到在交通大学读书的原沪新中学老同学周耐德打来的电话，要我尽快开汽车到交大后门（现淮海西路新华路口）等他。我问他“什么事”，他只说“你来了就知道了”。看来是有特殊的紧急情况，我就立即开车前往。我到达交大后门刚把车子停住，想找他，突然间见一人从交大后门飞跑出来，开了车门就往里坐。此时我才看清是周耐德。那时，他从头到脚满身是灰尘，简直认不得了。他上车后就说：“快开车，先到你家里洗个澡换身衣服，再与你详细谈。”到家后，他才告诉我国民党军警在凌晨突击搜捕交大革命同志的情况。

交大校园是白区的解放区。地下党为了保卫红色堡垒，组织了纠察队保护学校。军警的这次大搜捕是事先经过周密策划准备的，为了达到目的，他们在26日凌晨2时左右用装甲车撞开交大后门，搞了突然袭击。在校园内巡逻的纠察队同志见到这一突如其来的情况，不顾个人安危，马上跑向钟塔，敲响了警钟，向全校发出了警报。这个同志虽然因此而被捕，但由于报警及时，让很多同志从睡梦中惊醒，赢得了宝贵的时间，从而能够及时躲避，免遭逮捕。被我接出来的周耐德是在听到报警钟声之后，躲到了交大上院的天花板阁楼上，藏在大柱子背后，敌人用手电筒探照，幸好没有发现。后来躲的时间长了，小便憋不住，又不能下来，只能东尿一点，西尿一点，不使渗漏下去，这才躲过了敌人的搜捕。有一名同学（夏宗芳）把宿舍里的箱子堆到床底下，自己躲在箱子背后；有的同志躲进长期没有使用的大锅炉里；姓林的学生会主席以水草为掩护，在水里泡了一夜，躲过了敌人的搜捕；还有两名同志躲在一个角落里，结果外侧的同志被敌人手电照到，那个同志为了掩护他身后的同志，立即站了出来，麻痹了敌人，使身后的同志得以隐藏下来。

后来我知道，26日那天，军警还对其他大学进行了逮捕，有不少革命同志和同学被捕。接着，国民党当局借口局势混乱，一方面宣布各大学停课，企图使地下党失去活动基地；另一方面，继续到处搜捕、枪杀革命同志。如交大的穆汉祥就是4月30日中午在外出吃饭时被捕的；史霄雯是5月2日在公共汽车上被捕的，均于5月20日被枪杀（解放后，两位烈士的坟墓安置在交大校园内，陈毅市长为烈士题词："为人民利益而光荣就义，是值得永远纪念的"）。

但是，我们在上海市委的领导下，并没有让地下工作停顿下来，而是采取更隐蔽的方式，保存和发展壮大革命力量，组织上海人民保安队，密切联系网络，调查敌情，包括兵力部署、碉堡设置、电力方棚位置和地痞流氓的情况等。在党的领导下，全上海组织了6万人的人民保安队，依靠工人、学生和市民，以"反搬迁、反破坏"为口号，保卫上海的工厂、学校、仓库和码头，以更紧张的战斗姿态做好各项迎接上海解放的准备工作。

由于我家是一个大家庭，住屋外是木行和锯木厂房，进出人员多且杂，隐蔽条件较好，又有电话，便于对外联系，因此，一些同志都找到我家来隐蔽开展迎接解放的工作。徐惟诚同志（退出一线工作前任中宣部常务副部长）曾于1948年经组织介绍，以学联同志的身份来我家隐蔽居住工作了五六个月（解放后才知，他那时在我家编辑《学生报》)。"四二六"大逮捕时，他带来了大夏大学的4名同志（解放后才知，他们都是大夏大学党总支的成员）。另外，原沪新中学读书时的老同学侯杰、周耐德各带了一两个交通大学、大同大学的同志来我家隐蔽工作，共有10人，生活上由我母亲孙碧君照料。组织嘱我做好掩护工作。为了安全起见，大夏大学的5名同志住在三层阁，其他同志住在另一房间，相互之间都不联系，连吃饭也是分开的。外出工作回来，都要仔细观察身后是否有特务盯梢。有两次，徐惟诚发现有一名同志回来时没有注意这个问题，就要我向他提出严肃批评，这名同志表示接受并改正。又有一次，有一名同志去外面联系工作没有及时回来，另一名同志打电话去询问情况。接电话方一定要问清我们是从哪里打来的，我们当然不能讲，只得中断电话，事后分析可能哪里出了问题。为了以防万一，就决定除了我留下观察动静以外，其他同志都暂时先撤离。后来在路上碰到了那名出去联系工作的同志，才知原来电话是他接的，大家为了保持警惕，都坚持要问清对方，结果造成了误会。

那时的生活是艰苦的，床不够，就挤着睡，挤不下，就睡地铺；有时买不到菜，就蘸甜面酱下饭吃，但大家的情绪却很高涨。解放军的胜利捷报一个接着一个，激战杨行、月浦和高桥的炮声不断传来，我们日夜盼望上海解放的日子终于临近了。我们的心情是多么地激动，但当时只能以更严谨、紧张的姿态投入工作。

5 月 24 日，国民党军队在市区垒沙袋、设路障……这一切，告诉我们解放军快要攻进市区了。下午，我在福熙路（今延安中路）上看到国民党军队举行所谓“祝捷”的游行，真是“打肿面孔充胖子”，可笑。晚上，一夜激烈的枪炮声，我们几名同志整夜没有睡觉，随时等待出发命令。

25 日拂晓，从我家门口的苏州河边上传来了枪声。我们一看，解放军已占领了苏州河南岸阵地，与苏州河北岸的国民党军队对峙着。我们不约而同高兴地欢呼起来：“解放军来了！上海解放了！”当时，我们是多么想马上冲出去参加解放上海的战斗，但我们是有组织的队伍，还得耐心等待组织上的通知。那时时间好像过得特别慢，真急煞人！

后来，各有关组织先后来了电话通知，要求分别到指定地点报到。我接到的通知是：开汽车到设在大同大学的上海人民保安队沪西区指挥部报到。我立即加足了汽油，正要出发，但到窗口一看，问题来了，因我家在淮安路（今西苏州路）的苏州河边上，河对面有国民党军队的碉堡，不时向这边打枪，如果一打开汽车间大门，就会遭到对面国民党军队的射击。怎么办？正当我在察看地形和想办法的时候，发现有些群众在对岸国民党军不打枪的时候，跑出来看解放军，敌人的注意力亦分散在看解放军的人身上。这是一个极好的机会，我就请表弟协助，待我发动好汽车，立即打开汽车间大门，我把汽车开出去，快速驶过开阔地进入市区。

我一到大同大学，就看到一片热烈欢腾的景象。宣传队的同志们，有的在高唱“解放区的天是明朗的天……”，有的在练打腰鼓，有的围着解放军政工干部听战斗故事。我虽没有时间去参加，但内心却与他们共享着上海解放的快乐。

我报到后接受的任务就是担任汽车驾驶员，根据指挥部的安排，哪里需要，就开车到哪里去。比如，运送人民保安队臂章，送同志去接管，送同志去电台广播宣传，送领导同志外出工作，送受伤同志回家养伤，还有每天到第一师范学校去运饭菜来供同志们膳食……

在驾车执行任务中我也遇到好几次比较危险的情况。一次送上海地下党市委委员、沪西区人民保安队负责人梅洛去外滩海关的市人民保安队总部工作，汽车开到新闸路西藏路口时突然遭到苏州河对岸国民党军队的射击，危急时刻，我急忙将汽车往南转，开向西藏路转由四马路（福州路）去海关，幸好没有被击中。梅洛到了总部，需要连夜赶写一份报告，我亦留在了海关大楼。可是当晚下了一夜雨，汽车又停在露天的地方，到早上开车时，发现电瓶里没有电了，只得请其他同志另用车辆拖发动，一拖拖到外滩，我们的汽车暴露在开阔地，苏州河对面百老汇大厦（今上海大厦）的国民党军队又向我们开枪射击。我们没有其他选择，继续沉着地发动汽车，直到进入二马路（九江路）才转危为安。在27日送新静长区委委员刘起林到提篮桥的解放军前线指挥部联系工作时，那里还处于交战状态。后来，有同志问我：“你当时不怕危险吗？”我当时只是想要努力完成好党交给我的每一项任务，根本没去想危险不危险的问题。经过五六天的日夜工作，终于完成了党交给的各项任务。

上海人民保安队在上海市委的领导和严密组织下，紧张而有秩序地配合解放军做好解放上海的接管、治安和宣传工作。我们永远不会忘记，解放军为了做到“既要早日解放上海，又要坚决保护上海人民的生命财产安全”，在解放上海市区的战斗中，不用重武器，只用轻武器，很多解放军指战员为此不惜自己多流血，甚至献出自己宝贵的生命。

摄下上海军民欢庆解放的笑脸

在上海解放的第二天，新华社在《祝上海解放》的社论中指出，“上海是中国最大的经济中心，上海的解放表示中国人民无论在军事上、政治上和经济上都已打倒了自己的敌人国民党反动派”；“上海是帝国主义侵略中国的主要基地，上海的解放表示中国人民已经确立了民族独立的基础”。上海的解放宣告了帝国主义和一切反动派在中国的惨重失败。如果说，中国的解放是继苏联“十月革命”之后人类历史上的一次最伟大的事件。那么，上海的解放则是这个伟大事件中间的一个最重要的环节，这是党中央英明战略决策取得的胜利。

1949 年 7 月 6 日，中共上海市委和上海人民政府组织“纪念七七，庆祝解放，上海市军民联合大游行”。这次大游行是上海解放后第一次大规模游

姚海康拍摄的上海市军民庆祝上海解放联合大游行

行，全市人民热切期盼。除了在市中心进行游行外，还在沪东区、沪西区组织游行。我当时的党员组织关系已由大同大学支部转移至沪西百货业支部，但还未接上具体工作。因为我会摄影，又有相机，大游行开始前，便向领导提出，让我把这个具有历史意义的场景拍摄下来。建议得到组织上的赞同。于是，我成了沪西区大游行的一名摄影员，随着游行队伍，前奔后跑，有时甚至爬上了路旁的围墙，前后拍摄了30余张照片。事后，我将这套照片整理成册珍藏起来。在“文化大革命”中，庆幸的是这套照片除了几张底片被损外，大部分被保留了下来。

重温一张张照片，我深感上海解放，人民当家作主的深刻含义：

“上海总工会沪西联络站正在向解放军敬献‘你们永远是工人的弟兄’的横幅”——充分体现了上海工人阶级与解放军的深厚兄弟情谊。

“沪西染织业工会正在向解放军敬献‘为我人民’的横幅”——表达了上海人民对解放军在上海之战中为了保护上海人民的生命财产安全，而不惜自己多流血牺牲的崇高敬意。

“八一军旗为先导的潍县团正在前进中”——表现了人民军队威武雄壮、势不可挡的气概。

“‘潍县英雄连’高举奖旗在行进”——展现了英雄连队第27师79团四连的英姿。

“人山人海欢迎人民解放军”——充分反映了人民群众对人民子弟兵的热爱。

在各界人民游行队伍的照片中，可以看到工厂的彩车和人们边歌边舞的场景，还可以看到工厂门前为庆祝上海解放而搭建的彩牌楼，两边挂着“发展生产，保障供给，公私合营，劳资两利”的大字标语，这又充分体现了党在上海解放初期的经济政策。

……

从那时起，我仍尽力用相机记录着我国社会主义建设的新篇章。

上海解放第一天南京路见闻

梁仁阶

梁仁阶（1925— ），广东海南人。1942年加入中国共产党。解放战争时期曾任上海职业界协会党组成员。

1949年4月初我从国民党监狱中被释放，恢复了与组织的联系，任上海职业界协会党组成员。上海人民团体联合会职业界协会党组书记程韵启（上海老闸南区分委书记，负责人民保安队），成员周良佐（衣着、社团）、王春晖（海关）、韩宏绰（银行业）和我（百货业），负责职业界解放工作，配合迎接上海解放。

大百货公司积极准备迎接解放

5月23日那天，上海职业界协会党组在我隐蔽住处开会，我们分析上海解放就是这几天。带着这个日夜的期盼，我打听到人民解放军已经出现在上海市区这一喜讯。1949年5月25日凌晨1时起，上海市区南面传来密集的枪炮声，到天亮时突然减弱，我感到情况有异。

早晨7时我离开南市隐蔽住处直奔南京路，路上行人稀少，偶尔北面传来稀疏的枪声，似乎昨夜这里什么事也没有发生，心里未免疑惑不定。等到经过南市警察局时，见大门紧闭，门口无人站岗，高悬投降白旗，说明人民解放军确实已到达市区。以后我才清楚，解放军于25日凌晨1时向市中心进军，2时许到达南京路，有部分军队露宿新新、先施公司门口。

我到了南京路，行人也多起来。偶尔有几下枪声，三五成群的解放军持长枪弯腰靠南面商店墙边快走，经过南北向马路时加快穿过去。他们正在搜索高楼上的残敌，并防备高楼上打过来的冷枪。

我是代表职协党组联系大百货公司职协党组的，需要了解大百货公司积极准备迎接上海解放的情况。我决定先去新新公司（今上海食品一店），因为我1947年是新新公司支部书记，离开公司已经20个月了，确实想念他们。公司当时有党员33人，已组织工人纠察队员50多人，以护店名义住进公司多日，在等候人民解放军的到来。当我到达公司附属企业“新新第一楼”门口时，公司的一个纠察队员见到我，就激动地边介绍边领我参观他们在两小时前缴获的战利品：在“新新第一楼”楼梯边上堆满了国民党交警总队官兵的制服、钢盔、绑腿带等，在底层已停业的银行柜台上排列着国民党交警总队丢弃的步枪手枪、掷弹筒等武器100多件，子弹、手榴弹10余箱。他又介绍了他们向200多名国民党交警开展宣传，瓦解抵抗的情况。原来，5月24日下午，这些交警强行占领公司附属企业“新新第一楼”和新都饭店，25日清晨他们听到马路上传来枪声，纷纷乱成一团。一直监视着他们的纠察队员乘势向他们进行宣传：对面老闸警察局已经挂白旗投降了，又宣传解放军优待俘虏的政策，他们听后即树倒猢狲散，丢下武器，剥下制服就跑了。纠察队便将这些战利品收集起来，准备以后移交解放军。南京路上六大百货公司各有各的情况，永安公司因为旁边有一幢18层永安大楼，极容易成为敌人进驻负隅顽抗的制高点。为此，他们说服公司同意，组织部分职工、家属和纠察队住进永安大楼，堵住了国民党军队的进驻。

上午9时，各公司领到了上海人民团体联合会总部发下的人民保安队臂章。10时，苏州河以南的市区全部解放，六大公司人民保安队员500多人分段到南京路和周边路段巡逻，维持秩序，清理路障，收集敌军败退丢弃的大

解放军1949年5月25日进入南京路

批枪支弹药。永安人民保安队员在巡逻时，发现山西路桥墩敌军的工事沙袋竟露出米来，当即叫旁边的米店老板来辨认，老板说这是国民党军从他们米店抢来的，随即叫人搬回去。上海全部解放后，为了配合解放军清理流落街头的敌军散兵游勇，百货业派了100人随解放军上街工作10多天。

红旗、标语飘扬在南京路上

从25日上午8时起，新新公司支委就按原定计划派人从仓库取出事先购置的红布，当场缝制成大横幅、大标语。9时许，新新公司7楼塔顶上升起大红旗，这时南京路上永安等各大公司也先后升起一面面相互辉映的大红旗，表达了上海人民得到解放的喜悦心情，也宣告了国民党统治在上海的结束。这时，苏州河北面盘踞在高楼的残敌频频向升起的大红旗扫射枪弹，可见敌人对这些红旗非常恐慌。20世纪50年代我在永安公司屋顶绮云阁后面的建筑上见到一排机关枪弹痕，说是当年在枪林弹雨下升红旗的战斗纪念。以后不知是哪一年修房屋把弹痕填平了，毁掉了真正的历史遗迹，真可惜！

25日上午，新新公司外面从五楼到三楼挂着长幅，写上“誓将革命进行到底”、“打到台湾去，解放全中国”的标语，横跨在南京路南北向的大横幅，写着“欢迎中国人民解放军”。各大公司也纷纷从窗口挂出长幅，在马路中挂出大横幅，红白相间的大幅标语使南京路显得既隆重又热闹。

凯旋电台传出迎接解放的声音

当我走进“新新第一楼”大厅时，见到许多通宵未眠的队员在休息，有人拿着歌谱在低唱练习，还有一些职工陆续从家里赶来集合。大厅摆着的收音机正在一遍又一遍播放《中国人民解放军布告》。一位支委向我介绍，清晨他们解决了国民党驻军后，7时许便按预定计划上公司五楼凯旋电台。这是私人开设的电台，他们事先派了一位党员辗转通过关系做好借用工作，现在到了利用的时候了。电台管理人员也很配合，反复广播新新职工合唱的歌曲

《我们的队伍来了》。听说苏州河北岸尚未解放，河上桥梁均被火力封锁，国民党残部还在高楼等处负隅顽抗。新新支委拟了《告浜北蒋军官兵书》，敦促他们投降，内容主要是桥南已经全部解放，浜北没有退路，只要投降，一定按中国人民解放军布告规定给予保障：保障生命安全；要回家给路条；个人财产不没收。

电台广播对敌人确实起了一定的瓦解作用，国民党士兵也打电话来问如何向解放军投诚，电台依据《布告》精神给予答复。苏州河以北的怡和纱厂、海军工厂的护厂工人劝说驻厂残敌投降，并让他们听凯旋电台的播音，他们终于投降了。

迎接解放的第一声广播传出后，电台成为上海人民与中国共产党和中国人民解放军沟通心声的桥梁，办公室电话铃声不断，来电大部分是群众要电台转达对解放军的敬意，有的还问“给解放军送去慰问品，他们执意不收，这些东西送到哪里去才收”。在苏州河北面的群众也打来电话说：“我们这里还有不少反动军队，要这要那的，请求解放军快点来为人民除害。”有的对解放有些疑虑，来电询问：“共产党是否没收私人企业”，“解放后旗袍还能穿吗”等，工作人员都根据《布告》精神作了答复，感到答复有困难的问题便来找我回答。有个外资仓库职员打电话来问：“德国老板跑了，只剩下我一个人，仓库堆满货物，怎么办？”我回答，外国人财产要保护，你负责看管仓库，防止盗窃破坏。电台还接到交通大学学生穆汉祥、史霄雯的家属要求电台帮助寻找儿子的下落，后来才知道穆、史两学生已在上海解放前夕被国民党杀害。

上海人民为表达欢迎解放军的心情，有的直接把慰劳品送来电台，要求转送解放军。有个五六十岁的老板走进“新新第一楼”大厅，后面跟着两个手捧许多慰劳品的职工，说：“纪律这样严明的军队从来未见过，对老百姓真是秋毫无犯，送水不喝，送糕点不收，请他们进屋休息也不肯进，现在只能将慰劳品交电台转送。”尽管工作人员以解放军遵守“三大纪律”来解释，群众还是将慰劳品硬留下来。这样留下来的面包、糕点、胶鞋、雨伞、草帽、毛巾、铅笔、钢笔、笔记本等堆成一座小山。后来，由公司人民保安队用货卡车将这些物品交给人民保安队总部。

挫败筱快乐等强占电台的阴谋

25日上午9时许，我和驻在海关的上海人民团体联合会总部通电话，找到职协党组书记程韵启报告情况，又打电话给虹口父母家报平安和行踪，因为我已经两个多月没有回家了。不久，程韵启来到“新新第一楼”看我，首先给我一个白底红字的“上海人民团体联合会”臂章。我向他报告这里的工作情况。我们研究后认为，市区已经解放，形势发生变化，工作要调整。但是，由于凯旋电台广播要加强保安，新新公司要和社会各界、各类人物打交道会碰到许多困难，所以程韵启要我留下来协助处理，有困难直接和总部联系。

当天上午10时左右，几个穿西装的人要强行上电台，被守卫在公司旅馆门口的十几个手持木棍的人民保安队员拦住了。来人中一个年纪较大的家伙说“我是电台老前辈”，又从口袋里摸出红臂章扬扬说，“我是共产党政工队，让我进去”，人民保安队员仍然阻挡。那家伙又威胁说：“上面飞机在飞，丢下炸弹你负得了责任吗？赶快把电台关掉。”人民保安队员先前已接到上级指示，在解放时，提防有人假冒诈骗，只有人民保安队是党领导的公开组织，对其他一概不加理会。有的队员认出带头的是唱滑稽戏的筱快乐，指着他说：“你是什么共产党的政工队！你是前几天还在电台上骂共产党的筱快乐，快滚开！”这群家伙看到软硬兼施都不成，现在又揭了他们的老底，再看看人民保安队员人多势众，不敢轻举妄动，灰溜溜地走了。

但是，斗争并未结束，下午4时许，筱快乐又带来了五六个人直冲上五楼，为首的大个子扬出盖有大红印的公文，说要接管电台。人民保安队员见到这份有来头的公文，不知如何应付，只好来向我讨救兵。我不知上午发生的事，但是我想，先上去再说，根据形势随机应变。在新都饭店，穿西装的人大模大样地坐着，我一坐下，大个子掏出一份盖有“中共江南地下挺进军”

大红印的公文给我，我边看边思考应付办法。因为在地下环境是从来没有公文的，“地下军”又是怎样的组织，我也不知道。这时，我也从口袋里掏出上午拿到的“上海人民团体联合会”臂章出示，表示我是有组织的。大个子说，他是来接管电台的。我说这里的广播是经上级指示执行的，你的公文只证明你的身份，没有证明要你接管电台。大个子叫嚷今天一定要接管电台，双方僵持不下。站在我后面的一位人民保安队员低头小声告诉我：“旁边那个不说话的是唱滑稽戏的筱快乐，专门在电台上骂共产党的。”我一听，心中有了底，这伙人看来靠不住。当即我对大个子说：“双方都有上级，双方各向自己上级报告，由双方上级商量解决。”我想，只要拖一天，经向总部请示就会弄清这个“地下挺进军”是什么来路。

大个子一听，瞪眼嚷叫“不成”，一面拍腰间的手枪。我看这副架势活像上海流氓，越加怀疑了，既然来者自称是“地下军”，便使用地下党暗语来考察他们：“你们认得S（即共产党员）吗?”大个子发愣说不出话来，等了一会，我又说：“那你们是老K（即国民党员）啊!”他们又面面相觑，冒牌货的真面目已显露无遗。我不予理睬，他们只好垂头丧气地走了。临走时，我站起来，指着筱快乐说了一句：“你是在电台骂共产党的筱快乐，我会找到你的。”据说，第二年筱快乐就逃到境外去了。

电台连续广播了3天，各大百货公司歌咏组都先后来电台唱革命歌曲，大新公司的军乐队也来吹奏《你是灯塔》等乐曲以迎接上海解放。以后又有益友社等人民团体来唱革命歌曲，好不热闹。5月27日，上海人民广播电台开始播音，凯旋电台完成了预定计划而告结束。

25日晚上，我再次和程韵启通电话汇报工作，谈到那个“中共江南地下挺进军”要来接收电台事，他说：“这种冒牌货今天已经发生多起，有的是流氓冒充共产党上门敲诈，有的是冒充解放军去接收仓库。”他告诉我一个好消息，这两年撤退到苏北解放区的工人学生都随解放军回上海，协助接管，店职员特编成大队，百货业也在其中，他们住在徐家汇交通大学等候命令。

回顾 1947 年 9 月，百货业工会被国民党武力接收，地下党组织在敌人的突然袭击面前，组织职工群众一次又一次地进行斗争，挫败了敌人的一系列阴谋，重新控制了工会。两年多后，上海百货业的地下党员人数从原来的 160 人增至 261 人（不包括撤退的）。上海解放第一天，百货业职工的配合工作做得很出色。可以这样说，他们所做的一切，同其他各条战线的同志一样，显示了上海工人阶级的力量。上海解放以后，他们和全市工人团结在一起，成为建设新上海的栋梁。

回忆接管上海的准备工作

王尧山

王尧山（1910—2005），江苏溧阳人。1931年10月加入中国共产党。上海解放初期曾任中共上海市委委员、组织部副部长。

1949 年是中国人民解放战争取得决定性胜利的一年。早在 1948 年 12 月 30 日，毛泽东在为新华社所写的 1949 年新年献词《将革命进行到底》一文中就指出："几千年以来的封建压迫，一百年以来的帝国主义压迫，将在我们的奋斗中彻底地推翻掉。一九四九年是极其重要的一年，我们应当加紧努力。"这年 4 月 20 日，南京国民党政府拒绝接受国内和平协定。21 日，毛泽东主席和朱德总司令发布了向全国进军的命令。同一天，刘伯承、邓小平等同志领导的第二野战军和陈毅、粟裕、谭震林等同志领导的第三野战军，在西起湖口东至江阴，长达 500 余公里的战线上强渡长江，直捣江南。4 月 23 日解放南京，5 月 3 日解放杭州，22 日解放南昌，27 日解放上海，为全面大进军、解放全中国揭开了胜利的序幕。

上海是我国最大的城市，是旧中国的经济文化中心。党中央和毛泽东对解放上海和接管上海十分重视。当时国民党反动派结集 20 余万军队在上海周围，妄图负隅顽抗，并准备在被迫逃跑时，对上海城市进行毁灭性的破坏。针对这种情况，为了尽可能保全上海和顺利地接管上海，陈毅司令员和中共中央华东局领导同志根据党中央和毛泽东的指示，在周密地部署军事进攻的同时，从老解放区抽调大批干部和大量物资，从思想上、组织上、物资上，为接管上海做了充分的准备工作，从而使上海城市在解放后完整地回到人民手中，迅速完成了接管任务，走上了改造和建设的道路。

思想准备

1949 年初，中共中央华东局着手进行接管上海的准备工作。当时我负责华东局城工部的工作，济南解放后，被派去负责工会及工厂的调查研究工作，发动职工配合解放军接管济南，忽然接到华东局指示，要周林（中途他调）、赵毓华等同志和我负责组织和率领一支"南下干部纵队"，参加接管上海这个重大任务。这个纵队主要由华东局干部和山东、苏北解放区各区党委、地委、县委配备的党政军整套班子组成，还有一部分上海地下党的撤退干部。我们在济南集中了一部分人员之后，乘火车直奔徐州，因徐州以南铁路中断，只得遵照军事指挥指定的路线，紧跟南下大军前进。沿途根据军情发展，时走时停，经蚌埠，过洪泽湖，沿运河到扬州，一路上不断有成队的干部前来报到，最后纵队的总人数达到8000左右。

4月21日大军渡江，23日解放南京，24日我们跟着华东局机关和华东野战军指挥部渡江到了丹阳。我们在丹阳停留了将近一个月时间，在华东局和陈毅、曾山等同志直接领导下，为解放上海、接管上海，进行了紧张而细致的准备工作。

当年解放上海和接管上海是党中央、毛主席直接指挥的。许多重要情况和具体政策、措施要向党中央汇报、请示，以做好充分准备。在准备工作中，最重要的是思想准备。当时领导上要求大家认真学习七届二中全会精神，迎接接管上海的艰巨任务。在学习中最主要的是解决党的工作重心从农村转移到城市的问题，使南下干部都能在思想上明确从农村环境、武装斗争环境转到进入大城市、恢复工业生产，以及在城市中同一切破坏革命的敌人作斗争，是一个大的转变。因为我们南下干部的大多数是长期在农村和武装斗争的环境中成长起来的，不但缺乏城市工作的经验，有些人连城市生活都不尽适应。有一些干部虽来自城市，或有过一段城市工作的经历，但他们的经验主要局限于在敌人统治下进行地下斗争。少数干部虽然参加过一些中小城市的接管工作，如山东的济南、潍坊等，但时间不到半年，经验不足。通过学习，大家的认识提高了，特别是对毛泽东同志在七届二中全会上指示的“党和军队的工作重心必须放在城市，必须用极大的努力去学会管理城市和建设城市”，以及全国胜利后国内主要矛盾的变化有了新的认识；进一步明确了工作重心从农村转入城市，意味着我们的革命逐步由新民主主义阶段向社会主义阶段转移，如果不能做好充分的思想准备，用七届二中全会的精神武装头脑，必定不能适应新的形势，无法完成党交付的接管上海的任务。经过一个月左右的学习，广大干部的思想水平大大提高了一步。

思想准备的另一内容，是学习中央的各项城市政策，使南下干部能适应政策上的变化，融会贯通，在工作中加以贯彻。这也是一大问题。为此，华东局分发了有关文件，陈毅等领导同志还在大小会议上多次讲话，为我们讲解政策的重要性。

中央的城市政策，首先是要解决一个依靠谁的问题。二中全会文件和华东局“接管江南城市指示”的基本原则，阐明我们必须全心全意地依靠工人阶级，团结其他劳动者，争取知识分子，争取尽可能多的、能够和我们合作的民族资产阶级站到我们一边，接管好上海。对于这个问题，当时南下干部并不是全都能正确理解的，有人认为应当依靠城市贫民，有人对资产阶级还有各种不同看法。党中央的政策明确规定了敌、我、友的界线，最大限度地孤立敌人，争取朋友，防止了“左”右两方面的错误倾向。

大家还学习了一系列具体的接管政策，目的都是为了解决一个问题：在上海解放后，如何把城市接收好、管理好，使城市生活迅速正常化，工厂开工，商店开门，学校上课。大家一边学习，一边就可能发生的问题进行讨论。当时干部普遍反映心情紧张，担心不能很好地完成任务，只怕接得下，管不好。有人说，原先在农村里，是靠老百姓种地吃饭穿衣，进了上海，则要为工人吃饭、发工资、给工厂发原材料作好一切打算。陈毅和华东局其他领导同志有时也分头参加同志们的讨论，记得有一次陈老总还风趣地问大家：如果你们到了上海，大粪三天没人倒，全城到处发臭，怎么办？全世界人民看着，全国人民看着，共产党怎么办？帝国主义更是冷眼相看的。

思想准备的另一特别重要的内容是纪律问题。我们的军队和干部讲不讲政策，守不守纪律，关系到进入上海后，党的威信能否建立，能否得到千百万群众的拥护。中央非常重视这个问题，在《约法八章》中既体现了政策，又多次强调纪律。5月10日陈毅同志就入城纪律做了一个大报告，他严厉批评了有的同志在丹阳不守纪律，指出绝不能把不良作风带进上海。陈总还传达了毛泽东同志的指示：进上海是中国革命过的一个难关，在上海搞一件坏事，全世界都知道。他说，入城纪律是入城政策的前奏，是我党我军带给上海人民的“见面礼”，同时还要注意军风纪，简单朴素，再加一条是讲卫生。最后陈总要求全体南下干部就入城纪律在丹阳进行演习。会后，大家又进行了学习讨论，进一步加强了纪律性。进入上海后，我们的军队和干部纪律严明，秋毫无犯，不进民房睡马路，与国民党“五子登科”的“劫收大员”形成鲜明对照。这一切都跟我们在丹阳进行的纪律教育分不开。严格遵守纪律是胜利完成接管上海任务的一项保证，也是体现我党党风的问题。直到今天，广大人民群众还怀念着解放初期共产党员和解放军大公无私、全心全意为人民服务的高贵品质和优良作风。

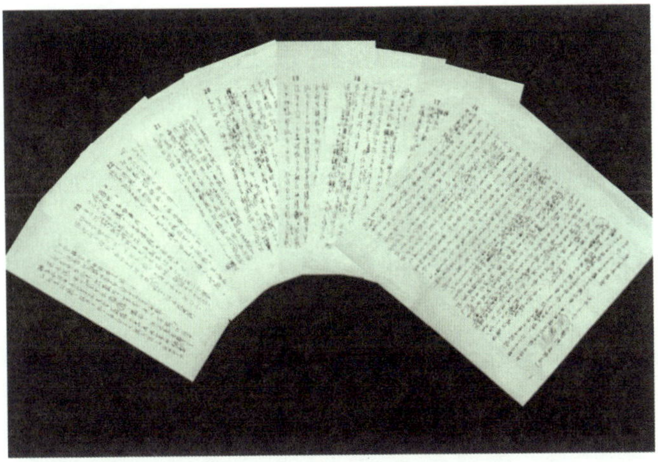
1949 年 5 月 10 日陈毅丹阳讲话记录稿

组织准备

在丹阳进行的另一项主要工作是做好接管的组织上的准备。我当时的任务就是配备解放区调集的干部，与地下党会师，共同担负接管上海的重任。在分配原则上，主要根据干部原来工作的系统和工作特长来配备干部，按照不同级别，搭成整套班子，分配给华东局指定的各级军管会的负责人。同时，刘晓也给上海地下党组织发出指示，要求地下党按照接管部门系统，发动党员及积极分子带动广大群众协助接管。在各技术部门特别是铁路、航运、电台、电力公司、公用事业、财政、税务、海关，要准备一批熟悉情况与有技术的干部参加接管工作，以便南下干部一到，即可汇合，配合接管。地下党的同志很早就开始着手调查工作，从政权机构到许多重要企业、事业，从历史沿革、基本概况到主要人物，都准备了详尽的材料，送到了解放区。在青州时，华东局就把这些材料刊印成册，使组织的配备与材料的准备相结合，做到心中有数。此后，各接管队伍分别具体研究，分工接管，熟悉情况，提出疑问，解决难题。这是做好接管工作的有力措施，使中央的政策能结合各单位的特点和具体情况予以落实。当时组织问题最突出的是缺乏干部，特别是熟悉城市工作的干部，因此要求广大干部抓紧学习。

物资准备

上海是个有几百万人口的大城市，我们要在解放上海之后，立刻使城市人民的生活正常化，使工厂开工，学校复课，电车上街，就必须保证供应足够的大米、棉花和煤炭，所谓“二白一黑”，因此物资方面的准备也极其紧要。华东局对此早已做了准备，在渡江前就从华东各省调集了大量的物资，计划通过各种途径运往上海。同时，上海地下党为了迎接解放，指示各级组织发动群众进行“应变”准备，让工矿企业和居民各自储存“二白一黑”，以及各种物资。为了防止国民党反动派搞大破坏，地下党号召广大人民群众进行了护厂护校反破坏的斗争。群众的切身利益和我们解放上海、接管上海的大目标是一致的，因此地下党发动的“应变”运动大大减轻了我们的压力。

在丹阳的这一个月中，我们的工作十分紧张，日夜开会讨论，研究工作，配备干部，听取汇报。但大家的心情却非常兴奋，都想抓紧利用这段时间，多领会一些政策精神，多了解一些情况，以便更好地完成党和人民交给我们的接管上海的艰巨任务。

形势发展得很快，5 月 10 日人民解放军对上海发起攻击，24 日进入市区。5 月 25 日，我随陈毅、曾山、刘晓等同志离开丹阳，乘火车到南翔，然后换乘汽车开向上海，进入市区已经天黑。当时看到市区灯火通明，有形容不出的感奋，我又随解放大军重新回到了分别十年的上海。我们来到成都路南京路口的一所警察分局里，与解放军前线指挥和上海地下党组织的负责同志会师。陈毅等同志听了刘长胜代表地下党作的汇报，听了解放上海部队首长介绍的作战情况。记得当时苏州河以北地区尚未解放，南京路上的国际饭店里还有残敌顽抗。陈毅根据中央的指示，命令前线部队不要使用重武器，不得破坏工厂建筑，要尽量开展政策攻势，瓦解敌军，一定要把大上海完好无损地接管下来。与此同时，南下的接管干部正浩浩荡荡地分批进入上海，奔赴各自的岗位。一轮红日已经升起在大上海的地平线上，宣告着这个中国最大的城市的新生。

由于党中央制定了一系列英明正确的方针政策，由于上海工人阶级和广大人民群众的大力支持，解放军和接管干部全面、正确地贯彻了党中央的方针政策，做了充分细致的准备工作，从而顺利地接管了上海，非但没引起混乱，并在短时期内使这座大城市的一切活力又加速运转起来，使长期以来为帝国主义、封建主义、官僚资本主义、国民党反动派所统治的旧上海，转变为共产党领导下的新上海，为建设新中国作出了应有的贡献。回忆在接管过程中，以陈毅市长为首的接管干部、共产党员，体现了我党我军的优良传统，艰苦朴素，纪律严明，一切为人民群众的利益着想，博得上海人民的无比信任和爱戴。

沸腾的丹阳

范征夫

范征夫（1920—2016），江苏扬州人。1941 年初加入中国共产党。曾任华东野战军南下干部纵队第一支队第一大队第一中队第六组组长。

1949年5月是个不平凡的年月。为了完整地、顺利地解放上海、接管好上海，中共中央华东局、第三野战军领导机关，在丹阳进行了近一月之久的准备工作。其中包括制订上海作战方案，训练接管干部，确定重要人选，筹集物资等一系列事宜。应该说，上海解放的伟大胜利是来之不易的。如果没有事先的周密计划和充分准备，解放上海的战役就不可能打得这样漂亮。我是参加当年学习接管政策，参与上海市区接管准备工作的一名干部。时间虽然过去了很久，但在丹阳期间的一些活动情景，至今仍萦绕脑际。

会师

1948年12月，我们华东局党校二部全体学员，根据上级决定，准备南下接管大城市。1949年初，我们一边学习，一边行军，从山东青州出发，沿津浦铁路线南下。1949年4月20日大军渡江时，我们改编为南下干部纵队第一大队，进抵江苏高邮汜水一带，奉命连夜分乘卡车驰赴扬州，驻扎在南门外宝塔湾地方待命。5月1日清晨，渡江到丹阳向华东局机关报到，接受任务。

丹阳，是京沪线上一个不大的城市，当时，全县人口约40多万人，城区人口不到3万。它在抗日战争期间，有一段光荣历史。1938年6月陈毅率新四军一支队东进抗日，在开辟、建立茅山游击根据地时，丹阳一带地区是第一个立足点。苏南敌后第一个共产党组织——中共苏南工委就是在丹阳县西庄湖村建立的。这里的广大群众对共产党、新四军有着深厚的感情。因此大军渡江后华东局等首脑机关选在丹阳驻扎，进行接管上海的准备工作，不是偶然的。事实也证明，我们10多万人驻扎丹阳一带，从未遭到国民党飞机的轰炸，敌人没有发现这里是个重要目标。他们做梦也不会想到丹阳会是我方华东党政军首脑机关的驻地。

当时，华东局和华东军区的机关负责人，就住在丹阳城内大绅士胡尹皆家大院内。饶漱石、张鼎丞、舒同等人曾在这里开会、办公。华东局许多重

上海战役总前委旧址（戴家花园）

要会议，也是在这个胡家大院召开的。5 月 6 日总前委书记、华东局书记邓小平从南京到了丹阳，他是和陈毅一起住在戴家花园。当时党政军领导会议比较多，而且都是一些迫切需要解决的重要问题。据我所知，解放上海的具体作战方案，特别是在军事上不使用重武器，保证上海这个大城市不被破坏的问题，上海地下党如何配合解放军进攻上海、接管上海的问题，都是在丹阳讨论决定的。5 月 12、13 日还着重讨论了上海解放后如何恢复生产和保证人民生活供应的问题。对接管的重要人事安排，也是在丹阳决定的。对如何接管国民党市区县政权，也反复作了研究。甚至对怎样做好统战工作，吸收一些民主人士参加接管工作也作了具体部署。

5 月丹阳城内增加了不少的陌生人，除了穿军装的部队干部、战士外，还有许多穿便衣的干部，特别引人注目的是几位香港“客人”，他们西装革履，风度翩翩。其中有传奇式人物潘汉年，著名剧作家夏衍，经济学家许涤新，还有上海广大华行“老板”卢绪章等人。各路干部纵队，更是人才济济。有以曾山、骆耕漠、薛暮桥等同志为首的财经干部队伍；有以夏衍、钱俊瑞、范长江为首的文教干部队伍；有以李士英、梁国斌、扬帆为首的公安干部队伍；有以周林、曹漫之为首的政法干部队伍。一时间丹阳城内汇集了各路英豪，街上人群川流不息。我只能用一句话来形容：丹阳沸腾起来了。

“演习”

从5月4日起，我们南下干部纵队第一大队开始组织学习。主要文件是4月25日中央军委发布的《中国人民解放军布告》(即“约法八章”),《中共中央华东局关于接管江南城市的指示》,《城市政策汇编》第一、二辑，华东军区暨第三野战军司令部颁发的《入城守则和纪律》。这些文件的精神，都是我们每一个接管干部必须深刻领会、坚决贯彻执行的。所以在小组讨论时，特别认真，务必搞通思想。

在这里，特别值得一提的是，正当我们许多南下接管干部，发愁不了解上海情况，如何执行接管任务时，华东社会部给我们送来了一大批铅印资料，我记得有政治、经济、文化、教育、科学、军事、警察、社团……等10多册。这确实是“雪中送炭”，这大部分材料都是上海地下党收集提供的，使我们深深感到上海地下党同志工作做得周到、细致。最使我们感兴趣和惊奇的是一本《上海国民党军政警特主要人员住址表》，对国民党大批要员的办公、住宅地址、路号，甚至电话号码均记载得清清楚楚，这便于我们进入上海后，“按图索骥”，分别进行工作。

对我们提高思想，加强政策、纪律观念的最大帮助，是中共中央华东局、华东军区以及接管上海一些主要负责人的报告。其中以5月10日陈毅在丹阳南山外大王庙（现为城南小学）的报告最重要。这天上午，陈毅身穿军装，打着绑腿，精神特别好，他的洪亮声音，有力的手势，使几百名县团以上干部鸦雀无声，聚精会神地聆听。他给我们指出接管好上海的伟大意义。他说，毛主席指示：“我们进上海，是中国革命过一难关，它带全党、全世界性质。”陈毅同志号召大家：“我们分头准备，全党全军来过好这一关，上海革命胜利解决了，中国革命也就解决了。”这些铿锵的语言，使我们感到肩上的任务艰巨而又伟大。陈毅着重讲了入城政策及纪律等问题。他说：“入城纪律是入城政策的前奏，是见面礼。”他强调指出：“入城纪律搞不好，入城政策要走弯路，……会造成损失。今后要费大功夫，甚至还很难挽回。”解放军进上海不住民房睡马路，就是陈毅作出的决定，事隔40个年头，这个故事至今仍为人们所称颂，可见遵守纪律是多么深得人心。陈毅要我们用大军渡江演习的精神来演习入城纪律。他认为发扬民主认真演习，一定可以做好进上海的各项准备工作的。

5月10日后，南下各路干部队伍重新整编，按照接管上海的任务，成立军事、政务、财经、文教4个大的接管委员会，我们南下干部纵队一大队一部分同志编入政务接管委员会下属的市区大队。这个大队的任务是接管上海市的20个市区国民党的党、政、警机构。大队长黄元庆，是新四军成立时的老6团参谋长，南下前为解放军某部师长，大队政委张文通，是30年代入党的老党员，曾在上海做过地下工作，南下前是山东渤海区党委城工部长，受康生打击被免职来华东局党校学习。副政委盛志明也是解放军某纵队政治部负责人。我被调到市区大队，协助大队长、政委做组织、秘书工作。市区大队共有地师级干部20人，县团级干部20人，还有原华中党校上海队一批同志20多人，他们都是1948年左右从上海撤到苏北去的。他们对上海各区的情况比较熟悉。大队把上述三部分同志编成20个接管工作组，并明确哪个组接收哪个区，同时，具体研究如何完成好本区的接管任务，并进行了充分的“演习”。大家都亲昵地称呼本组的地下党同志为“向导”，因为进入上海以后，不仅要依靠他们介绍情况，甚至北方同志到上海语言不通，还要靠地下党同志当“翻译”呢。

在具体“演习”过程中，我们又听了一系列的报告。其中有5月11日华东局城工部长王尧山传达华东局关于接管上海几个政策问题；5 月 18、19 日连续听了政务接管委员会副主任曹漫之传达华东局关于接管上海市区的具体政策和接收市区的干部必须准备的几个问题；5 月 24 日又听了政务接管委员会主任周林传达陈毅的报告。陈毅对我们讨论中提出的接管市区的一些问题，通过政务接管委员会领导人向我们作了答复。他明确指出市区大队接管对象是上海市 20 个市区的国民党区公所、区党部及区警察分局。对于旧保甲长，我们进城时态度是：暂时不予取消，也不承认，责令他们办好交代，将功赎罪。陈毅还关心市民的生活，告诉我们在国民党长期统治下，上海城市贫民生活非常艰苦，我们进城后，必须进行社会救济，但应采取“以工代赈”的方针，组织他们参加生产。

在明确了接管市区的对象、政策之后，我们在大队领导主持下，连续召开会议，研究接管的步骤、方法问题。按照华东局规定，总的是分接收、管理、改造三个步骤。接收方法是：各个区接管工作组到达后，首先分别召开国民党区公所、区警察分局等全体人员会议，由接管专员宣读上海市军事管制委员会的命令，宣布本区接管工作组全体人员名单，接着宣传“约法八章”第五条的内容，说明我党我军对国民党军、政、警等人员的政策，要他们在接管人员监督下，立即办好档案、文件、物资等交代。其中包括全体人员花名册和人事档案，以及本区的户口簿。这是我们接收后开展工作必不可少的材料。为了搞好接管专员向国民党人员见面时第一次的“训话”，我们进行了认真的“演习”，直到听的同志认为符合政策比较满意了，才停止这种“演习”。由于我们事先做了充分、细致、周到的准备，所以接收工作比较顺利，没有发生过什么大的问题。

关于接收工作的干部配备问题，华东局原拟每区配备 30 名，但因干部不敷分配，最后每区接收国民党区公所、区党部仅 3 至 4 名，接收警察分局也只有 3 至 4 名，连警卫员、勤务员在内，每区总共不超过 15 人。华东局要求进城后要尽快吸收地下党同志，以及积极分子参加接管工作，以解决我们人手不够的问题。华东局并规定每区成立一个接管委员会，由接收区公所专员、接收警察分局的专员及驻军首长参加，并以接收区公所专员为主任委员。区接管委员会的任务，主要是协调三方的接收工作，研究、处理属于本区的一些重要问题。

在丹阳期间，不仅在思想、组织、政策、纪律各个方面进行了“演习”，作了充分的准备，而且连具体事务也都预先办妥。如各区的接管印信、封条、公文用笺等全部在丹阳城内刻印完毕。因此在那段时间里丹阳城里的刻字工人、印刷厂都加班加点，为我们完成任务。甚至一度纸张缺货，到处很难买到，真有“洛阳纸贵”之感。

进军

当南下参加接管上海的干部在丹阳“演习”期间，我上海前线的中国人民解放军第 9、第 10 两个兵团的部队，经过短期整训，也做好了攻城的准备。5 月 12 日开始打响上海外围的战斗，以迅雷不及掩耳之势，肃清了松江等地的国民党军队。接着主力从两翼迂回钳击吴淞口，断敌归路，迫使敌人在上海郊区和我交火，以便于我军在外围大量歼灭敌军有生力量，然后向上海市区发起总攻。

华东局、华东军区约在 5 月 23 日（具体日期记不清了）的一个晚上，通知各系统、各部门、各区接管委员会负责人到戴家花园陈毅住处开会。首先是周林简单说了会议的内容——宣布上海市军事管制委员会、上海市人民政府负责人名单。接着由陈毅传达中共中央、中央军委的命令，即陈毅、粟裕为上海市军事管制委员会正副主任，陈毅为上海市人民政府市长，曾山、潘汉年、韦悫（党外民主人士）为副市长，潘汉年兼市人民政府秘书长，周林为第一副秘书长，沙千里（七君子之一）为第二副秘书长。还宣布军事、政务、财经、文教各个系统接管委员会负责人名单。并要在场的同志和到会者见面。市区各接管委员会负责人名单，事先也早确定，内部作了传达，但直到上海后才由市军管会发布任命通知。会后，我听到说，陈毅任上海市市长是邓小平参加中共中央七届二中全会后在中央一次会议上提出来的，据传毛主席还征求过民主人士黄炎培、陈叔通等人的意见，他们认为陈毅能文能武，担任上海市市长，是非常合适的。

5 月 24 日我军对上海发起总攻，25 日攻克上海外围高桥重要据点，26 日进驻大场、江湾、吴淞，27 日上海全部解放。至此，蒋介石“坚守上海六个月，等待世界局势变化”的幻想破灭了，汤恩伯之流吹嘘的上海城防工事“固若金汤”的鬼话也彻底破产了。

华东局、华东军区机关于 5 月 25 日离开丹阳，驰赴上海。我们市区大队一行于 5 月 26 日从丹阳乘火车出发，于 5 月 27 日晨 6 时到达南翔，上级通知在附近村庄宿营待命。这时大家心急如火，巴不得早点进入市区，参加接管。尤其是我，阔别上海 9 年，更是“归心似箭”。不久上级传来消息，由于市区零星残敌尚未完全肃清，市区大队暂时不能进入市区，原地待命。29 日大队政委张文通带了“向导”陈鸿元先赶赴市区联系，他们回来后通知各接管工作组于 5 月 30 日晨再乘火车出发，当我们到北站下车时，马路上人山人海，热烈欢呼迎接我们到来。装着大喇叭的宣传车高声朗诵《中国人民解放军的布告》(即“约法八章”）和上海市军事管制委员会的第一号布告。一批批男女青年打着腰鼓，扭起秧歌，唱着“解放区的天是明朗的天”,“我们工人有力量”等歌曲。我们全体人员下车后整队出发，徒步走到塘沽路原国民党市参议会、市民政局的门前，等在那里的政务接管委员会副主任曹漫之向我们作了简短的讲话，我们就分乘卡车于当日到达 20 个市区的区公所，守候在那里的国民党正副区长以及全体人员听候我们的接管专员的“训话”。我个人也从此走上了新的工作岗位，翻开了历史新的一页。

上海解放前后的日日夜夜

扬 帆

扬帆（1912—1999），江苏常熟人。1937 年加入中国共产党。上海解放初期曾任上海市军事管制委员会委员、市公安局副局长。

1949年元旦，党中央号召全国人民将革命进行到底，宣告人民解放军将渡江南进，解放全中国。我在华东局社会部又着手南下接管苏南、上海国民党警察局和组建人民公安机关的准备工作。2月下旬，我奉命率领60余干部携带电台先行南下到达淮阴，这样更接近江南前线，便于着手一系列的准备工作。首先派出赵铮、王宁到扬州建立工作站，面向镇江一线开展情报和策反工作；派李涤非、王济普到六合建站，面对南京工作；派王征明等同志到靖江建站，参加策动国民党江阴要塞部队的工作；派刘大庸到南通建站，对上海开展工作，各工作站均配置电台。同时，又派徐楚光的下属栗群、周镐去策动孙良诚部的投诚。

为接管上海突击汇编资料

我提早南下到淮阴的重要任务之一，是要争取在渡江之前，把即将解放的上海、南京、杭州等城市的概况材料汇集编印出来，以供给入城接管之用。因为我们的接管人员，对进入的这些大城市，可以说是非常不了解的，这将是接管工作首先遇到的困难。而我们要完成这个任务也同样是困难重重。我从华东局社会部带来负责材料工作的只有以调研科长钟望阳为首的李蒲军、丁予、韩祥林等不足30人，不仅人手不够，且时间也很紧迫。当时，我大军已开到江边，随时准备过江，如果渡江后才搞出来，将成为明日黄花而失去意义。因此，工作计划和力量组织的落实很重要。当时幸好上海地下

接管准备工作中的《上海概况》等调查材料

党在苏北有一个班子，他们也有一个调研科，集中了一些在上海已经暴露身份撤到苏北的党员，正着手整理有关上海的材料，人数共有100多人。我和他们商定集合在一起共同进行工作，这样，不仅力量增加许多，而且由于他们熟悉上海情况，特别是变化了的新情况，对完成任务更加有利。同时，地下党江南工委也提供了不少帮助。钟望阳把全部人员分成上海（重点）、南京（包括江南城市）和特务方面3个组，把几年来从情报系统和上海、江南地下党与解放军官团收集、积累的有关调查档案资料，以及解放济南、徐州、南通等城市时，从这些城市的图书馆、文化馆中收集的有用材料，集中分类整理，进行汇编。最新的上海市区电话簿和年鉴等还特别有用，按政府、军事、党派、社团、财政经济、金融、公用、工务、教育、卫生、交通、官僚资本企业、国民党中央军政驻沪机构、国际性的单位等部门系统，从历史沿革、人员、地址、电话号码到有名人物的公馆都有详细记载，连上海各区的保长名单都有，对特务和警察更有专册。这100多位同志均充满热情日夜加班（每日工作14小时），在一个多月的时间里就编写完成了。为了赶印，除由华中工委书记陈丕显督促苏北现有印刷厂印刷外，有一部分还分送济南、徐州、青州印刷，花了半个月就把这36册资料（用江南问题研究会的名义）全部印刷出来，分别在大军渡江前和上海解放前，在山东青州和丹阳分发给军以上和有关的接管干部，他们拿到后都特别高兴，认为对接管心中更有数了。陈毅司令员看了也大加称赞，认为“为上海接管工作立了一大功”。我认为这次任务所以能如期完成，除了直接参加工作的同志辛勤努力外，还应感谢上海、南京、杭州和江南等地的地下党及情报系统的无名英雄及时提供材料，另外同有关地方组织的大力支持也是分不开的。

天堑变通途——江阴要塞起义

为了渡过长江尽快解放全国，百万解放大军选在何时、何地、用什么方法渡江，就需要很好研究。因为，我们这次渡江和以往不同，人数既多，又无空军和海军配合，更没有先进载运工具，对岸敌人仍有相当实力，坚守南京至上海一线，设置工事企图固守，他们认为有长江天险可守，我军难以飞渡。

江阴是长江下游江面最窄的地段，江面只有 1.5 公里宽，临江有绵延的黄山，这里历来是兵家控制长江的军事要地，称为“江海门户，锁航要塞”。国民党在这里设有“江阴要塞司令部”，有大炮 70 门，以黄山为主炮台，在两翼分设君山、肖山、长山等炮台和 7000 部队，还有游动炮团驻守，控制着数十里江面，江阴城一带还有 3 个陆军师。如果从这里突破渡江，很快就可切断京沪铁路直逼南京、上海和杭州。但是，我们必须突破具有强大火力的敌人才能通过。

敌人哪里知道，早在 1946 年蒋介石发动内战时，我们苏北盐阜地委曹荻秋、宋学武等同志，就开始对这个江阴要塞布置工作了。最先是由地委唐君照提供线索，派了原盐阜区参议会副参议长唐碧澄到南京，找到时在国民党内的堂弟唐秉琳做争取工作，取得成功。唐秉琳不久便调江阴要塞司令部任上校参谋主任（后任守备总队长、炮兵总台长）。此后几年便由苏北和华中工委社会部的江华科长负责具体领导，在要塞中先后发展了唐秉琳、唐秉煜、吴广文、王德容等为特别党员，逐步控制了要塞的实权。历经多次风险，终于隐蔽下来。

渡江前这一工作由华中工委陈丕显、管文蔚亲自领导，第三野战军粟裕副司令也非常重视这项工作，指名要华东局社会部的王征明科长南来参加江阴要塞起义（配合我军渡江）的现场组织指挥。因粟裕知道，进攻济南战役中，吴化文两万余人起义的现场组织工作，就是王征明参与的，认为王征明有经验。由于这次起义成功，使济南很快攻克，我们减少了很大伤亡。因此，在 3 月间，我带了王征明同去见了陈丕显和管文蔚领受任务，以后因这工作直接与渡江作战有密切关系，又交给第 10 兵团叶飞司令、韦国清政委领导。第 10 兵团为加强江阴要塞地下党的力量，在 3 月间又选调了团长李干、营教导员徐以逊、陆德荣和王刚等4名同志交给王征明领导，换了便衣，派去江阴要塞埋伏工作。4月18日，江南工委书记张志强、江阴县委书记焦康寿派船送王征明去要塞，王便开始了按兵团的渡江计划具体安排我党人员的控制位置和任务，并进行了政治动员，要求在我军渡江登陆时“不打枪不打炮即完成渡江第一功的任务”，并提出了监视江中军舰的具体要求，各就各位各负其责。4月21日凌晨1时我军渡江，被顺利接引登岸，要塞大炮为配合我军行动，转向蒋军阵地轰击，要塞蒋军司令被扣押，唐秉琳等同志率领要塞官兵完成起义大举，使江阴天堑变成我军通途，迅速切断沪宁铁路，促使蒋军防线土崩瓦解。南京国民党军无险可守，23日李宗仁逃离南京南飞而去，我军随即解放南京，无锡、常州、丹阳、苏州等城也次第解放，我解放大军直逼上海。

江阴要塞起义在解放战争的历史上是有它光辉的记录的。

在丹阳的入沪前准备

1949年4月23日，人民解放军解放南京，华东局及华东局社会部便从山东南下进驻江苏的丹阳县城。丹阳是京沪铁路线上一个不大的县城，介于镇江和常州之间。我也从苏北带着情报干部到丹阳，和社会部一起进行进上海的接管准备工作。

当时华东局决定，社会部入城后主要放在上海，由梁国斌、李士英和我三人组成上海市军管会公安部（原定陈赓是部长，我们三人是副部长，陈赓因继续进军西南未到职），李士英负责治安，扬帆负责肃反，王范负责保卫，梁国斌负责社会部日常工作，在接管上海市警察局时帮助工作（不久他即去福建省任公安厅长）。这时从山东等地调集的680多名公安干部也集结在这里，编成治安、反特、保卫、秘书、行政5个工作队。

我从山东南下淮阴时，派到扬州、六合和南通的3个站和社会部一室的干部，除王征明等因参与江阴要塞的起义未到外，这时也大部集中到了丹阳城外，统一列入进上海接管的公安队伍。在这一系列准备工作中，首先是学习中央和华东局，以及接管上海工作中对敌斗争的方针、政策、策略等文件，使干部在思想上有所提高。1949 年 3 月，毛泽东在中国共产党七届二中全会上指出："在拿枪的敌人被消灭以后，不拿枪的敌人依然存在"，"既要学会同他们作公开的斗争，又要同他们作隐蔽的斗争。如果我们不去注意这些问题，不去学会同这些人作这些斗争，并在斗争中取得胜利，我们就不能维持政权，我们就会失败。"华东局"按照系统，整套接收，调查研究，逐渐改造"的接管方针，和入城后"消灭反动残余势力，安定社会，接收管理，恢复生产"的三大任务，以及学习对敌斗争的一系列方针政策：在肃反工作上应同其他各项工作一样，要贯彻执行稳步前进的方针，对特务反革命分子实行宽大与镇压相结合和"首恶必办，胁从不问，立功受奖"的政策；入城时期，只打击首恶分子、继续阴谋活动的分子和不缴武器的分子，实行"以特反特"的策略，允许特务分子向我秘密自首，立功赎罪……经过学习，干部们感到工作有了方向，工作情绪很高。

接着，又把我们在苏北淮阴赶印出来的《上海概况》（共 30 册）发给大家阅读。陈毅司令员对这批调查资料特别重视，他认为这是"为上海接管工作立了一个大功"。要参加接管的干部入城前按分工一定要先了解有关情况，入城时能做到"按图索骥"。我们要求干部一定要对警察局系统的机构、各政党社团、特务系统及其外围组织的人事、地址及重要人物的住所等，对照上海市地图有所了解，并预先在接管分工上划分了军统接管组、中统接管组、反动党部接管组、东方经济研究所（军统外围机构）接管组、特务企业接管组、社会局接管组等的人员组成，各组分别熟悉有关情况，准备接管方案，使入城时各司其职，工作有条不紊。

与此同时，我和何荦、郭曼果、李涤非、赵铮等几个同志驻在丹阳城里，还带了一部电台继续搞情报工作。这时，我们从上海方面获得国民党汤恩伯部在上海的工事设防的具体材料，立即送交第三野战军司令部，这对我军进攻上海非常有用。

渡江后的胜利形势更促成国民党内部出现土崩瓦解之势，我的接待工作应接不暇。国民党国防部预备干部局副局长兼预备干部总队队长贾亦斌，在我地下党上海局干部的策动下，于4月7日率4000人在嘉兴起义，向天目山挺进，沿途遭蒋军围堵截击。贾亦斌在吴兴以南突围后进入浙西山区，后辗转来到丹阳，我接待了他，并和他研究了工作和人员安排等问题。所谓国防部预备干部局，实是蒋经国培养嫡系干部的机构，局长由蒋经国亲自兼任。贾亦斌率部起义，在当时处于溃败中的蒋介石内部产生了不小的震动，尤其心理影响是很大的。过去作恶多端的特务分子，有的也通过关系找上门来投诚，加上南京和江南一些城市的解放，我们直接领导的干部和关系都纷纷前来请示或接头，我们日夜接待都忙不过来。这时，有一位在国民党“中统”和汪伪特工中比较有名的特务胡钧鹤，也来到丹阳。他在苏州解放时，通过孙洵先找了第三野战军第10兵团保卫部长（兼军管会公安部长）陆政，自称是要找潘汉年。陆政要他到丹阳找饶漱石，当时潘汉年已从香港回到北平尚未南来。饶过去认识此人，知他曾是我共青团中央的书记，后来叛变了，饶不愿见他，要我先接待。胡钧鹤对我直言不讳他的叛变和干特务的经历，也说了在1941年开始和潘汉年有情报关系，以及他在1949年1月从国民党监狱释放后，派徐汉光去香港找潘汉年的经过情况……他对过去叛变干特务和汉奸的罪恶表示痛悔，说自己革命意志不坚强，贪生怕死，因而失足坠下万丈深渊，要求能立功赎罪，说他已47岁，愿在后半生重新做人……他还把国民党“中统”布置潜伏的南京区区长苏麟阁（已控制在手）作为立功的见面礼，要求能见饶政委一面。我要他拟一个立功计划，他要求先找几个旧部一起策划，拟了“可予运用之沪地伪两统（军统、中统）人员表”和敌情材料。这些情况我向饶漱石汇报后，他说：“这个人有用处，可以带到上海去参加‘肃反’，上海反特斗争的情况复杂，要用特务（反特务），特别是汪精卫特务。‘抗战’胜利后，这些人吃过国民党官司，要利用敌人的矛盾。他要求见我，可能是为了试探领导上的态度，是否能取得政治批准的意思，我不见他会引起更多顾虑。可以不作正式接见，而以偶然遇见说上几句的非正式形式来代替。”就这样，我利用搬家前饶有事找我撞见胡钧鹤的形式，安排了一次见面。饶漱石对胡钧鹤说：“你的情况，扬部长都对我说了，今后你好好立功赎罪！”胡钧鹤还想趁此多说几句，就说：“和饶政委已有17年不见，现在比过去胖了……”但饶没有和他多谈下去，说：“我还有事，以后有什么事可以向扬部长说。”说完就走了。关于胡钧鹤和他诓住在手的“中统”潜特苏麟阁的事，我还连续两次给中央社会部发电报汇报情况并得到电报批复：“可以带胡钧鹤去上海协助搞肃反工作”、“将苏麟阁押送南京交周兴处理”。在进上海前，饶还对梁国斌和我说：“可以给胡钧鹤搞个委员会的名义，以便利工作，但放在公安局外面，专门搞这件事。”当时我认为饶漱石比我们大胆放手。我原来向中社部报告时，还只打算“拟秘密运用”，这就是后来我们研究搞情报委员会的由来。

交通大学体育馆之夜

1949年5月25日和26日，我们从丹阳分批乘火车到达南翔。当时解放上海之战的枪炮声还未完全停止（27日，苏州河北岸的市区才最后解放）。我们改乘汽车先到徐家汇附近的交通大学，没有打扰师生，当夜在学校的体育馆暂住，并设法和上海地下党领导策反工作的沙文汉和领导情报工作的吴克坚等同志联系，商讨有关问题。按纪律规定，人员不准外出活动，也不准入民宅，只能在室内休息待命。同志们虽然很疲劳，但是已踏上解放了的上海市区，每个人心情都十分振奋，坐在地板上，也不解开背包，都是夜不成寐，每人都默默地在想各自的事情。多年来过的是农村包围城市的战争生活，今后党的工作重心由农村转向城市，这一战略性转变，我们也将从此结束在农村过流动的军事生活，而变为城市机关的和平生活了。我也是想了很多很多，我1939年离开上海去新四军时，上海还有西方国家统治的租界，以后日军又占领这个“孤岛”，经过10年，现在终于回到人民怀抱，这是党领导人民进行艰苦卓绝斗争才取得的胜利。在沉思中我缅怀为抗日战争、解放战争英勇牺牲的许多烈士、战友们，特别是在解放前夕，我们隐蔽战线派到南京的徐楚光、张冰、周镐同志和派到上海的卢涛等同志，他们均不幸被敌人发现而遭残害。他们奋不顾身、出生入死，深入虎穴默默地工作，为人民立了大功。今天的胜利是许多先烈的鲜血换来的，我们永远不能忘记他们！我又想到多年来，我们党在上海的工人和知识分子等方面做的大量工作是卓有成效的。上海地下党在抗日战争和解放战争中，在支援我军和根据地建设等方面，均作出了重大贡献。这次解放上海，能完整地进行接收，他们也是功不可没的，应向坚持地下斗争的同志们致敬！我又在想，进入这号称600万人口、有“冒险家乐园”之称的大城市，除了国民党多年的统治基础（包括青红帮和黑社会的势力），还有发达资本主义的影响，我们仅带了600多干部来管理公安工作，领导上又要求很快能安定社会秩序，恢复生产和经济，还要求在工作中要像“在瓷器店里打老鼠”那样谨慎从事。因为上海是全国的经济中心，不能搞乱，这也是有关全国大局的事。这个担子很重呵！用什么办法把这个乱糟糟的烂摊子治理好，有没有什么捷径可走？我反复在思考着这个问题，到天明也没有合上眼。这是踏进解放后的上海的第一个难忘的不眠之夜！

顺利接收但问题成堆

我们很快就与上海地下党领导沙文汉和负责在警察局里的党委（简称警委）书记邵健、副书记刘峰等同志会师了。他们具体介绍了警察局中最新的情况，研究了接收计划。早在30年代初，我们党就在当时的公共租界和法租界的巡捕房发展了党员，建立组织。至解放前夕，在国民党警察系统（包括监狱看守警察）中，已有党员470人，有20个党支部。这是一个有坚强战斗力的堡垒。加上解放前夕，不同渠道的地下同志的配合，已做好毛森逃跑前委任的副局长陆大公的工作，使敌人来不及大破坏（毛森走时只有9名被捕同志被杀，少量档案被毁），而把全套建制、人员、枪支、设备、档案、监狱（内有政治犯）等都基本上保存了下来。解放军刚进入市区时，警察仍在站岗维持交通。所以，5 月 28 日李士英、梁国斌和我代表军管会公安部正式进入福州路警察局召见了陆大公，随即分别派人到各处、分局宣布接收。因为事先地下党同志准备了这些有利条件，所以，工作都比较顺利。

我分管的反特工作队，共有 168 人。考虑工作性质的特殊需要，没有进警察局办公，而由我带着在外面活动。从 5 月 28 日开始，也按计划分别查封和接收了保密局、国防部二厅、国民党党员通讯局、蒋经国的青年救国团、国民党市党部、社会局等在上海的机构和外围组织及其所属企事业单位，还有主要特务头子的公馆共 20 余处。但是，除灰色的外围机构外，都是人去楼空，档案材料也荡然无存。这倒是我们早已预料到的，这些特务早有应变措施，不是逃走就是转入地下潜伏了，这就是不同于其他行业的隐蔽战线面临的主要问题。

当各系统正在忙于接管的时期里，尽管解放军有 5 个军的武装分驻在全市，但敌人利用当地的地痞流氓和大量散兵游勇，外地又逃来许多特务、反革命分子、还乡团等，他们互相勾结，乘我情况不熟、工作没有到位或无暇顾及的空隙，大肆进行破坏活动，制造混乱，浑水摸鱼。他们冒充解放军、地下党、民主党派、接管人员等接收、抢劫、杀人、放火，无恶不作，每晚枪声不断。有一天就发生 15 起枪案。他们还向军管会挑衅，信封里装上子弹来恐吓，甚至在上海至崇明岛的轮船上制造了一起枪杀我 7 名军人的严重事件。另一方面，投机奸商利用“军统”特务电讯人员架设商报电台，和香港沟通行情，进行买卖银元、外汇等投机倒把活动，哄抬物价，使人民币贬值，使工厂不能开工，工人大量失业，给我经济上造成很大困难。这时政治谣言四起，人心不定。华东局和上海市委对这些严重情况非常重视，由陈毅市长亲自抓，把驻军、公安、民政、工会、纠察队等力量统一组织起来，建立军警联合办事处，由宋时轮为主任，李士英、曹漫之为副主任，将散兵游勇

（包括外地流入的）和散失枪支收容起来，几天就收容了两万多人，其中还有中将、少将，侦捕了冒名接管和抢劫杀人的匪徒，时间不长，就把这一混乱局势控制住了。同时，又决定打击扰乱金融的投机奸商。由李士英局长带领公安人员包围集中银元交易的证券大楼，制止了非法交易，还破获非法商报电台14家，割断了投机生意和香港的联系，另外也采取其他经济措施，这样，物价才下降，人民币也逐渐平稳。公安部罗瑞卿部长“对上海，在1949年平均每月发生盗匪案件60起，至1950年5月下降为发案4起，6月为两起，至7月只有一起”非常欣慰。

首先打击潜伏的特务电台

我们入城前掌握的上海各特务系统的人员材料，在入城后已完全失去现实意义。他们的去向和布置的潜伏组织等情况，是我们需要特别重视的隐患问题，必须从头开始调查。但是他们藏在暗处，我们站在明处，从哪里下手呢？进城后第3天，首先向我们提供线索的是地下党同志，提供了一位劳动群众检举的、在外国侨民家里发现秘密电台发报的线索（经侦察以后破获了重要的国际间谍案，待下详）。我地下党江南工委的一位同志，也介绍他在江南解放前夕，利用亲戚关系，进行政策教育，争取了保密局一个重要的人员厉培明起义，他曾参与华东地区城市潜伏特务电台的布建。由于厉培明的协助，使保密局潜伏在上海和浙江、江苏、安徽的20多处的敌特组台，先后被上海市和兄弟省公安机关破获，取得了挖掘潜特第一个战役的胜利。这一胜利对我们很有启示，依靠地下党和依靠党组织联系的广泛群众力量，同时发挥党的政策威力，争取分化敌人为我所用的这条路子，是大有可为的。这些经验也提高了肃反工作同志的信心，起了很好的作用。经过市委批准，我们将厉培明留在市局社会处技术研究组工作，专门研究发现潜台等工作。

争取特务分子秘密自首

在丹阳要求立功赎罪的胡钧鹤、徐汉光等人，经批准随来上海后，我们在善钟路找了一处房子，以对外不挂牌子的情报委员会的名义（胡、徐分任正副主任，孙洵任秘书），在田云樵、郭曼果、李涤非等同志掌握下，规定工作纪律，要他们在外面开展国民党特务分子的秘密自首工作，在特务中宣传我坦白从宽立功赎罪的政策，以充分发挥我分化瓦解敌人的政策威力。规定每日必须详报工作日志，由我亲自审阅，目的是为了收集情报发现潜特。经短期工作收到显著效果，有一批各特务系统的站长、处长（省、市）主任和重要骨干向我们秘密自首，交代了各系统各组织在解放前后的动态，发现了不少潜特人员电台等线索，为我侦破提供了条件，也使我们能系统地进行特务人员情况的排队，进行深入研究，做到心中有数，为开展公开登记作准备，使我工作更加主动。在这项工作中我们也曾发现有假自首和招摇撞骗等各种问题，但随时发现即随时予以纠正处理。

重击敌特的反扑

在上海解放过程中，有部分敌人脱逃去了台湾，还有部分特务和受他们掌握的土匪武装仍残留在沿海的舟山群岛。他们惊魂未定，又得知潜伏组台被我破获，不甘心失败，又在秘密策划对我的反扑。敌人一方面用残存的海军封锁上海的海上运输，利用台湾和舟山机场起飞的空军不时骚扰轰炸上海，以扰乱民心制造我经济困难，一方面又利用特务系统加紧策划对我进行各种破坏活动。

开始他们是派小股武装特务登陆，以金钱收买、封官许愿等手段，在上海就地发展“反共救国军”、“淞沪突击队”、“长江纵队”等武装匪特。经我们和驻军与兄弟省市配合，连续予以侦破，在 1949 年底便扼制了敌人的这一势头。

但接着敌人又施展出更为狠毒的阴谋，就是布置对我领导人的暗杀行动。蒋介石亲自密令保密局长毛人凤，布置这项阴谋计划，不惜黄金重赏。中央公安部和我们都不断得到这类情报，并发现已有行动特务潜入。陈毅指出：“敌特还留下大批人员，国民党特务在日本时代尚且暗杀汉奸唐绍仪，我们要看到事情的严重性。”周恩来也告诫我们：“穷凶极恶的敌人，别的不能做，暗杀，他是能搞的。都是党几十年来培养出来的干部，损失不起，这是非同小可的，一定要重视。”因此，我把反行动破坏的斗争作为重点工作亲自来抓。首先，对历史上搞过行动特务的人展开调查，设法掌握境外敌特动态，选择使用有接敌条件的特情，对可能潜入的这类特务在上海的社会关系也进行控制，并布置吴淞等港口检查……张网以待。当知道了保密局有名的所谓“百发百中，无刺不成”的打手刘全德，已被毛人凤委为上海行动组上校组长，给予了暗杀陈毅市长等的任务，限期6个月完成，返台后可得1600百两黄金奖赏的情报后，我全力以赴严阵以待，成立以王征明、王大超为首的破案指挥部。1949年10月30日，狡猾的刘全德没有和同伙一起从吴淞进沪（因此，我们也没有惊动其助手），而改从金山卫潜入市内。我们迅速指挥熟悉刘特的几个特情，分别向其可能落脚的处所出击。刘全德刚来7天还没有来得及和同伙碰头，就被特情高激云发现。他设法稳住了刘全德，刘全德也不完全信任高，设法想灌醉高，高佯装喝醉，乘隙出门召来军警将其擒获，随即也将潜入的同伙一网打尽。刘全德早年是我红一军团保卫局人员（据证实他认识罗瑞卿部长，这次来上海如得手，还准备暗杀罗部长），在被派去武汉执行任务时被捕叛变，便当了特务。刘被捕获后，即押往公安部审理，在北京处决。对此案的破获，公安部曾予电令嘉奖。另外，我们还破获了有名的行动特务朱山猿、邱信等案10起，还发现破获了敌人布置在龙华机场准备向苏联专家食物放毒和爆破黄河铁路桥梁等预谋案件，使敌人的阴谋暗杀计划破灭，使全市没有一个党政军领导、民主人士、起义将领和知名人士遭受暗害。

从1949年6月以后，国民党空军对上海不断骚扰，敌人扩建舟山机场后更升级到不断飞来轰炸，使我人民生命财产和工业生产遭受许多损失。但因敌人预先布置的潜伏电台被我一一破获，轰炸亟需情报策应，因此，台湾特务只得再派人进来重建新台，为配合轰炸提供情报。当公安部和我们获悉已有一名叫吴思源的潜特来沪建台后，我又把侦破这个关系保护人民生命财产安全的案件作为重点来抓。经过多方侦查，这个吴思源就是潜伏在瓷器店的跑街（店员）罗炳乾。把罗的照片给起义的保密局电讯人员辨认，原来他就是“军统”老报务员罗德阳。我们用机务人员汪声鸣设计的无线电测向仪24小时守候监控。1950年1月25日，敌机又轰炸上海重要的发电厂和造船厂。在炸后的第三日清晨，钱明等日夜负责守候的同志，乘罗德阳正在发报时，破门而入，人赃俱获。证明罗德阳确是受台湾保密局万能情报员训练后潜入的特务，被委为上海独立台台长，专向台湾提供轰炸目标及报告炸后结果。2月6日敌机又再次轰炸上海电力公司，毁1000余民房，死伤1300多人，受灾居民达5万人。全市人民愤怒万分，在飞机轰炸的第二天，军管会军法处即判决罗犯死刑，立即执行，并在《解放日报》等报上公布详细案情，全市人民拍手称快。敌人这些疯狂的反扑活动，经我一一重击，到1950年5月舟山解放，敌人失去活动的依托和跳板，这一活动势头才有所收敛。

1950年6月，朝鲜战争爆发，美国命令第七舰队进入台湾海峡，公然阻挠我解放台湾。这又勾起了蒋介石的幻想，认为有了反攻大陆的机会，第三次世界大战将爆发。这样，又使美蒋特务合流而蠢蠢欲动，成立了“中美联合工作部”（以“西方企业公司”名义为掩护）向我进攻。美国还直接启用蒋军失意的特务头子毛森等人，以第三势力“自由中国运动”等名义向大陆派遣武装特务，使一度稍有收敛的敌特活动又不断冒头。但由于我加强了工作迎头痛击，加上全国开展镇压反革命运动，人民政治觉悟的不断提高，使美蒋梦想也不得实现。

和敌特斗智的逆用台

在不断破获潜伏特务电台中，潘汉年副市长是很有经验的，他像下棋一样总是能看到下几步棋，他及时提醒我们，要“学习打击敌人的方法，作留根的考虑”，因此，我们研究了逆用特务和电台继续保持和台湾联系的方法。但这是需要高度智谋的斗争，也是极严肃而具有政治风险的，所以，我们非常谨慎，规定了一套请示报告等制度，并采取了监控等措施。在我任内由我经办的，尚没有发现越规而造成严重后果的情况。其中逆用“保密局江南特别站”站长兼“江南人民反共自卫军”司令金家让就是比较成功的例子。

金家让原是太湖上的土匪头子，“抗战”时期成为“军统”的“忠义救国军”，后来因内部矛盾，被国民党下狱，因而对“军统”不满。解放前，他任国民党国防部二厅江南特别站站长暨江南人民反共自卫军少将司令。到台湾后国民党保密局又“委以重任”，派他潜回大陆搞特务活动。他因在被国民党关押中结识了同牢的张锡昌和陈默，受他们的影响而对我们产生好感。在释放时，陈默告诉他以后可去找潘汉年，他牢记了这句话。当他潜回前，在舟山就先派他的副官来上海找潘汉年，表示愿意向我人民政府投诚。金家让来后，我和王征明、李涤非、钱明等人去看他，他很感动，立刻向我们提供了他掌握的大量情报，交出电台一部。根据他的情报，我们破获了潜伏特务组织（包括武装特务）案30余起，缴获电台8部，密码58套，枪172支，子弹3万多发。1951年春节，我和妻子李琼以及社会处的李涤非、钱明等人宴请金家让夫妇。在那次便宴中，我们肯定了他提供的材料在对敌斗争中的作用，我向他敬酒，他喃喃地说：“我欠人民太多了。”当时，对他的生活，我们也作了周到的安排……我们当时努力通过自己的行动使他们明白，只要他为人民做过一些好事，人民是不会亏待他的。

我们把使用金家让的情况报告了市委和中央公安部，得到批准逆用后，指定由李涤非直接掌握，架起电台和台湾通报。我们还不时编制提供了真真假假半真半假的情报。这些所谓情报，实际上是对敌无用对我无损，是为了骗取敌人信任的（这类情报的发出都有批准手续，还将内容告有关方面监控）。台湾特务深信他已在太湖拉起两万队伍，建立了游击基地，曾派骨干特务进来检阅队伍。我们布置假的一套供检阅，并摄了记录片让其带回台湾请功，竟完全蒙蔽了屡遭败局寻求自慰的台湾保密局，还发来嘉奖电："领袖对兄部破坏工作迭有表现甚为嘉许。顷奉总长周至柔代电称，金兄功绩卓著，核发云麾勋章一座，证书一面……"我想也有一种可能，在这5年的时间里，台湾保密局毛人凤对金家让可能也曾察觉并有怀疑，但为了保全自己，免受蒋介石、周至柔的责难，因而不敢声张，将错就错，自欺欺人，这样，反可名利双收，所以，就一直保有联系。这一有趣的哑谜将来终究有一天会被揭晓的。这出有声有色导演的假戏，我们因此收到了台湾运来的几批有用的"礼品"，其中包括成批武器弹药和电台、金银等。这个逆用案从1949年12月开始，直到1955年，最后因我的问题也引起对金家让产生怀疑，才被迫中断。今天看来是很可惜的，否则敌人还一直蒙在鼓里呢！

但是，后来听说金家让终于没有逃过"文化大革命"这一关，这使我感慨良深！

初战外国间谍

上海解放后的第三天，人们还沉浸在欢庆解放的热烈气氛中。在外侨魏克特家帮佣的杨秋露大姐，在地下党员胡宏达的启迪下，检举了她的外籍东家设有秘密电台的线索。这是涉外的案件，我特选了桂苍凌负责组成工作组来侦查。经工作证实，那家确有较隐蔽的一根天线，也确有无线电波从那里辐射出来，又发现来往的可疑人员，并取得了证据。市委和公安部均很重视，在和外事处黄华共商后，在1949年10月25日将魏克特夫妇和葡萄牙人、报务员巴比蒂斯太及中国籍报务员、情报员、交通员等予以逮捕，缴获收发报机 4 部半、密码 11 册、手枪及情报底稿等。据魏克特的交代，又在苏联驻沪的商务代表团和领事馆中追捕了一批苏籍和中籍情报员，由此打开了美国中央情报局在上海潜伏部署的一个缺口。原来这个无国籍的白俄，在上海是以经商为掩护，实际是受美国中央情报局远东情报总站的谍报官员史密斯和雷德蒙所领导。该局是针对中国和苏联、朝鲜、蒙古等国的，在我国北平、天津、沈阳、长春等城市设有分站。解放初期“我们对帝国主义特务内情知道不多，还相当‘盲目’，二是经验不多，知识不多”。这是我国最早破获的国际间谍案件之一，极大地鼓舞了我干部对国际间谍的斗志，摸到了一点经验。

接管前后

叶进明

叶进明（1910—2001），浙江余姚人。1927年5月加入中国共产党。上海解放初期曾任上海市军事管制委员会财政经济接管委员会公用事业处处长。

进城第一夜

1949 年 5 月 8 日，陈毅、曾山等同志在丹阳召开接管上海的第一次会议，会上决定我们华东财办南下纵队第八大队负责接管上海的公用事业并担负供应煤炭的任务。会后，我们就投入了紧张的准备工作。

5 月 25 日，听说攻打上海的大军已突入市区。我们怀着激动的心情，受命立即南下接管上海。我和几位同志乘着由杨澄和洪锦棠开的一部中吉普作为先行。那时，他们两位都是兵站部的干部，接管队伍南下时，他们打前锋、当先行官。吉普车里还有后奕斋、靳怀刚、赵履清、程万里等同志，加上各人所带的警卫员，车子坐得满满的。

天没亮我们就出发了，当天下午 5 时到达南翔镇，在一个中学里停息了一会。夜幕初降，我们从曹家渡造币厂桥顺利地进入市区，当晚进驻金门饭店。另外一支 200 多人的队伍，是到真如后再分批分散进入市区的。

这一天是我终生难忘的日子。在紧张的行军路上，我想得最多的，也是最担心的是上海公用事业会不会在战火中遭到破坏。车过曹家渡，看到市区马路平坦宽畅，两旁路灯明亮，进入闹市南京路，眼前灯火益加辉煌。走进我们的驻地金门饭店三楼住房，我首先打开自来水龙头，一下子冷水热水哗哗直流，看来，作为现代化大城市命脉的水、电供应没被破坏，我心上拴着的那块石头落地了，情绪顿时轻松了许多。

接着我又拎起电话机，拨完号码，电话随即“滴铃铃”响了起来，在当时的环境与气氛中，听起来分外悦耳。我哥哥在电话中听到我的声音，显得很高兴，连声说：欢迎、欢迎。同时告诉我昨天来了一位姓朱的女同志，正在他家等我们。这是谁呢？一通话原来是朱慰云，她是我们南下队伍里专门负责接管煤炭单位的财务领导人。那时上海供应煤炭的单位有好几个，如国民党的烟煤调配处、四矿联营处，还有几个大的煤矿驻沪办事机构。为了保证供应，我们对这些单位十分重视，部队进入上海后首先抓牢的就是这项工作。上海是一个国际性的工业城市，产业工人队伍中，仅纺织工业就有30万工人，每天要用大量棉花做原料。“民以食为天”，500万居民所需的大米，数字也是惊人的。当时统称为“两白一黑”，就是指的粮、棉、煤。我们这一队除了负责接管公用事业外，另一项艰巨任务就是负责“一黑”的运输供应。

电话是畅通的，但刚才由于兴奋，和朱慰云只讲了几句话就放下了。还有许多话没有来得及讲，比如我还想问问潘以三先生的情况，他是我的先生、业师，抗战开始时就是我党的统战对象和得力助手。我想与他通电话，对当前煤炭的供应与运输要请教他的事不少。但挂断了的电话，再也打不进去了。当时，后奕斋也想打电话，想通过我哥哥打听刘芳的情况。刘芳是1946年我带来上海筹备华东局工作的，当时我们曾与国民党进行和平谈判，党中央做了两手准备，一手是打仗，一手是和平建国。如果和谈成功的话，我们准备把华东军区10万名解放军动员退伍去搞工业，开矿山。因此，领导上要我带一批人来上海筹备这项工作，刘芳后来就一直留在上海。可是电话一直打不通，情况不清，心情不免焦急。什么原因呢？后来才知道朱慰云是第一次来上海，也是第一次打这种自动电话，它的使用方法与部队手摇的军用电话全然不同，讲完后她不知道把耳机放回机键，而是挂在墙上，电话又在楼梯边上，没人管，所以搁了浅，打不进去。

电话不通，与外界的联系暂时中断，我们只能先研究明后天的工作计划。大家把身边带的几本资料汇编翻出来，这是上海地下党为了帮助我们接管而收集的政治、经济方面的详细资料。这几本资料中介绍情况最详尽的当推《上海概况》，厚墩墩的有660多页，分上中下3篇共14个专题。如上海的土地、人口、风俗、习惯、反动政治组织、官僚资本企业的机构设置、历史沿革、内部组织、人员动态、重要设备、物资储存，甚至娱乐的场所、跳舞厅、妓院等情况都有。这是地下党组织通过各种社会关系调查收集、整理汇总的。这本情况汇编对我们整个南下接管大军帮助很大，我们按图索骥，工作起来顺当不少。还有一本是上海各种公用事业概况，我们在丹阳分配的任务正是接管上海市公用事业各单位和国民党市政府的公用局。这本公用事业概况，不光是我们行军的指南。根据这份资料提供的情况，我们预先做好了各种准备工作，拟订出哪些单位是接管，哪些单位是先接后管，哪些单位要立即恢复生产，保证供应等规划。例如，对公共交通、市郊公共汽车、公路总局等单位，在丹阳时，领导就指示我们一进城要马上出布告，恢复生产。所以，掌握这些资料是非常重要的。

我深深感到我们的解放战争所以能迅猛发展，除了有强大的武装力量之外，地下党的紧密配合是一个非常重要的因素。他们顽强地战斗在敌人心脏里，为我们搜集了大量珍贵的军事政治情报，培养并输送了大批德才兼备的干部、知识分子、技术人员，提供了无数的物资装备弹药资金；临解放时又组织工人学生开展护厂护校斗争，使上海这一大城市比较完整地保护下来移交到人民手里。他们为顺利接管上海立下了功勋。上海地下党的力量是很强的，许多领导如刘晓、刘长胜、潘汉年等都在临近解放时到了解放区，南下时又和接管队伍一起进城，在负责各条战线的接管任务中起了很大作用。我们南下接管队伍十分重视上海地下党辛勤搜集的这些资料。我们各个接管队伍的全部准备工作，靠的就是这些宝贵资料。

时间虽已接近深夜 12 点钟，但大家毫无睡意，情绪依然很兴奋。正在这时，上海地下党到过丹阳、与我们一起进上海的朱俊欣、周国强等同志及另外五六个留在上海的老地下党同志来了。我们一起研究共同接管问题，他们详细谈到在总工会领导下，如何在美商电力厂（即上海最大的杨树浦发电厂）、法商电车电灯公司（原法租界的一个重点公用事业单位）、英商煤气厂、电车公司、美商电话公司等公用事业单位积极维持生产和护厂斗争所取得的胜利。他们一个厂一个厂地介绍情况，我们听了无比高兴。正在大家热烈讨论第二天工作计划的时候，军管会领导机关来了通知，说 5 月 28 日就要接管前公用局机关和市政府机关。这时已是下半夜一点多钟，大家拿出身边带的干粮充饥，这种山东大饼很硬，啃不动，只能用茶泡软了吃下去。

杨树浦发电厂

上床以后，我翻来覆去老是睡不着，一向睡惯硬板床的我，第一次睡席梦思床，虽然感到柔软舒服，但多少有点不习惯。脑子里不断思考着这几天来领导的指示精神，这么大的一个城市等着我们去接收、去管理，这是一件划时代的大事啊！许多新的课题都得从头学起。进城以前，领导要我们在总结接管石家庄试点经验的基础上，学习接管济南城的经验。这些往事历历在目，并不断给自己以砥砺。睡意早就驱散了，于是又把那几本资料翻起来，仔仔细细地阅读，生怕漏掉或忽略了某些方面而影响工作。

我想到我们初来乍到，业务不熟，情况生疏，领导再三强调必须依靠工人阶级，团结知识分子和工程技术人员。特别在公用事业中，高级工程技术人员比较多，他们熟悉业务，学有专长，如何把他们的积极性调动起来为人民服务，这一问题，是值得深思的。在革命战争年代，我们靠三大法宝取胜，在建设新中国时，也要发扬我们党的优良传统，搞好统一战线工作，团结知识分子，这样，力量无疑就会更壮大。

我又想到这几天领导反复强调的有关接管的方针政策，简单概括起来就是两句话："原封不动，维持生产。"原封不动，就是说有的单位接是接了，但暂不变动，贯彻先接后管的精神，这一步骤既有利于维持生产，保证供应，又不干扰军管会的统一规划。上海的情况复杂，公用事业更是五花八门，有洋商的，有官僚资本的，有私营的。仅公共交通方面就有英商电车公司（都是老式有轨电车，在前公共租界内行驶），有行驶于前法租界的法商电车公司，还有国民党的官僚资本企业公交公司。对这些单位，要根据不同情况区别对待。公交公司是接管单位，曾山曾再三嘱咐我们，进城后要迅速恢复市郊和市内交通。公交公司拥有两三百辆车子，公司一接管，市内交通就要想办法立即恢复。要抓住这个单位来带动其他，把市内交通建设好。我们虽有靳怀刚、洪锦棠等对交通比较内行的同志，但能不能接管好并与地下党配合起来迅速恢复交通秩序，心里总还不很踏实。

我想来想去忽而又想到工作的不利条件和困难情况。在丹阳会议上，领导再三强调要从坏的方面打算，不要盲目乐观。记得陈老总谈过多次，要我们有敌情观念。不是吗，我们一路过来，就曾多次遭遇敌人飞机的轰炸，汽车只能停下来分散隐蔽，有的战士和领导在空袭中牺牲了。陈老总说过：空中会有敌机袭击，海上也会被封锁，有了轮船无法航行，水上、陆上的运输都可能出现非常困难的局面。怎样维持生产呢？怎样保证"二白一黑"的运输呢？想到这些方面，我有些担心，感到肩上的担子更重了。

为了保证煤炭供应，在解放上海之前，我们已确定由田萼芳总负责。他原是一个爱国的煤业资本家，1945 年抗战胜利前就到解放区参加新四军，他开过工厂，后来到山东一直搞煤矿。解放上海前半个月，他已跑了许多地方，了解到在唐山码头上堆积着一百多万吨唐山煤矿的煤。淮南煤矿也有十几万吨存在江边。裕溪口、连云港都有煤。在这些地方我们都派了人，如裕溪口有司传宝，连云港有任景中，浦口有高吉奎等同志。煤有了，人也有了，看来，就是运输方面还有困难。怎样才能把煤运出来呢？从哪里派船去呢？海口封锁，船只无法进出，空中还有敌机轰炸，这对运输是致命危险。想到这里，联想到陈老总、曾山都再三叮嘱我们要从坏的方面、困难方面多考虑一些，甚至美国的军事破坏的可能性也是存在的。这些话我是不会忘记的。

第二天，天刚亮就不断来人。我哥哥来了，潘以三先生来了，田萼芳也来了。他是老上海，原是华北煤业公司副总经理，这次同朱慰云一起到南京调查煤炭情况，比我们早一天进上海，因找不到住的地方，把朱慰云这个女同志送到我哥哥家住下了。还有刘芳也来了。他们一到就告诉我们，外面公共汽车、英商法商的电车都已出厂行驶，交通恢复，市民莫不称便。我们听到好消息，高兴极了。

进上海的第一个夜晚，就是在这种兴奋、激动，又有点担心的心情下度过的。

第一个国庆节

万民欢腾的国庆节到了，上海人民连日来沉浸在狂欢之中，只是天公不作美，阴雨连绵，但丝毫没有影响人民兴高彩烈的情绪。在"庆祝国庆，保卫世界和平"的口号下，各个区都分头集会，进行庆祝活动。那时上海人口总共不到五百万，而报纸上报导每天有几十万甚至上百万人参加庆祝游行。这样的庆祝活动一直连续了 10 天左右。

10 月 8 日召开全市庆祝大会，又把庆祝活动推到了一个新的高潮。大会从下午一时正式开始，游行队伍浩浩荡荡，分三路通过现在人民广场（那时叫跑马厅）的检阅台，壮观极了。台上站满了中共中央华东局领导成员，还有市委、市政府、各局处领导，整个主席台都站得满满的。会场里人山人海，后来通知说这个会可能要开到晚上八九点钟甚至十点多钟，所以在主席台后面临时搭了个休息的地方。连续 10 天的狂欢庆祝，精神上确是兴奋欢乐，体力上难免有些疲劳。我正是怀着这种既兴奋又有点疲劳的心情参加这次盛会的。

大会正式开始后，各路游行大军徐徐通过主席台。游行队伍中有工人、解放军、学生、体育界、文艺界，连宗教界的尼姑、和尚都参加了。他们个个容光焕发，为上海这个城市的新生欢呼。各个系统各有特色，在学生队伍里还有活报剧，都是新从延安和抗日根据地新文化艺术团体学来的，真是五彩缤纷，气象万千。我们站在主席台上频频向前面的游行队伍鼓掌，举手致意。站在主席台上就像战士值岗那样必须全神贯注，几位主要领导如陈毅、刘晓、刘长胜等同志，个个精神抖擞，一直站在主席台的最前面。台上台下，领导与群众心心相连，完全打成一片。即使坐在主席台后面的休息室里，两耳也充满了游行队伍里的口号声、欢呼声，人人都沉浸在欢乐的海洋中。

面对沸腾的场景，我思绪万千，又想起几个月前我们进军上海和进行接管的情况。

经过几个月努力，接管国民党市政府各局的任务已告完成，市人民政府9个局先后成立，公用局也在一个月之前正式成立。解放初十分繁重的“二白一黑”运输供应任务，通过努力也已趋向缓和。我们公用局管辖范围重新作了调整，只管公用事业，不管煤炭的运输供应，四矿联营处划给了华东商业部，公路总局归口交通部，担子较前轻松了些。这一段时间以来，脑子里印象最深的是一个月前（9月3日）陈毅市长在逸园（现文化广场），召集市政府全体工作人员会议，到会的有13000多人，其中90%是留用人员。这个大会给大家留下了深刻的影响。

当时上海解放才3个月，第一步接管工作已告结束，第二阶段管理和改造工作正在开始摸索。陈毅市长讲话中首先宣布接管任务已顺利完成，充分肯定了大家的成绩。他说：接管工作完成得很出色，这里不仅有我们军队、地下党、接管队伍的功劳，而且各局留下的工作人员也有很大贡献，他们没有离开岗位，保护了文件、档案资料，全部移交到人民手里，这对我们帮助很大。上海的社会秩序没有遭到破坏，新秩序已初步建立了起来。如果5月25日上海解放那天，旧市府人员都走了，不管了，那么情况就严重了，损失也会大些，要重新恢复秩序在短时期内就比较困难了。陈毅市长说：两下一比较，各位对人民的贡献是很大的，我以市长的名义向到会的各位致谢致敬。这时会场欢声雷动，大家无比兴奋、激动。现在许多高级知识分子也就是当年留用的工程技术人员，对陈毅市长实事求是的讲话精神至今难忘。根据陈毅同志讲话精神，对照自己前一阶段工作，我觉得有两个方面是抓对了。一是抓学习，特别是领导班子的学习。因为，过去我们搞地下工作，参加解放战争，做了不少工作，但如今要管理大城市的公用事业，感到原有的水平已不能适应了。公用局一成立我们就建立了中心学习小组，这个小组由我和留用的代理局长刘锡祺为正副组长，成员有后奕斋、赵履清、陈敏之、刘芳、程万里、丁基实、徐士高等 9 人组成；还有刚成立的外商公用事业的工程师学习班，也要去加强领导。我想学习是提高思想、统一认识的最好办法。党的七届二中全会后，组织上把学习全会文件作为中心任务提出，问题是今后如何下功夫自学。二是抓团结知识分子的工作。接管几个月来取得“维持生产，保证供应”的成绩，是和团结、依靠知识分子、科学工作者和广大劳动群众分不开的。党中央指示我们搞社会主义建设要靠科学技术，要依靠知识分子，团结技术人员。我记得南下时带来了好几位技术人员，有原山东省建设厅厅长丁基实，以及建设厅、济南电厂的好几个工程师，如徐士高总工程师就是从济南南下来参加接管的。现在又有许多新的公用局的专家，他们熟悉情况。更值得一提的是跟着我们南下接管的还有一位朝鲜同志金官奎，他是一个杰出的为中国革命而光荣献身的国际主义战士，是模范共产党员。他进上海协助接管公交公司，担任公交修造厂的技术联络员后，就埋头苦干起来。为了克服缺乏汽油的困难，他努力研究用酒精掺上清水代替汽油，以后酒精供应不上，又改装木炭炉子代替汽油。多少个日日夜夜刻苦钻研，终于积劳成疾，患了贫血症，有天昏厥在家里，虽立即送公济医院治疗，但抢救无效，于 8 月 22 日病故。我们借总工会大礼堂召开追悼会，军管会、陈毅市长都送了花圈。对这些富有献身精神的知识分子，我们是十分尊重的。在军管会领导号召整顿党的作风时，我们于 9 月 16 日召开过公用局里十几位专家和高级知识分子的座谈会，参加的有毛启爽、胡汇泉、张钟俊、张家祉、丁基实、徐士高、周赞明、赵莹章、胡铭恺、范世弼、王恒、梅汝河、屠连等10余人，目的是征求意见。不少爱国心切的知识分子给我们提了宝贵的意见。

我想，只要我们虚心请教，克己奉公，是一定能够得到大家的拥护的。我又想到接管上海时，看到许多大的场合，依然高悬着孙中山先生的画像片，想到国民党员中爱国的、革命的也实在不少。回顾自己的历程不也是从爱国心出发逐步走上革命道路的么！所以，我们一定要团结好绝大多数人民，即使有些人过去走过歧路，做过不利于人民的事，只要他悔改，我们也是可以考虑使用的。要欢迎人家改过自新嘛！这样，我们的事业就会越来越兴旺发达。

那次全市几十万人的庆祝大会，是解放后的第一次，它显示出解放了的中国人民，力量是无比强大的。

解放上海接管前后的斗争

吴雪之

吴雪之（1906—1991），上海嘉定人。1932年加入中国共产主义青年团，1937年下半年转为中国共产党党员。上海解放初期曾任上海市军事管制委员会财政经济接管委员会贸易处副处长。

1949年5月，在毛主席的战略部署下，陈毅、粟裕等同志统率百万雄师过大江，以横扫千军如席卷的神速进军，攻克南京，解放了上海。这座被帝国主义、封建主义、官僚资本主义蹂躏了100多年的我国第一个大城市获得了新生，全上海600万市民从国民党反动统治的水深火热中解脱了出来。迎接解放和接管前后的斗争，许多动人情景历历在目，记忆犹新，略述梗概，藉资纪念。

接管准备工作

整个上海的接管准备工作，早在1948年末就由上海地下党根据中央指示开始进行，经过全体党员和革命群众的艰苦奋斗，取得了很大成果。

我是1949年2月上旬从香港回上海的。那时上海人民在各条战线上的斗争蓬勃兴起，国民党反动集团手忙脚乱，色厉内荏，妄图作垂死挣扎，疯狂镇压人民革命运动。在这种情况下，我地下党组织一面针对国民党的反动措施，广泛发动群众，展开面对面的公开斗争，一面继续隐蔽骨干，蓄积力量，机智沉着地进行配合人民解放军尽快解放上海和保护城市、准备接管的各项工作。

当时党给我的任务是负责官僚资本主义企业的接管准备工作。上级领导是刘长胜，是单线联系的，另外有项克方知道与我联系的电话号码。我那时直接联系的地下党同志有20多人，并通过他们联系着一部分地下党员和进步人士。这些人大都分布在国民党官僚资本企业或有关方面，如海关、铁路、轮船招商局、物资储备总局、资源委员会等等。这些单位也就是我们准备接管的对象。

我们的接管准备工作，主要从以下几个方面进行。

首先，通过党的组织和各种社会关系，调查、收集国民党在沪官僚资本企业的有关情况，如机构设置、历史沿革、内部组织、人员动态、重要设备、物资储存等等，尽可能摸清底细。当时我们把调查了解到的情况，写成材料，一式两份，一份送上级，一份自存。后来的事实证明，这些调查材料，对领导掌握情况、布置接管和接管后的清理、整顿，都起了一定的作用。

其次，当时国民党党政机关和官僚资本企业的工作人员，以及社会上、工商界的中、上层人物，除极少数死硬分子妄图负隅顽抗或准备逃跑外，绝大多数彷徨观望，主意不定，还有相当一部分人认清形势，决心弃暗投明，苦于缺乏线索与我党联系。针对这种情况，我们在调查研究的基础上，做了大量的宣传和争取工作。在进行这项工作时，我们以毛泽东在七届二中全会上的报告为指针，后来又以毛泽东亲自起草的中国人民解放军布告——“约法八章”为武器，根据不同对象的不同情况，分别采取写信、走访、带口信、打电话和个别交谈、集体漫谈等方式，公开地或者迂回曲折地对他们宣传党的政策，要求所有在官僚资本企业工作的人员，在人民政府接管以前照旧供职，负责保护好资财、机器、图表、账册、档案等，听候清点接管，并说明有功者奖，破坏者罚，凡愿继续工作者将予以量才录用。当时我们处于地下状态，在白色恐怖下进行这些工作，都有一定的危险，需要胆大心细，既有不畏强暴、不怕牺牲的勇气，又保持高度的警惕性。广大地下党员和非党进步人士，正是这样怀着迎接解放的迫切心情，不分白天黑夜，窥察时机，见缝插针，忘我地进行工作，因而取得较好的效果。记得我也曾通过社会关系，走访过一个纱厂的负责人，约定到他家吃饭，促膝谈心，交代政策，促使他下定决心，支持工人同志的护厂斗争，保证了机器设备和各项资财完整无缺。事实证明，毛泽东的教导英明、正确，“约法八章”的威力无穷，是任何反动势力所不能抗拒的。

第三，与其他战线上的同志协同配合，发动群众，对反动派开展经济斗争。当时人民解放军节节胜利，许多官僚资本企业在反动头子威逼下，纷纷制订所谓“应变计划”，企图撤退机构，搬迁物资。为了保护人民财产，我们发动职工，坚决反对搬迁，遇有反动派顽固地下令搬迁，就组织职工消极怠工，大家不动手，也不离开工作岗位，使反动派无可奈何。那时我们不发动罢工，因为发动罢工，一方面会给反动派以借口，实行镇压，另一方面职工离开单位，不利于保护物资，可能造成损失，所以组织怠工是当时条件下比较恰当的斗争方式。还有些反动资本家，特别是官僚资产阶级分子，眼看大势已去，搬迁设备物资又不能得逞，于是采取毒辣的破坏手法，借口物价上涨，对职工滥加工资，企图造成既成事实，使我们在接管后背上包袱。针对这种情况，我们一面说服群众，反对增加工资，一面提出发“安家费”的要求，官僚资产阶级要逃跑，我们就发动职工加以包围，责问他们：“你们到台湾、到美国去了，我们怎么办？”一定要他们发给安家费，而且不要钞票，要银元，要黄金。这些要求提得通情达理，不但符合广大职工的切身利益，大家齐心协力，坚持斗争，而且得到社会上不少中、上层分子的同情和支持，迫使反动派不得不照办。由于这些斗争的胜利，在解放前夕基本上做到设备完整，物资无损，工厂继续开工，职工照领工资，为迎接解放和顺利接管创造了有利的条件。

完成接管任务

1949 年 5 月 25 日，人民解放军从徐家汇等方向，击溃敌军，进入苏州河以南市区。那时我住在逸园跑狗场对面（今复兴中路）的一个公寓里，凌晨 3 点多钟，听到隆隆炮声中夹杂着朝天鸣放的枪声，知道解放军已到达邻近。天亮后忙去铁门边一看，只见无数解放军安静地坐在人行道上。我赶紧吃了早饭，找到同住一处的一个同志，开了汽车出去（解放前夕为了应付解放时的紧急情况，我们准备了一部小轿车），心想如果解放军拦阻，就请求把我带到司令部去，想不到解放军安坐不动，我们汽车到处开，无人阻挡。进城的解放军都年轻力壮，精神饱满，服装整齐，严守纪律，受到全市人民不管男女老少的热烈欢迎和同声赞颂。此情此景，使我这个长期隐蔽在白区从事秘密活动的地下工作者，顿时进入了另一个世界，呼吸着自由的空气，充满了胜利的喜悦，心情激动，终生难忘。

那天，我赶到建国西路一处联络地点，把所有由我直接联系的同志召集来，要大家把过去调查了解的材料迅速集中整理。记得当时我还没有摆脱秘密工作的习惯，首先问一位同志“这里安全不安全?”那位同志爽朗地回答：“放心吧，现在已经没有什么安全不安全的问题了，弄堂口就有人民解放军!”

后来，刘长胜通知我去胶州路开会，那是前线指挥部。在那里，见到了陈毅等领导同志，他们首先关心地问我有没有吃饭。接着大家一齐坐汽车到沪西圣约翰大学开会，开了一个通宵，主要是讨论接管问题，我和另一个同志汇报了准备接管的工作情况和亟待解决的问题。

第二天清晨，我正准备到建国西路的集中地点，把同志们整理的材料汇集起来送交组织，可是接到通知要我到原国民党励志社去参加华东局的扩大会议。这次会议到会的有二三百人，除了我和项克方是穿了西装，坐着自己的汽车来的以外，其余都是穿军装的高级将领和准备参加接管工作的军代表。快散会时，刘晓把我介绍给大家，并要我把集中在建国西路的同志全部接来，逐个地介绍与军代表对口见面，实际上就是地下党与解放军的会师。

后来组织上规定参加接管工作的主要同志集中在金门饭店办公。我去时，第一个见到的是曾山，还有许涤新是我认识的。那天开了一个会，会后曾山交给我一本厚厚的关于对外贸易问题的文件，要我仔细阅读。我请了一天假，认真阅读，深深地感到这个文件完全体现了毛泽东的思想，在外贸问题上提出了一系列的正确方针，既反对放弃原则的投降主义，又反对盲目排外的孤立主义。正是在这些方针的指导下，解放后不久，开放海关的布告就张贴在港口和码头上，为后来外贸工作的逐步开展奠定了基础。阅读了这个文件，结合连日来听了领导同志在几次会议上的讲话，也使我深深地感到，真正的接管准备工作在丹阳早就做得相当成熟了，所有接管工作的方针、政策，以及有关接管单位的情况、特点和接管中应注意的事项，大体上都已有了明确的规定和具体的规划，使我们更加心明眼亮，胸有成竹，信心倍增。接着就在上海市军事管制委员会财经接管委员会的统一领导下，开始了紧张繁重的接管工作。

参加接管工作的部分人员在金门饭店办公

在对官僚资本企业准备接管和接管过程中，我们必须充分估计到客观上的复杂性，根据不同单位的不同特点，规定不同的任务和要求，采取不同的步骤和方法，不能千篇一律地“一刀切”。这里举两个典型的例子，一个是带普遍性的，一个是具有特殊性的。前者如海关。早在解放以前，我们就在那里建立了党支部，书记是郑铁宝。另外还有一个成立较久的公开的海关俱乐部，地下支部建立后就是它的领导核心。解放前夕，我们曾和海关负责人丁贵堂公开谈判，向他讲明政策，要他保证顺利接管。同时，通过俱乐部把广大职工团结起来，形成群众斗争的浩浩荡荡的大军。结果解放军进入上海后，所有的海关设备，包括办公大楼、档案资料、巡逻船只以及灯塔、航道等等，全部完好地保存下来，解放后没有很久，大小船只迅速通航。这种情况是普遍性的，可以说整个上海城市是完整地接管过来的。当时电话是通的，电车是开的，电灯是亮的，商店一直营业，工厂的烟囱一直冒烟。所有这一切都充分证明党的政策的正确、伟大。

另一个例子是铁路。在那里我们也建立了地下支部，书记是沈正光。在我回上海前，支部曾遭到破坏，后来重新布置力量，组织起来，特别是在机车修理车间（机务段），我们的力量比较强大。但是由于性质、任务不同，我们在接管前后的做法就不能和海关一样。对待海关，我们的主要要求是保证灯塔等设备不受破坏，以便接管后迅速通航。对待铁路就要有所区别，当解放军包围上海、准备全歼顽敌时，我们要想尽办法不让火车开出去，防止敌人增援或逃跑，而当解放军进入市区后，就要以最快的速度把火车开出去，以便解放军尽快调动，追歼残敌，扩大战果。这两个不同的事例，说明我们在执行上级既定的方针、政策时，必须具体分析不同情况，机动灵活地从实际出发，采取不同的方式方法进行处理。否则就会在实践中碰壁，造成不应有的损失。

由于党中央方针、政策的英明正确，中国人民解放军的强大威力和上级党组织的具体指导，在广大共产党员和全市工人阶级、革命群众的积极努力、密切配合下，我们在很短的时间内，先后接管了国民党官僚资本企业轻重工业工厂 70 多个、交通机构 10 多个、贸易系统 10 大单位和大小银行 40 多个，并迅速恢复生产，顺利完成了任务。

接管后的斗争

早在党的七届二中全会上，毛泽东就号召我们必须用极大的努力去学会管理城市和建设城市，学会在城市中向帝国主义者、国民党、资产阶级作政治斗争、经济斗争和文化斗争，要花费很长的时间、很大的气力。

事实的确是这样。当我们胜利地完成了接管任务以后，帝国主义和国民党反动派不甘心于他们的失败，对上海进行封锁、轰炸，妄图“困死”我们，并且狂妄地“预言”，说什么“共产党只会打仗，不会管理经济，在上海维持不了 6 个月，6 个月后就要退出上海”等等。面对敌人的挑衅，全上海工人阶级和人民群众，在党的领导下，英勇顽强地进行了反封锁、反轰炸的斗争，粉碎了敌人的破坏和捣乱。但是600万市民和几万大军要有饭吃，全市大大小小1万多千家工厂和各项公用事业，要有燃料、原料，才能维持正常的生活和生产。怎样保证这些必要物资的供应，不是一个简单的问题。

对于这个问题，早在上海解放以前，中央就作了部署，在山东、苏北、皖北等处集中了大量的粮食、煤炭和棉花等，准备支援上海。可是当时军务紧急，战区扩大，部分交通线路受到阻滞，这些物资的运输发生困难。经曾山和中央派来上海帮助解决交通运输问题的吕正操商量，决定一面抢修津浦、陇海、淮南等铁路，一面把烟台到昌潍的铁路拆到蚌埠、裕溪口间，开辟了淮南铁路合裕段，同时打捞公私船只几十艘，增加水运能力，请傅秋涛当总指挥，从水陆两路大力抢运粮、煤、棉花等，保证了上海人民的生活供应和工厂继续生产，保持了局势的稳定，彻底打破了帝国主义和国民党反动派的“预言”。

除了保证人民生活必需品和工厂燃料、原料的供应外，当时上海经济战线上还有两个比较突出的问题急需解决，一是货币，二是物价。那时国民党金圆券已经信用扫地，人民币还未大量发行，市场上银元、美钞、黄金等公开流通，投机分子兴风作浪，造成金融混乱。这就向我们提出了一个尖锐的问题：解放军进城了，人民币不进城行吗？对于这个问题，起初我们准备用经济措施来解决，试探着抛出了10万银元，但是丝毫不起作用，投机倒把仍然猖獗。事实证明，一场严重的阶级斗争不可避免，如果不狠狠地打击投机分子，金融市场不可能稳定。为此，华东局召开了一次会议，有李士英（当时负责公安工作）和我参加，研究结果，总的说来，我们坚决执行政策，维护人民利益，但是为了打击投机倒把，稳定金融物价，也必须采取断然处置。因此，决定“兵分两路”，一面由军管会发布命令，责成人民银行按照合理比价收兑金圆券和银元、美钞、黄金；另一方面，对集中在证券交易所大楼进行投机活动的不法分子给予沉重打击，先用一部分武装包围大楼，不准自由进出，同时供应食品，宣传党的政策，动员群众将银元、美钞、黄金持往银行兑换人民币。经过耐心的宣传教育，绝大多数群众接受劝导，自动去银行兑换人民币，但有少数投机惯犯不听劝告，继续抗拒，当即拘捕法办，同时在大楼内抄出大批银元、美钞、黄金，依法没收。这就是所谓“证券交易所事件”。经过这场斗争，排除了人民币流通的障碍，从此，人民币占领了上海整个市场。记得当时全市收兑下来的金圆券，共达30多万亿元。这一大堆废纸，留之无用，毁之可惜，结果我们通过各种渠道弄到待解放的敌占区去使用，让国民党反动派自食其果，回笼消化，变无用为有用。

关于物价问题，解放前由于国民党反动派滥发金圆券，造成物价直线上升，一天跳几次，早晚市价大不同，严重影响劳动人民生活。解放初期由于生产尚未完全恢复，城乡交流尚未畅通，有些物资供应不够充裕，物价继续上涨，我们采取折实工资的办法，以保证工人和职员的生活。往后，我们进行了大量的调查研究工作，根据统计资料进行科学分析，弄清情况，摸出规律，随即调集大量物资和货币陆续投入市场，经过反复斗争，终于打击了投机，平定了物价，得到广大人民的赞扬。

综上所述，上海接管前后，客观情况是极其复杂的，斗争是尖锐的，我们的工作是繁重的，所取得的成绩也是巨大的。今天回顾起来，我们之所以取得这些成绩，首先应该归功于党中央、毛主席的正确领导。“没有毛主席就没有新中国”。当年如果没有毛泽东思想的指引，没有以毛主席为核心的党中央为我们制定出正确的路线和一系列的方针、政策，上海的迅速解放，接管工作的顺利完成和解放以后立即克服重重困难，建立起正常秩序，使人民生活安定，生产蒸蒸日上，都是不可能的。当年接管前后，我们面对国民党崩溃前夕和解放初期的复杂情况，如果不是事先深入群众，进行周密的调查研究，然后针对不同情况，采取切合实际的步骤和方法着手处理，而是机械地执行上级指示，依样画葫芦，照抄照搬，要顺利地完成任务也是不可能的。经济工作，经济战线上的斗争，必须严格按照经济规律办事。那时我们对待帝国主义、国民党反动派和不法分子在物资供应和市场管理上所造成的困难和混乱，如果不是根据各项重要物资的供求情况，做好充分的物质准备，正确地运用价值规律，有计划、有步骤地增加供应，调节供需，要在很短时间内克服困难，恢复生产，稳定市场，平抑物价，都是难以办到的。即使是像打击银元投机这样的斗争，如果单靠行政命令和强制手段，不在政治思想上进行宣传教育，在经济措施上制定合理的收兑比价，动员群众积极兑换人民币，也是不能取得彻底胜利的。

回忆上海解放前后我的亲身经历

赵祖康

赵祖康（1900—1995），上海松江人。上海解放前夕曾任上海市工务局局长、上海市代理市长。

上海的解放，不仅是上海人民的胜利，而且是全国人民的胜利。随着全市600万市民的重见光明，我也获得了新的政治生命，走上了为人民服务的康庄大道。

从抗战胜利到上海解放，我一直任国民党的上海市工务局长。当上海解放的前夕，我还兼任了几天代理市长。在此之前的几个月里，曾得到伟大的中国共产党对我的召唤和指引，使我能弃暗投明，得到了新生。

上海解放后，陈毅同志对我诸多教诲。他那老一辈无产阶级革命家的一言一行，使我获得很大启迪。至今回忆起来，时常感到心潮澎湃，无限激动，深深感戴党的大恩大德。现就所忆，记述如下。

与党组织的接触

我是学土木工程的。长期来，抱着"交通救国""工程建国"的幻想，在国民党政府机关里从事道路和市政工程工作。抗战胜利后，到上海任工务局局长，仍以"致力工程，为民服务"这8个字向当时的新闻工作者宣称为自己的志愿。但在蒋政权反动统治下，这种愿望只能是缘木求鱼。解放前三四年的上海"宦途"生涯，逐渐使我擦亮了眼睛，深感国民党的命运已如日薄西山，危在旦夕了。在此情况下，我的出处又何在呢？是跟着蒋帮去台湾么？这是死路，当然不愿再跟了。去香港或南洋么？没有经济基础和社会关系，怎样工作与生活？留下吧，去教书还是搞工程呢？总之，是犹豫不决，拿不定主意。但是，由于多年来的阅历，认识到蒋政权的腐朽没落，所以，有一点是肯定的，即：无论如何不再做蒋王朝的官。由此得到一个结论，就是：无论去留何若，我今后还应以搞我的本行为"事业"。至于到哪里去搞，主要是想在上海，但也没有把握。

这时，上海人心浮动。有些人怕共产党来了于己不利，有些人中了反动宣传的毒，纷纷南逃。也有些人怕蒋军溃散时胡作非为，荼毒市民，因而易地暂避。我的亲友恐我母亲年老体弱，受不起打仗惊吓，劝她离开上海。不得已，我于1948年冬，托我爱人带了3个孩子，侍奉老人去福州友人处暂住。我的另两个较大的女儿不肯离开上海，正合我当时的想法，便一同留在上海。就这样，终于迎来了上海的解放。

我有个亲戚钱挹珊，是我在五四运动时期的友人、松江同乡钱江春的女儿；她的爱人曹石俊，我在抗战胜利到上海时认识了他，知道他在做外贸工作。我在和他们平常的接触中，觉得他们是比较进步的。因而到1948年冬，彼此来往的较多。当我爱人侍奉老母去闽前，他们几度向我们宣传讲解解放军保护人民生命财产、秋毫无犯的严明纪律，使我们解除了很多顾虑。但终于考虑到老母受不了打仗的风波，我还是决定由我爱人陪同她去福州暂住。对于曹、钱夫妇的关心和劝告，我是很感激的，彼此接触也更增加了。后来，他们说要介绍进步的人士同我见面交朋友，我欣然同意了。

1949年2月4日晚，他们邀我到复兴中路绿村（里弄名）他们的家里吃饭，我应邀而去。见到了一男一女两位素昧平生的人。经介绍，男的说是姓朴（名字已忘），女的叫李敏。曹、钱夫妇让我叫他们为“朴先生”和“李小姐”，并悄悄地告诉我说：“他们是地下党员。”

当时，“李小姐”看来还只30多岁，身材不高，十分和气，很有些文化水平。由于初会，彼此只寒暄了一阵，还对时局作了一般的漫谈。对于他们的籍贯、住址等等，我都不便问。闲谈之下，他们表示愿意今后多碰碰头，我谦逊了一下，表示乐意，请多多指教。

这就是党同我第一次的直接接触。党伸出了温暖的手在拉我了，我永远也忘不了这次会见——1949年2月4日，在我生命史上的一个重要的日子！

自此以后，李敏同志就经常同我联系。解放后，才把她的真姓名说给我听，并互致敬意。至于“朴先生”，只是这次见到了一面。

就在此事之前，有一天，我的同事、国民党工务局副局长王某背地里告诉我，他收听到解放区的电台广播，指名叫我和另外两人留在上海，迎接解放。我听了很兴奋。回到寓所收听，虽没有收到，仍抑不住高兴，感到有了可靠的光明前景。加以和李敏同志初次见面订交，久所萦系的出处问题迎刃而解了。

经过同李敏同志取得联系，在她的推动和曹、钱夫妇从旁帮助下，我曾为党主要做了以下 4 件事：

（一）2 月间，李敏同志叫我设法取得汤恩伯军队在郊区所筑碉堡的位置地图。我在国民党京沪杭警备总司令部里没有知己朋友，所以，没法弄到这种地图。于是我想到工务局里有一张《市郊大桥地址图》，或许对解放军的进军有些用处。就以了解、研究建桥情况为借口，向主管处要来了这张地图，还要了一张市区地图，一齐带到绿村曹寓。当天夜晚由李敏、钱挹珊两人赶忙在市区地图上复绘了大桥地位，让李于下一天带走。这一天我到工务局上班，就将大桥地址原图交还了主管处。

（二）约在 5 月初，李敏同志和我商谈要我提供浙赣铁路方面的资料。那时，浙赣铁路的工程局副局长是我交通大学同学王元康。在征得李敏同意后，我偕她到宛平路、今衡山饭店附近王寓，与王见面。以后，王设法把铁路资料弄到手，交给了李。因此解放初，王就被派为铁道部一个局的副局长。

（三）汤恩伯在环市四郊构筑碉堡，要求市政府转向工务局征借石子。我与李敏同志商量，她指示我用"拖"的办法，尽量推迟工程进度。我便同汤扯皮，用各种办法，强调种种困难：先是推说这是市政工程的备料，拒绝移用；以后又让步说，只能暂借，要汤的机关自己标购材料，限期归还工务局等等，一直拖了好久。

（四）我还多次向李敏同志反映国民党市政府的动态。在她和曹、钱夫妇的启发和推动下，我曾多次在市府会议上，或在会议外，提出：为市府所属员工提高福利待遇和生活补助的议案，为保障群众运动或学生运动人身安全的建议等等，曾收到一定的效果。例如：有一次我曾提请对全市教职员工提前发放几个月工薪，"以济穷困"，获得通过；有一次向毛森提出，要警察局释放一个无辜被捕的葛姓工程师，终于获得释放；另有一次，有一个姓钟的交大学生，在公交公司的工人运动中被反动派杀害，我借校友关系向陈保泰面质，表示不满，要他作善后处置，使得他无辞以对，只好唯唯诺诺而去。

除此而外，李还经常对我进行思想政治教育。最重要的是，她曾给我读两本书：一本收载了毛主席的两篇光辉著作《论联合政府》和《目前形势和我们的任务》；另一本是散文集，叫《方生未死之间》，记得其中收有茅盾的一篇文章。为了掩人耳目，那本毛主席的著作的封面，伪装为《论美军登陆》。

我对毛主席的著作，读得津津有味。那时，我的寓所已从惇信路（现武夷路）迁到市中心区长乐路一个朋友、交大同学姓梁的家里。到晚上，便秘密地仔细读上几页，从而使我进一步看清了蒋介石反动统治的灭亡已经不可避免，只有把希望寄托在共产党和人民解放军身上，开始认识到只有向共产党和人民靠拢，才有自己光明的前途。这样，我留在上海的决心更大了。

在2月到5月初之间，我和李敏同志接触较多。4月24日，那是南京解放的下一天，我到曹石俊夫妇家去，党的地下组织通过曹还给我介绍了一位张明先生。他指示我：多同上海工程技术界方面联系，做些工作。从此，我同科技界朋友的来往接触更多了，特别是老一辈的茅以升，和较年轻的中国技术协会负责人宋名适、闵淑芬等。

5月16日以后，曹石俊夫妇又介绍一位叫“钱先生”的同志同我联系，见过几次面。在他的指示下，我草拟了一份《接收上海市公用事业计划大要》，于5月23日交给了他。当天下午，中国技术协会负责人宋名适来，提供了一份上海市电力公司重要技术人员名单给我，我也转交给了“钱先生”。另外，我还口头提供了若干关于上海科技界情况的资料给他。

1949年3月25日，上海的工程界派出代表赴南京请愿，呼吁和平，我也参加了这件事。

事先，中国工程师学会总会在上海的董事会执行部召开了会议，公推侯德榜、茅以升、恽震、赵祖康和顾毓瑔等五人为请愿代表。会后，由我们五人草拟了一个《请愿书》。《请愿书》代表工业界和工程人士要求当时国共双方停止军事行动，迅速达成全面和平；并要求在和平未实现以前，不以工矿地区为作战据点；不破坏工矿、交通、公用事业；不准士兵侵入工厂、矿场，损坏或迁走工厂设备；维持工厂的交通运输，并允许粮食和原料、燃料等运入工厂，以便维持生产、安定社会。定稿后，我们就于 3 月 25 日去南京。

27 日，到国民党总统府去见代总统李宗仁。李接受了《请愿书》，表示对我们的要求，可以考虑；并请我们吃了饭，照了相。接着，我们去找国民党行政院长何应钦。何的态度顽固。他的答复大致是胡吹说在战争方面是有准备的，准备划江而守；如有可能，也准备进行和谈，对于保护工矿一节，他只表示可以研究。

在南京见过李宗仁、何应钦后，侯德榜又邀我们把给毛主席的《请求书》修改了一番，措辞比较尊重和婉转。当时，国民党和平代表团即将赴北平，便由侯德榜带了《请求书》去看和谈代表邵力子，请他转呈给毛主席。以后，我又和茅以升两人一起去看邵，想再当面恳托他一下，因为他不在家，没会到。

我回上海后，把经过情况向李敏同志作了汇报。她听了，也很高兴。

担任代理市长

4 月 23 日，南京解放。消息传来，上海反动统治集团一片混乱，惶惶不可终日。那天，国民党淞沪警备司令陈大庆特别召集上海各方面头面人物举行所谓茶话会于市府大厦小礼堂，声嘶力竭地狂叫：要守卫大上海。国民党京沪杭警备总司令部政务委员会常务委员谷正纲在旁帮腔，说的更凶狠。也胡吹什么要与共军作战到底。但轮到各界人士讲话时，颜惠庆却说："我希望一个月以后，局面有所改变，能够恢复和平。"我在会上没有发言，但颜的话激动了我的心弦，令人钦敬。以后，我就常去看他，向他请教。

5 月 12 日，解放军开始向上海外围进攻。国民党市政府内，先是市长吴国桢辞职逃跑了。5 月初，原市府秘书长陈良改任市长，所遗秘书长职发表以茅以升继任，但茅一再推病拒就，始终未到职。继之，市府所属各局局长也多辞离，陈良不得不另委继任人选，发表以汪维恒任财政局长、赵祥麟为教育局长、陶一珊为民政局长、陈保泰为社会局长；至于警察局长，则早已由俞叔平改为毛森了。

这时，上海物价腾涨，市民生活更陷于水深火热。在垂死挣扎中，汤恩伯、毛森等杀人不眨眼的刽子手，更加疯狂地迫害和镇压革命群众和青年学生，白色恐怖笼罩全市。但随着解放大军的节节进展，隆隆炮声也日益迫近。炮声振奋着市民的心，也震破了反动派的胆。陈良他们也就不得不演出了下述的一幕。

5 月 23 日深夜，我在寓所，接到陈保泰的电话，说陈良要我立刻去市府见他。我回说没有车子，陈保泰说他可以派辆车子来接我。上了车，我想先摸个底——会不会是我同地下党的关系被他们发觉了？便先驱车去看陈保泰。陈正在收拾东西，家里乱糟糟，神色很不安，对我只说："外面风声很不好"，道不出个所以然来。我只好硬着头皮到市府大厦找陈良，这时已是 24 日凌晨一点多钟了。

陈良一见我，就装着苦笑，开门见山地说："我们要走了。上海市长职务想请你代理。"我一听，心里定了下来，就说："时势那么紧张，我是胜任不了的。"他说："你代理市长最适当。因为：第一，你在市府现任各局长中，工作年代最长，而且在同人中也没有什么恩怨；第二，你办事认真，操守也好，是个'标准官员'，能够得到市民的信任；第三，你是个技术人员，没有政治派系，对方（按指解放军）来了，也不致同你为难。"我还是表示辞谢，并且提出颜惠庆、张元济和徐寄庼三人来，请他择一选任。他说："我已全联系过了，都不肯干，现在只好请你勉为其难了。"

我和陈良谈话时，就想起了李敏同志过去曾对我讲，如果有机会的话，你应该把上海的政权接过来，因而最后就表示同意。在谈话中，我问陈："代理市长该代理些什么？”他说：“只要做两件事：一是维持秩序，二是办理移交。”当我表示维持秩序有困难时，陈良拿出何应钦在4月29日左右给他的一封信给我看，大意是：南京撤退时秩序很乱，治安破坏，致影响国际视听；故万一上海紧急时，望极力维持治安，所有警察、保安队和义务警察等均不必撤走，等等。随后，他就当面写了个委我代理市长的“手令”，交我收存，又叫秘书郑瑜把用红布包好了的市府大印递给我。我无处安放，只好带了它回寓所，于天明后再带到市府大厦，放进了保险柜。从此，国民党的上海市政府就陷于白天乱哄哄，夜里阴森森的境地。

24日晨，陈良又匆匆召集各局局长开会，宣布了这事。会后，我向陈说：“你要我办理移交，我还勉强可以办，但要我维持秩序，我实在无力胜任。今天，毛森没参加会议，这事我更不好办。”为此，陈良又把毛森找了来。我故意开玩笑似地对毛说：“我是技术人员，文人维持不来秩序，这个代理市长就请你当了吧。”他连忙说：“我不行，我不行。”随后就告诉我说：“现在各警察分局已都另派了副局长。‘对方’来时，他们大概不致会发生什么问题。至于总局副局长，我可推荐陆大公来担任，此人同‘对方’大概有些关系，我本来要办他，一直忍着装不知道。今后要维持秩序，你就找他好了。”我听了，心中一怔，是不是他可能已知道我的情况，在指桑骂槐。

下午3时，陆大公拿了一张毛森的名片到工务局来看我。名片背面写着：“请派陆大公为警察局副局长”。我即批了“照办”两个字，并以严肃的口吻关照他：要切实负责维持好地方，并随时与我保持联系。他唯唯允承而去。

下午6时，我还放不下心来，便再要陈良陪我过苏州河，到虹口区淞沪警备司令部去看汤恩伯和陈大庆。汤没看到，只看到了陈大庆。陈良便就溜走了，剩下我一个人同陈大庆对话。我十分婉转地对他说：“为了维护市民的生命财产，特地来看你，希望你撤退队伍时，不要与共军太接近，以免发生大的冲突。”并且希望他把这层意思转达给汤恩伯。他冷冷地表示接受，就送我走了。

我回到苏州河以南后，立即就分访颜惠庆和张元济。他们都表示支持我为代理市长，并答允给我以帮助。在访颜谈话时，我还先表示可否请他担任代理市长。颜说："不妥。孩子是要从娘胎里生出来的。你是陈良下令派的，由你来代理市长，一切好办。我当然尽力支持你。"

当晚9时，解放军向市区发动总攻，首先从徐家汇进入市中心区。到了深夜，即25日的凌晨半点钟左右，我在寓所接到陆大公的电话，汇报说：解放军已占领了常熟路和长宁路两个区的警察分局。我当即指示："务必维持好秩序和治安，避免同解放军冲突。"实际就是暗示他们要缴械；又叫他放部车子来，接我去市府大厦与他会商，他都答允了。

那一晚，我抑制不住自己的兴奋情绪，通宵达旦地不断接到各方，特别是苏州河以北一些机关、部门如屠宰场等处的来电，我都告以要劝说国民党军队或其他反动武装力量从速撤走或投降。同时，又想到自己身兼维持治安的责任，关系重大，而手无寸铁，只依仗着素无渊源的陆大公，总觉得定不下心来。因又分别打电话到警备司令部找陈良和陈大庆，要他们下令迅速撤退部队，免得危害人民生命财产。陈良答复我：关于维持治安方面，我可先到汉口路警察分局同陆大公商量；关于撤退部队，可到虹口区去找他碰面再说。但到2时左右，陆大公来电说：解放军已迅速进抵八仙桥等地，交通阻塞，途中怕有危险，故不派车来接我了。我就只好守在电话机前，随时与他电话联系。我一再嘱咐他务必保护好市府大厦，并叫他立即在市府大厦竖起白旗，表示投诚。他答允我照办。

3时许，我再与陈良通话，告诉他我已无法去苏州河以北。到4时左右，第三次通话，则已杳无回音。从此，我与陈良和陈大庆完全断绝了联系。

上海苏州河南地区，就这样获得了解放。虽然局部地区有些骚扰和毁损，个别居民被流弹打死打伤，甚至市府大厦也曾中了若干流弹，但总的说来，社会秩序还是比较好的。特别是电力、自来水、煤气等供应如常；电车和公共汽车到26日清晨6点半，就大部出厂行驶；黄浦江上的交通，也很快恢复起来。市廛不惊，人心安定，都比我原来料想的要好。今天回忆起来，这应该首先归功于毛主席对上海战役的英明战略部署和三野陈毅司令员等领导的正确指挥；应该归功于解放军作战部队全体指战员勇猛神速的进军，使国民党军无从顽抗，被迫溃退，从而减少了兵燹损失和溃卒为非作歹的机会；应该归功于地下党领导广大工人、学生、职员和各界爱国人士所开展的护厂、护校和保护国家资财的斗争，以及全市人民在精神上、物质上的大力支持。没有这些，上海的秩序和治安就完全是不能想象的。

准备移交　配合接管

5月25日清晨，苏州河以南已告底定。我到市府大厦，看到已竖起白旗，大门口架放着原警卫市府大厦的枪支，内心很平静高兴。我进入原秘书长办公室，作为我的临时办公室，看到有些局、处的高级人员在那里等我，便先嘱咐他们各回原岗位照料工作。从工务局叫来两位秘书，为我办理秘书和对外联系工作。先叫他们用电话通知各局、处，说我已在同各有关方面进行联系，要他们安定人心，静候处置。

部署完毕后，我就于上午8点半左右去看颜惠庆，请教他该怎样办理移交的问题。

在这里，得插叙一件事。在我代理市长前，国民党市政府曾对所属发过一个所谓“应变”文件，是要破坏、毁灭各种档卷和财产之类的措施，并规定要成立执行这项工作的机构。当时，我已与地下党取得联系。所以，我只在工务局局务会议上把这个文件草草提了下，敷衍过去。以后，在一次市府行政会议上，毛森力主要市府所属“自行销毁”各种档卷，但因我和有些人表示不同意而未达成决议，市府就未把此事行文下达。为了保存工务局的档卷，我嘱咐一位机要秘书通知有关部门把过去借调出去的档卷，一律收回，并规定不准再借调出去。对于“自行销毁”档卷的压力，我通知有关秘书，以无行文下达为词，尽量拖下去，不予执行。这位秘书还坚决地说：“拖一天是一天，要拖到手枪对着我，逼得我走投无路时再说。”所以，工务局的档案，在移交时是比较完整的。

话说回来，我去看颜惠庆时，他因年逾七十，正卧床养息。我道明来意，才谈了约一个小时左右，北洋政府时代的财政总长、时任上海市救济委员会委员的李思浩，陪了一个中年客人来看颜。李是我初次认识。那位中年来客，叫刘白（字君亮）。这天，李、刘两人告诉颜惠庆：中共方面有两位代表就要来看他。颜、李两人就叫我坐候，以便会商一是。但等到 11 点半，中共代表仍未到。于是我再回市府，同财政局和上海市银行联系，要他们务必保管好一切档卷和财产。然后，又叫我的秘书用电话分别指示各局处：一、要大家固守工作岗位；二、要确保档案和财产的完整和安全；三、要保证完整而系统的移交，非经我联系妥善，不得擅自移交。这是早先李敏同志和“钱先生”向我指点过的。另外，我们还通知各局处：自 26 日起，各派高级人员数人到市府集中办公，以资联系。

当天下午两点半左右，我再去李思浩家。经他介绍，看到了中共代表李公然同志。据告，还有一位吴咏梅同志因事已先走，我此后也未再晤及。在李思浩和刘白两人的从旁参加下，我同李公然同志商妥了下列 8 个问题：（一）接收机关以军事管制委员会所派人员，并备有证明文件者为限，其余一律拒绝移交；（二）维持治安；（三）水电公用事业必须继续维持，防止破坏；（四）各局、处人员应各守岗位，保管档卷财物，并照常工作；（五）户口册和地籍图册也很重要，务须妥为保存；（六）从速恢复公共交通，以安人心；（七）动员商店、工厂复业，公私银行也必须暂先复业；（八）补发市府员工、警察 5 月未发的工薪，但此点必须先向解放军负责人征求意见。

以上八项，大部分是由我提出，经李公然同志指示而商定的。其中第一点最关重要。因为，在此后几天里，确有几起未备规定证明而到各部门要求接收的，我都通知各部门由我直接交涉，予以拒绝了。其第六点，关于恢复市内交通的事，我是于即晚找公用局局长刘锡祺获得解决的，因而 26 日晨，各交通车辆就基本上恢复了运行。当然，主要还是靠有关公司与车场的地下党组织和广大职工同志的努力。

商妥了以上8项后，我又提出了释放“政治犯”和被捕学生的事，李公然同志同意我的建议，但说必须先与军事当局商洽后再办。记得茅以升在这天晚上，也为这事来看我，提出释放所谓“政治犯”四百多人的要求，其中大部分是学生。我就根据李的指示，于翌日，即5月26日，同解放军联系，获得了批准，就交陆大公照办，把他们释放了。

最后，李公然同志建议我发表一个《告市民书》。我回到市府后，与我的秘书商量。由于当时外面用各种机关、团体名义发表公告的很多，市民对此，真伪莫辨，而且我也不大愿意用“代理市长”的名义发表公告，所以决定不发公告；有需要下达的，仍用开会或电话通知的方式下达，或发布命令。当时就决定：把八项原则中若干有关要点，先分别通知市府直属各处按照执行；另外通知各局负责人于翌日举行会议，传达这八项决定，并具体讨论移交准备事宜。当晚，曹石俊和“钱先生”先后来看过，大家都感到很高兴。

5月26日上午，在淮海中路社会局会议室开会时出席的人，就所忆，有公用局局长刘锡祺、财政局局长汪维恒、社会局代理局长张振远、地政局代理局长沈振家、教育局代理局长郑瑜以及民政局、警察局、卫生局的代表等。会议根据八项原则作出了五点决议。其中关于移交问题的决议是：在军管会接收人员来接洽时，应对他们说明关于旧市府和所属各自局的情况；办理移交时，必须由各局、处从上而下，整个移交。

26日下午1时许，为了想同党和解放军取得进一步的直接联系，我又去看李思浩。在李处，认识了军管会军事联络员刘光辉同志。当天下午3时，军管会派晨钟同志到市府大厦，负责市府警卫工作。我陪他巡视了档卷室。从这天起，他就驻在市府大厦办公。

这时，苏州河以南的地区已经全部解放；但苏州河北岸部分地区还盘踞着国民党残余部队。早在汤恩伯逃跑以前，即5月23日，他就派国民党第51军军长刘昌义兼任淞沪警备司令部副司令，负责指挥留在上海的国民党部队。

刘昌义见到苏州河南岸已完全解放，就在党的教育下，弃暗投明，率部起义。刘是在上海解放后，我才认识的。但当时苏州河北沿岸的邮政大楼、河滨大厦、百老汇大厦（现上海大厦）中，仍分别驻有青年军第204师残部，在负隅顽抗。25日深夜，颜惠庆叫人从河滨大厦打电话给我，要我从速设法与解放军联系，及早解决河北战事。我便设法同解放军师部一位姓何的负责同志通电话，他复告："明晨9时起，苏州河畔可以没有战事。"我听了，非常兴奋，体会到这句话的意思，就是说：解放军从该时开始，将暂停用武力进攻，可以用人民的力量，以和平方式，来解决苏州河北岸的解放问题。解放军顾念人民生命财产的这种用心和决定，我是十分感动的。

5月26日，刘光辉同志到市府大厦我的办公室，指点并协助我打电话给留守在邮政大楼里的原邮政总局上海分局局长王裕光，叫他就近对驻在那里的国民党军队做工作，劝他们停战缴械。其时，邮政大楼约有驻军200人。他们通过王，在电话中要我转向解放军提出：要求尊重他们的所谓"军人人格"——不要把这次缴械称为投降。电话从下午2时起，一直打到四点半，反复商谈了两个多小时，双方最后决定了5点：（一）停战；（二）国民党驻军立即缴械；（三）凡国民党官兵愿意留下的，应进行整编；（四）不愿留下的，予以资遣；（五）尊重他们的"军人人格"。于是邮政大楼上竖起了白旗。接着，对河滨大厦和百老汇大厦的驻军，我们也从旁协助，用同样方式，先后和平地解决了他们的停战缴械问题。就这样，5月27日早晨，解放军浩浩荡荡地开进了苏州河北岸。上海市全部解放了。全市人民一片欢腾，整个上海成为兴奋欢乐的海洋。

5月27日，陈毅司令员派熊中节同志到市府大厦，带来了军管会陈司令员的条谕，说是准备明天来接管，要我做好准备。这时，《解放日报》开始发刊。发刊辞《庆祝大上海的解放》提出了当前的三大任务。其第三个任务是："顺利完成接管，迅速恢复生产"。文章说："对国民党反动派在上海的党、政、军、机关，必须立即接管。我们号召各机关的旧员工们不要惊扰，各在

1949 年 5 月 28 日，上海市人民政府在此成立（江西中路 187 号）

原职位上服从人民解放军军事管制委员会及其派出的军事代表，迅速完成清点移交等工作。一切听命处理，不准许有任何破坏。”我反复阅读了这一节，随即通知各局，准备移交，并必须严格遵守执行这个任务，不得违抗。

28 日下午 3 时，司令员兼市长陈毅同志偕同副市长曾山、韦悫两同志以及潘汉年，来到了市府大厦。另外，刘晓、周林等同志也同来。我怀着喜悦而又紧张的心情欢迎他们。陈毅同志微笑地同我握手。接着，大家在市长办公室里坐了下来。陈毅同志招呼我坐在他办公桌的对面。副市长曾、韦两位，刘晓、周林同志等以及潘汉年，另外就座。陈毅同志问我关于 24 日晚间，陈大庆、陈良是怎样逃跑的情况，我如实作了汇报。

同时，周林同志叫我的秘书通知市府旧职工，齐集二楼小礼堂，参加我们准备的欢迎会。陈毅同志一反国民党的官僚作风，特别关照让所有勤、杂、工、警人员全部参加。到会的共约两三百人，把小礼堂挤满了。大会由人民政府秘书长周林同志主持，介绍陈毅司令员兼市长给大家讲话。陈毅同志的讲话，一开始就说：“你们没有去台湾，很好。我们表示欢迎。”他说：“蒋介石背叛革命，统治了 23 年，搞得民不聊生。”讲到这里，他指着墙上挂的孙中山先生像，说：“怎么对得起他！”接着说：“历史是无情的。蒋介石现在逃跑了，他是不会甘心失败的。我看还是甘心的好，不甘心最后是要完蛋的！”末了，他说：“上海解放是一个伟大的变革。几十年来在国民党反动统治下的上海，现在已成为人民的城市。请大家各安职守，努力学习，改造世界观，为革命、为人民，多做些贡献。我们的党是不会埋没人才的。”他勉励大家服从命令，办好移交，协助接管，听候人民政府量材录用。这番话，深深地感动了与会者，激起了热烈的掌声。

会后，副市长曾山、韦悫以及潘汉年，分别接见旧市府各局、处长，征询意见。同时，陈毅同志又找我谈话。我们面对面坐着。我表示今后想去教书。他微笑地摇摇头。那时，我虽然站到了人民一边，但对在人民政府内工作，能不能同共产党相处共事，把工作做好，有所疑虑。陈毅同志看出我踌躇不决的态度，掬诚相见地对我说：“赵先生，我们是一定能很好合作的。”这句话，出乎至诚，感人肺腑，至今回忆，犹在我的耳际回响，真使我永生不忘，激动难已！

到了 5 月 30 日，我把旧市府大印交给了周林同志。于是再向陈毅同志谈心，提出自己思想认识差，怕担任工务局长做不好工作，愿意先学习毛主席的光辉著作《新民主主义论》，两个月后再看能不能就职。我还提出了对上海城市规划的设想。谈了有 20 多分钟。他还是劝导我就任工务局长的工作，勉励我边工作，边学习。我深深感激陈毅同志的盛德厚意，才最终接受了。当时，我的家属还在福州，而福州尚未解放；所以，我又要求先让我把工作做起来，但正式命令则请俟福州解放，再予发表。陈毅同志考虑了一下，同意了。1949 年 8 月 17 日，福州解放，关于我的任命，就于 8 月 19 日正式公开发表。从此，我在共产党各级党委领导下，走上了为人民服务的康庄大道。

从见到陈毅同志的第一天起，我就深深地为他的广阔的胸襟、鲜明的爱憎、敏锐的思想、爽朗的性格和坚定的原则性同机智的灵活性相结合，以及平等待人、实事求是的作风等特点所吸引。他根据毛主席的革命路线和统一战线政策，以身教和言教，团结、教育、改造旧知识分子和留用人员，使我和所有从旧社会过来的人们沐浴着春风，不断获得启迪，不断有所前进。今天回忆起来，仍抑制不住我内心的激动和对他的深挚的怀念。

陈毅市长与知识分子

周而复

周而复（1914—2004），安徽旌德人。1939 年 2 月加入中国共产党。上海解放初期曾任华东局统战部副部长。

“对知识分子在社会主义建设中的地位要有正确的估计。巨大的社会主义建设事业，不能没有科学研究工作，国家要工业化，农业要合作化，就要有高度的科学技术；要培养程度高品质好的人才，就要靠老的高级知识分子。目前我们的高级知识分子不足十万人，不是多了，而是少了。……要改进党对知识分子的领导。不要以外行充内行，干涉科学研究工作。要借重原有的科学家、艺术家。”重温 1955 年 12 月 22 日陈毅同志在上海市第一届第三次人民代表大会上关于知识分子的这个讲话，不是没有现实意义的。

重视知识分子统战工作

当年我和夏衍他们到达丹阳以后，学习政策，了解人事安排，当时的上海军事管制委员会主任兼上海市长陈毅，又亲自兼任文教接管委员会主任，进入上海以后，还兼任华东局统战部部长。他兼任这些职务是最恰当的，最理想的，个别人却不了解为什么指挥“雄师百万下江东，上海南京落掌中”（陈毅：《纪念宁沪解放十周年》）的元帅要兼任文教接管委员会主任。陈毅对夏衍说了几句话也许可以作为部分的注脚：“文管会我当主任，实际工作由你负责，我挂个名，是为了你工作上方便。我这个名字还可以压压那些不听话的人。你人头熟，情况熟，你认识许多文化人，所以可以放手工作，不要害怕……韦悫这位老先生你不认识吧？他是我的老朋友，帮过我们许多忙，在上海有声望，他当副市长兼文管会副主任，名字排在你前面，但他也是挂个名，日常工作他不管，可是你得尊重他，重要的事要听取他的意见。”这几句话有两层意思：一是“压压那些不听话的人”，二是尊重韦悫，尊重知识分子。

我们南下前往上海以前，周恩来同志曾指示：“对文化教育等方面，上海是半壁江山，那里有许许多多的学者专家，还有许许多多全国闻名的艺术家、名演员，所以要尊重他们，听取他们的意见。”

军管会主任兼管半壁江山的文管会，足见陈毅对知识分子的尊重和重视。

陈毅非常重视统一战线工作，特别是对知识分子的统一战线工作。他从来没有随便叫学者专家和艺术家到机关来谈话，不是一一登门拜访，就是出席文教界集会，和他们谈话谈心。

上海解放后，他拜访了沈尹默。沈先生是新文化运动的倡导者之一，一度担任站在运动前列的《新青年》杂志的编委，提倡并创作白话诗，著名诗人和书法家，北京大学教授、北平大学校长，中法大学教授等职务。陈毅参加留法学生爱国运动，被中法政府联合行动用武装押送回国以后，曾在中法大学学习了两年，1925 年通过毕业考试。他和沈先生可以说有师生之谊。这次拜访由李亚农陪去，因为李亚农解放前即和沈先生认识，常有往来。陈毅亲切地对沈先生说："党和政府需要像你这样的知识分子。我进城后，访问知识分子，你是第一个。"陈毅和他谈了当前的形势与党对知识分子的政策，希望他到北京去看看，并且问他想做什么工作。接着，又谈到前中法校长李石曾："李石曾先生是我的老师，你是否请他回来？"这时李石曾已去了香港。沈先生接受委托，给李石曾去信。信到之日，李石曾已远去巴西定居了。陈毅根据沈先生希望在文教方面工作，请他担任上海文物保管委员会委员、上海政协委员、上海市人民代表大会代表和市人民政府委员等职务。

出席"中国科学社"会议

陈毅拜访任鸿隽并出席"中国科学社"会议是我陪去的。任先生是前清秀才，曾留学日本、美国，同盟会员，担任四川支部长，著名化学家，1914 年 6 月 7 日与留美同学胡适、赵元任、杨铨、周仁、胡明复、秉志、章元善等发起成立"中国科学社"并与赵元任、胡明复、秉志、周仁被举为第一期董事。任先生曾三度主持社务，最后一次是从 1947 年到 1950 年。他曾任北京大学化学教授，应蔡元培邀请出任中央研究院总干事兼化学研究所所长。"中国科学社"吸收并团结许多国内外著名的科学家，人才济济。这次集会在枫林桥原国民党中央研究院举行，陈毅先和任先生畅谈"中国科学社"的过去与现况，充分评价“中国科学社”的成就。参加这次集会的学术界科技界著名人士有张元济、竺可桢、茅以升、秉志、顾颉刚、罗宗洛，周仁、冯德培、王家揖、赵九章等。陈毅充分评价“中国科学社”与上海学术界科技界的成绩后，非常坦率地指出：……过去有些科学工作者有一种偏向，认为科学只属于少数人，养成科学工作者孤高自傲，脱离人民的偏向，今后必须加以克服。另外一种偏向，就是把科学与政治分开，认为科学与政治无关，这是错误的。科学工作者必须有进步的人生观，进步的宇宙观和正确的政治头脑，才能有更大的成就。上海的解放，中国的解放，就是科学的解放，就是科学工作者的解放。中共对于为人民服务的科学工作者，不但不加干涉，而且加以保护加以扶持。这和国民党反动派摧残科学，屠杀有学问的人是完全相反的。中共愿意和科学工作者团结在一起，共患难，同欢乐，为建设新中国而奋斗。

张元济先生代表大家讲话，愤怒地控诉国民党反动派迫害学术界科技界的累累罪恶，表示上海学术界科技界和人民一道要实事求是地努力协助人民政府建设新上海。

张老先生出生于清穆宗载淳同治十年，即1871年，年二十四连捷成进士，授翰林院庶吉士，在总理各国事务衙门供职，当过刑部主事。戊戌（1898年）4月28日与康有为共同为光绪皇帝召见。戊戌政变后六君子被杀，遂被牵连，革职永不任用，于是脱离仕途，回沪参加商务印书馆经营成立编译所，任第一任所长，后任商务印书馆董事长。

不久，张老先生得了瘫痪症。我向陈毅报告以后，他就带我到花园坊张老先生住处探望。张老先生见陈市长亲往探视，兴奋不已，想坐起来，可是他的身子已不能动弹了，他躺在床上，感动得热泪盈眶，一句话也说不出来了。自从回到上海定居半个世纪之久，没有一位上海市长登门拜访，第一位，也是唯一的一位，是陈毅市长，回首往事，叫他如何不感慨万千呢？陈毅坐在他病榻旁边，关怀地抚摩着他的手，亲切地低声问他的病情。他说话比较吃力，由家属代为陈述，认为瘫痪是不治之症，没有痊愈的希望了。陈毅安慰他：现在是共产党和毛主席领导的新中国，和过去旧社会完全不同了，有条件要卫生部门想一切办法给他治病。像张老先生这样的人才，是国家的瑰宝，一定想法抢救治疗。他热情地紧紧握着陈毅的手，竭力噙住满眶的老泪，眼睛注视着陈毅和蔼关切的面孔，舍不得和陈毅分别。在陈毅亲自关怀下，我奉命要卫生部门尽一切可能为张老先生治疗。不治之症的瘫痪变成了可治之症，逐渐有了起色，甚至上肢还可以活动，讲话机能也慢慢恢复。我将张老病情好转的喜讯报告陈毅，他又派我代表他前往探视。这时张老已经能坐在床边了，还抬起右手，笑嘻嘻地对我说：现在还可以用手写条幅了。这是人间奇迹。他问我最近上海发展的情况，一如初衷那么关怀协助人民政府建设新上海。

召开文化界座谈会

我还陪陈毅拜访生物学权威专家秉志以及文教界其他著名人士。上海解放后第6天吧，市委宣传部、统战部（当时先成立华东局统战部，市委统战部尚未正式成立，由华东局统战部兼管市委统战部工作）、文管会和文化局向陈毅汇报文教工作，主要由夏衍汇报。他一身而兼三任：宣传部长、文管会副主任和文化局长。我补充了一些文教界统战工作情况。陈毅听了以后说，你们提的这些认为难以处理的人，都是知名人士，这些人一不跟蒋介石去台湾，二不去香港，三不去美国，表明他们是有爱国心的。有爱国心，只要他们没有具体反共行动，都应该用，有的还可以重用，而且要考虑到他们生活上学习上研究工作中的具体问题。听了陈毅指示，我立即想起曹操的话："二三子其佐我明扬仄陋，唯才是举，吾得而用之。"我们请示如何处理那些难于处理的人，而陈毅指示是"应该用"，"有的还可以重用"，给我们深刻的启迪。他要宣传部和统战部共同拟出一个名单，召开文化界座谈会，他准备出席。他说，这个会应该早些开，参加的人要包括科学家、学者专家、教授、作家、艺术家，还有中小学教师也要请来，人多一些不要紧。他着重对我说，所有在上海的文教界代表性的民主人士都要请到。宣传部和统战部拟好名单，夏衍和我把 100 多人名单送给陈毅同志。他亲自审阅，问了一些人的情况，又补充了少数人，说：不要遗漏任何一位应该邀请的人，“一人向隅，则举座为之不欢”。我又提出几位代表性稍差的文教界民主人士，他同意都补上。说，宁可多一个，不可少一个。

出席这次座谈会的著名人士主要有：陈望道、周谷城、吴有训、茅以升、罗宗洛、陈鹤琴、冯德培、涂羽卿、金仲华、周予同、徐森玉、杨卫玉、蔡尚思、赵超构、巴金、冯雪峰、郭绍虞、谢冰心、梅兰芳、周信芳、陈白尘、熊佛西、陈鲤庭、黄佐临、赵丹、秦怡、石挥、黄宗英、袁雪芬、刘开渠、庞熏琴、谭抒真、张乐平、周小燕等 162 人。6 月 5 日下午 2 时以前，我陪陈毅到了八仙桥基督教青年会九楼。他穿着那身褪色的黄军装，摘下军帽，露出剃得光光的脑壳，满脸和蔼的笑容，除了少数认识他的人以外，谁也不知道这位穿着简朴像普普通通的战士一样的人是谁。有的人看表，低声私语：“快开会了，陈市长怎么还没有来？”在大家盼望中，夏衍介绍陈市长和大家见面，一阵欢迎的暴风雨般的掌声过后，陈毅站起来，首先对在国民党反动派统治下坚持正义斗争的文化界表示亲切慰问，接着分析当前革命形势，上海解放的重大历史意义，详尽阐述党和政府的文

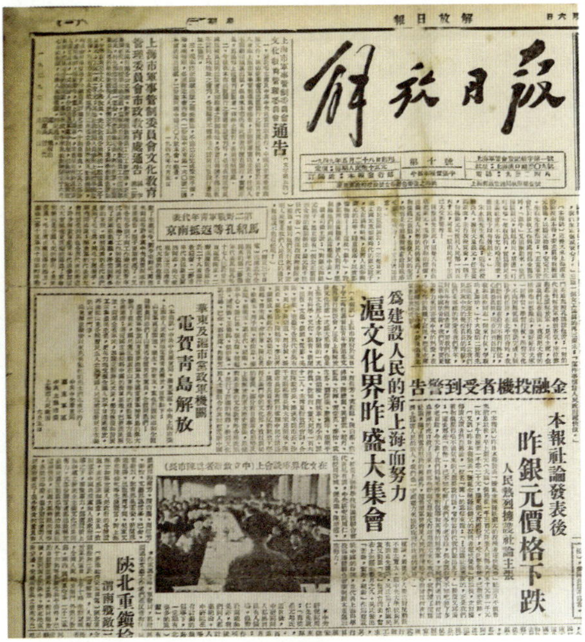
解放日報

爲建設人民的新上海而努力
滬文化界昨盛大集會

金融投機者受到警告

本報社論發表後
昨銀元價格下跌

電賀青島解放

陈毅出席文化界座谈会

化教育以及对知识分子的各种政策，欢迎文化界人士团结合作，协助上海市人民政府，共同建设新上海、新中国。

陈毅向来讲话不喜欢用讲稿，一有讲稿，像是一个框框，束缚他发挥横溢的才华。他听了我们汇报文教界存在问题的情况，用谈心的方式讲话，出口成章，妙语如珠，热情、坦率、幽默、风趣，又富有针对性，说到各界著名知识分子的心坎里，不时从内心深处爆发出满意的笑声，使人折服，使人倾倒，使人信任。他一口气讲了 4 个小时，毫无倦容，知识分子不仅得到政治上的重要启迪，而且认为听陈毅讲话也是艺术上美的享受。

历史学家周谷城教授因为参加反蒋爱国正义斗争，曾经遭到国民党当局的关押，他对上海解放比一般上海人感受更深，他站起来激动地说："感谢解放军打进上海，把我们解放了……"他的话还没有说完，陈毅同志立即接上去说："不要说解放，是会师，解放军从外面打进来，你们从里面打出来，我们是共同会师！"

陈毅的话感动了周谷城和会场上的知识分子，九楼上将近 200 名党与政府工作人员和著名知识分子顿时紧紧团结得像是一个人，一个巨人！"人聚则强，人散则尫（音 wāng，疲弱之意）。"（〈清〉魏源《默觚·治篇》）团结形成了伟大的力量。

文教界是所谓知识分子成堆的地方，著名知识分子思想顾虑初步解决了。

关心文化事业发展

上海曾经是冒险家的乐园，也是资本家和地主享受的场所，有几十家电影院、剧院、书场、游乐场所，特别是游乐场所，鱼龙混杂，良莠不齐，藏垢纳污，难于治理。电影院上演外国片子，多数是美国片子，剧院书场上演的都是旧剧目。从解放区来的文教接管人员理所当然地看不惯，这儿没有为工农兵服务的内容，有人主张禁一些戏，有人赞成没收一些场所，有人希望杀一儆百。夏衍请示陈毅，他说："上海有几十家戏院、电影院、书场和大世界之类的游艺场所，直接间接依靠此为生的人大约30万。要是硬干，这些人马上就发生吃饭问题。因为我们没有新的节目给人家看，多少年来，还只有一出《白毛女》。不能天天都是《白毛女》，只好逐步逐步地改。估计真正做到符合工农兵的要求，需要10年。如果现在就把什么都反掉，痛快是痛快，却会使30万人没有饭吃。没有饭吃，人家就会到市政府来请愿。那时候你再跟人家谈工农兵，人家就会打破你的脑壳。把什么都反掉，批评几句是容易的，从实际情况出发逐步逐步地改，就不容易。”夏衍根据指示照办了，否则30万人将掀起轩然大波。

一波刚平，一波又起。上海租界工部局有个铜管乐队，逐渐发展成为上海交响乐团，全团有三分之一成员是外国人，首席指挥是意大利的音乐家，第一小提琴手是匈牙利人，这个交响乐团在中国是第一流的，在远东也是首屈一指的。我曾经听过这个团演奏，艺术水平说不上是世界第一流的，但也可以算做第二流的。接管人员认为成员复杂，对外籍人员很难处理，又是工农兵听不懂的洋玩意儿，没有请示，擅自解散了，陈毅听到这件事，立即把夏衍找去，严肃地说：“交响乐团是个好东西，这个乐团为啥子要解散嘛?！交响乐是文化，是艺术，是好武器，就看你演奏的是什么东西。用一些外国人怕啥子？这些人也都是艺术家，你可以让他们为我们服务嘛。你是主管文教接管的，你就有责任。要赶快下命令，把它收回来！”夏衍马上查问，把解散了的交响乐团收了回来。

陈毅对电影特别注意，有什么新片子，或者影片发生什么问题，请他去看，他都忙里偷闲去看，他总是鼓励艺术家，尊重艺术家的意见，即使他有什么不同的看法，也只是提出来和艺术家一同研究，或者只供参考。我和他一起看过不少电影和戏，他从没有用行政手段处理任何艺术节目。但是他有什么意见，都坦率提出来。有一次，电影界在白杨家里宴请周总理和陈毅，谈到当时上演的电影里的领导干部，陈毅收拢手里的大折扇，激动地说，“我憋了好久喽，没得机会说。你们电影里演的那些领导干部，我一看就有气，他一出场就把手背在身后，说话装腔作势，总是端着个架子。”这时他站了起来，模仿演员的动作，认真地说：“领导干部只会板起面孔训人，专整人家的思想，他自己就没有思想问题？也没有感情？也不通人情？共产党的领导干部像这样还了得？打起仗来谁来掩护你？不打你冷枪才怪哩！”接着，他讲了战争年代，特别是在赣南三年游击战争艰苦环境和残酷斗争中的干部和群众亲密相处，生死与共的动人事例，鼓励大家深入生活，调查研究，塑造有血有肉的典型环境里的典型人物。但他反对在文艺作品里宣传自己。

南京军区所云平等同志创作了多幕话剧《东进序曲》，是根据真实事件编写的，演出后观众反映强烈。陈毅没有看戏，只是翻阅了一下剧本。到北京演出后，南京军区政治部主任肖望东在三座门召开座谈会，邀请陈毅参加。他记得剧本中通过敌人的嘴说：“陈毅有大将风度！”他严肃地在座谈会上对肖望东说：“你这个肖主任啊，怎么能让剧本写出这样的话呢？你让我陈毅往哪里钻呀？我要钻到桌子底下去了！叫我脸红啊！请你和作者商量一下，一定要把这句话改掉。”肖望东明明知道《东进序曲》所表现的内容是真实的，并非虚构，也非阿谀之词，打胜东进一仗，显示了陈老总杰出的领导才能和非凡的魄力，可是陈老总反对提自己，他有什么话好说呢？会后，陈毅又恳切地对肖望东说：“东进是党中央毛主席的指示，这你是知道的。要多歌颂党中央，歌颂毛主席，剧中自始至终都不要提陈毅的名字。”

鼓励支持知识分子

陈毅同志就是这样谦虚，经常要求自己：“慎之又再慎，谦逊以自束。”在《六十三岁生日述怀》里吟咏：“个人太渺小，党群才万能。念我数十年，庸碌愧声闻。”他对自己是“愧声闻”，但对别人，对知识分子，凡有一技之长，业务上有所成就，他都加以表扬和鼓励，即使在工作上有什么失误，或者被人误解，受到不应该有的与不适当的批评，他也予以鼓励和支持。

批判《武训传》的时候，赵丹为饰武训，有点抬不起头来，个别的人对他“另眼相待”，保持距离，受到冷遇。他出席文化界的会，自己常坐在后面角落里，不愿意和人打招呼。陈毅发现了，当即在会上说：“赵丹怎么坐到后边去了？到前边来！”他对主持会议的人说：“这是我的兵，错了有什么了不起！哪有不犯错误的人？我自己就犯过错误，改了就好。”这话温暖了赵丹的心窝。也温暖了曾经或可能将犯错误的人的心窝。像他在《六十三岁生日述怀》吟咏的那样：“一喜有错误，痛改便光明。一喜得帮助，周围是友情。”他把温暖的友情倾泻在知识分子的心田里，浇灌出灿烂的艺术花朵。

李维汉同志和陈毅同志的广阔的胸怀一样，记得我代表华东局统战部出席中央统战部召开的会议上，讨论人民代表的时候，个别地区代表不赞成赵丹列为人民代表候选人，我因为受到陈毅的教导，表示赞成赵丹为候选人。中央统战部长李维汉说：正是因为赵丹演武训犯了错误，要有代表性，他代表那些犯了错误改了就有前途的人。赵丹终于当选为全国人民代表大会的代表（今天看来，究竟怎样正确评价武训是另一个问题）。

陈毅不只是对赵丹个人，对知识分子都是这样。他不求全责备，如刘勰在《文心雕龙·程器》所说的那样：“人禀五材，修短殊用，自非上哲，难以求备。”他用其所长，特别注意不使一人向隅。正像袁枚在《商丁孙尊歌为秦将军作》所歌唱那样：“人才那得如金铜，长在泥沙不连朽。愿公爱士如爱尊，毋使埋淹嗟不隅。”陈毅同志就是“爱士如爱尊”。知识分子有什么错误，他反对给予不适当的处理，更反对一棍子打死。

他对上海知识分子有中肯的正确的评价：“六年来知识分子和我们党是合作的，是支持政府的，是为人民服务的。他们经过思想改造和各项实际斗争，政治上有了很大的进步。他们对国家的发展和富强是有贡献的。……对知识分子的知识水平要有适当的估价。中国专家、科学家的水平不是很低的，有的已经赶上国际水平，有些是中等水平，也有些是落后的，有的科学领域甚至是空白的。知识分子的知识水平不高，责任主要在于领导。一般的领导同志，只关心他们的政治学习，不关心他们科学研究。……知识分子从事精神生产，很难以物质价值来计算和比较，对他们的生活待遇要适当安排，要改善他们的工作条件……。”1959 年 12 月 22 日陈毅讲的这段话，到现在仍有现实意义。

1954 年，陈毅同志调任国务院副总理，主管文教工作，还兼任上海市长。像在上海一样，他领导全国文教工作，坚定贯彻执行党的方针政策，仍旧是尊重人才爱惜人才保护人才。他担任外交部长以后，对知识分子的关怀一如往昔。全国科学技术工作会议于 1962 年 2 月 16 日在广州开幕，3 月 2 日正是南国的春天到来，陈毅副总理应邀向大会谈国内外形势和科学工作问题，谁也没有料到他在讲话中提出了响彻云霄的口号：“脱帽加冕。”他说：给你们脱掉资产阶级知识分子的帽子，加上劳动人民知识分子之冕！出席大会的 300 多位各学科的科学家用热烈的掌声欢迎这个口号。许多科学家头上那顶帽子像是唐僧加在孙行者头上的紧箍咒一样，帽子一脱，浑身舒畅，感动得流下了热泪，许多人拿手绢拭去泪水。科学家听了陈毅讲话以后，激动地说：“人活在世上，最宝贵的东西不是别的，正是人的尊严。现在帽子脱掉了，责任加重了，是脑力劳动者，自己人了，不能再做客人了。”

在上海解放最初的日子里

刘鑑农

刘鑑农（1924—　），江苏如皋人。1939年加入中国共产党。解放战争时期曾任中共上海学联党组成员。上海解放初期曾任青年团上海市委宣传部长。

上海解放最初的那些日子，我仍记忆犹新。有些解放后出生的青少年朋友不大容易理解“解放”的深刻含义，但愿我的这篇回忆文章，对他们会有些帮助。

1949 年 5 月 27 日早晨，我从弄堂里走出来，一眼就看到马路上出现了穿着黄色军装、胸前别着“中国人民解放军”标徽的战士，心情万分激动。这是我第一次看到自己的武装部队。在已属于人民的土地上呼吸到自由的空气。我自 1939 年在上海参加了中国共产党后，就一直在上海、南京从事党的地下工作，日夜奋斗盼望的就是解放的这一天。尤其是，1948 年 5 月我在上海学生反美扶日运动中被国民党反动派逮捕，它的“特种刑事法庭”判处我和另外两个同学各一年半徒刑，关在苏州监狱。直到解放大军渡江，1949 年 4 月 22 日我们才从苏州监狱里出来。但回到上海仍未解放，正是白色恐怖最严重的时刻，国民党政府天天在抓人、杀人。组织上立即通知我暂时在家隐蔽，只要解放军一到，就赶到沪北区委报到。我以紧张和迫切的心情在家又潜伏了一个多月，现在，期盼的这一天终于到来了。

我从虹口周家嘴路步行到北四川路横滨桥逸的上海戏剧学校——沪北区委指挥部就设在这里。沪北区是大学比较集中的地方，复旦、同济、暨南、上法、光华等校都在区内，地下党在这些学校有着很强的力量，并在解放前夕组织了人民保安队和人民宣传队。我沿途看到许多解放军在街头风餐露宿，有些挂着袖标的人民宣传队已经上街，“庆祝上海解放”“欢迎人民解放军”的横幅开始挂了出来。当我走进指挥部大楼的时候，那里已挤满了人。来自学校、工厂的人民保安队、人民宣传队员进进出出，欢呼声、口号声、歌唱声响彻一片。我挤进去，马上看到了在地下斗争中认识的许多同志，大家热烈拥抱，泪水盈眶。吴学谦（以后曾任团中央国际联络部长、我国外交部长、中共中央政治局委员、国务院副总理、全国政协副主席）1940 年曾领导过我，那时我是育才中学仅有的党员。解放战争时期“老吴”（这是我们对他的亲切称呼）任上海地下党学委副书记，现在是沪北区人民保安队指挥部的总指挥。他见到我非常高兴，紧握着我的手说："你不是刚从监狱里出来吗，现在给你一个临时任务，让你协助警委（地下党警察工作委员会）刘诚同志到警察局去工作。"老刘同志，我过去不认识，胖胖的，大约有40来岁年纪，看样子颇像上海租界时代的老巡捕。我被捕以后曾在上海北四川路、新成警察分局的拘留所里呆过，那里有一些老警士曾给予我们"犯人"以同情和帮助。当时我不知道，在国民党警察系统中，早已有了我们坚强的地下党组织。

建立"保管委员会"迎接管

我跟着老刘先到了北站警察分局，那里地下党支部的同志立即迎了上来，老刘与他们很熟，马上询问了局里枪支弹药、档案物资的保管情况。他们说："都已锁起来了，钥匙全掌握在我们自己人手里"。老刘又向他们交代了一定要严密保管，不能散乱；同时要监视好个别反动警官，防止敌人在逃跑时疯狂破坏。接着我们又来到虹口分局，与那里地下党支部的同志联系上并了解情况。晚上，我们就在这里的局长办公室召集了沪北区各警察分局地下党支部书记开会。大家汇报了各局广大员警欢迎解放但又存在思想顾虑的情况。当即决定：请由大学生组成的人民宣传队到各分局来进行宣传；各局党支部领导的"保管委员会"要及时在群众中公开，明确宣布奉上级命令，做好保管工作，听候解放军接管。会一直开到翌晨3点，老刘和我就在办公室里沙发上躺下，我闭着眼怎么也睡不着。11个多月前，我还是国民党警察局里的阶下囚，现在我们已成为这里的主人了。历史的发展是多么无情和迅速，我怎能按捺住这颗激动的心。

天一亮，我就回到沪北区指挥部，向负责宣传的同志提出要求，他们决定派复旦大学的一支宣传队前去。学生接到这个任务十分高兴，过去这里的警察局是学生运动的死对头，今天我们要向警察们宣传党的政策。我也向学生讲了警察局里现在的情况和怎样宣传，大家做了一些准备，我便和他们一同出发了。人民宣传队先到了北四川路警察分局，这里是我 1948 年被捕后第一个被关押的地方，那时充满阴森与恐怖。现在学生在院子里扭起秧歌来了，演出了活报剧，道出了下层警察的苦衷，宣传了人民解放军的“约法八章”，把整个分局闹得热气腾腾。分局里的地下党支部也抓住这一时机宣布成立了保管委员会，要做好迎接解放、配合接管、保卫内部、维持好社会治安。下午，我们又到区内的其他几个警察分局去宣传，把广大员警进一步发动起来。

出乎意料的迅速，5 月 29 日中国人民解放军军管会就派员到各警察分局接管，我协助警委老刘的工作任务也就告一段落。当我去虹口分局向他话别的时候，军管会同志已经到了那里。由于上海地下党警委早有布置和局内地下党员的力量，使警察局在国民党军队溃逃的真空时刻没有发生混乱和遭到重大破坏。军管会的同志到达后，便很快掌握情况，顺利进行接管，恢复社会治安，建立革命秩序。解放后我才了解到，上海警察系统的地下党组织经过 20 年的长期埋伏积蓄力量，到解放前夕，在两万员警中已有 500 多名共产党员，并团结了许多积极分子和群众，在关键时刻发挥了重要作用。

“两条战线”上的战友胜利会师

1949 年 6 月 1 日上午，沪北区委召开会议，对几天来人民保安队和人民宣传队的工作进行了总结。大家兴奋地回顾了这些天不分白日与黑夜，不知疲劳地进行工作，组织广大群众起来护厂护校，使工厂、学校得以完整地保存下来，使人民解放军肃清残敌和接管工作进行得很顺利。现在人民保安队和人民宣传队的任务已经结束，今后就要转入恢复生产和恢复上课了；地下党组织的使命也已胜利完成，党组织将要按解放后的系统重新建立。会后，组织上通知我下午去徐家汇交通大学参加上海青年代表迎接解放的会师大会。

尽管在解放以前我曾多次去过学生运动的“民主堡垒”交通大学，而且在那里亲历了广大同学和国民党反动派斗争的惊心动魄场面。但这一次心情完全不同，我们终于解放了，翻身了，现在以主人的身份在这里集会。2000

多名上海各界青年代表，把交大新文治堂挤得满满的。就在这次会上，我生平第一次看到早已仰望的陈军长、陈老总、陈毅同志，并且直接听到他亲切生动、铿锵有力的讲话。他一口气讲了两个多小时，我们也越听越有劲。他号召我们不但要肃清残敌建立革命秩序，而且要为建设新中国和新上海而奋斗；他要青年团结起来，努力工作、劳动、学习，争取做劳动、学习的模范；他还要我们养成大度、勇敢、艰苦朴素的作风，努力学习毛泽东思想，树立为人民服务的新人生观。这些讲话内容，当时我们听了感到多么新鲜和鼓舞啊。在这次会上，我还第一次看到三野文工团演出的《胜利腰鼓》，咚咚的鼓声振奋了我们长期在地下被压抑的心灵。

会场内外，多年不见的地下党同志相遇了，大家热烈握手和拥抱，而过去走在白区马路上，只能装着相互不认识。尤其高兴的是，我看到许多从上海地下党撤退到解放区的同志，现在穿着解放军军装回来了。其中有地下时期领导我时间最长的学委委员李琦涛（以后曾任青年团上海市委书记、团中央书记处书记、对外文委副主任、教育部副部长，已故），他刚从北平开完中国新民主主义青年团第一次全国代表大会回来。大家见了面，一个劲地用拳头敲击着战友的肩膀，高喊着对方的名字。现在，交大校园里红旗招展，一片欢声笑语。回想两年前我在交大亲身经历的残酷斗争场面，完全发生了天翻地覆的变化。

那是 1947 年 5 月，我作为地下党领导的《学生报》工作人员来到交大，亲眼看到国民党军警 3000 多人包围了交通大学，特务拿着手枪冲进校园要按黑名单捕人。军警在草坪上架起了十几挺机关枪，声称只要把“共匪”学生交出来，便可撤走。然而，手无寸铁的学生却毫不畏惧地和敌人对峙，敌人按黑名单抓人的企图终未得逞，不得不退出学校。可是，正当愤怒的学生排队走出校门准备游行抗议时，突然从马路两旁窜出一批特务打手，他们握着很粗的木棒与皮鞭，向学生的头上与腰部横扫与毒打，顿时数百同学头破血流，溅洒华山路。自始至终，我一直在学生队伍里，亲眼看到一个个受伤的男女同学淌着鲜血和眼泪相互扶持着走过去，真是天昏地暗，惨不忍睹。这是蒋介石政府对当时轰轰烈烈的“五·二〇”反饥饿、反内战、反迫害学生运动的疯狂镇压行动之一。就在5月30日这一天，毛泽东发表了《蒋介石政府已处在全民包围中》的重要文章，指出“中国境内已有了两条战线。蒋介石进犯军和人民解放军的战争，这是第一条战线。现在又出现了第二条战线，这就是伟大的正义的学生运动和蒋介石反动政府之间的尖锐斗争。”没有想到两年时间过去，人民终于战胜敌人，我们上海青年又在交大举行了庆祝解放的盛会，两条战线上的战友胜利会师。

《青年报》在上海诞生

就在这次会上，老战友小钟（沛璋）满面笑容地走过来告诉我：“市青委（中共上海市委青年工作委员会）决定很快出版《青年报》，组织上决定你也来参加报纸的筹备工作，我们又要在一起战斗了。”我和小钟，1943年曾被地下党派到汪伪首都南京一起搞过学生工作，1947年又同在上海搞过青年报刊，他是《青年知识》杂志的负责人，我负责《学生报》工作。现在正当新中国就要诞生的时刻，我们又要并肩战斗怎能不高兴呢。《青年报》的筹备组就设在富民路43号，解放前这里是国民党三青团的机关，解放后被市青委接收了。一座花园式的房子，东西并排两个小楼，楼前是一片草地，似乎十分幽静。可是就在小楼上面有几间屋子，窗户上钉着铁栏，门当中只开了一个小窗口，曾是关押人的牢房，谁想到过去这里竟是一所残害青年的魔窟呢。值得庆幸的是，今日这里已成为革命青年活动的地方了。

参加筹办《青年报》的有十几位同志，多是地下斗争时期搞过青年学生报刊和从解放区来的同志。我们大家就住在43号西楼的两间大屋子内，白天开会或出外采访，晚上有些人就睡在地板上。6月4日上午，新成立的中国新民主主义青年团上海市工作委员会开会，第一任书记李昌（以后曾任团中央书记处书记、哈尔滨工业大学校长、中国科学院副院长、中纪委副书记）传达了市委领导关于出版《青年报》的指示。从延安来的冯兰瑞担任了《青年报》的社长兼总编辑，钟沛璋任副总编辑，我被分派负责采访通讯。我们这些年轻人富有热情而缺乏理论与经验，虽然有些人过去也办过报，那是在秘密环境下，现在得从根本学起，李昌更是亲切地教导和帮助我们。当天下午，《青年报》全体工作人员会议随即召开，大家情绪高昂，决定要在一周内争取报纸与读者见面。我们的记者马上去到学校和工厂采访，同时从各区团工委和基层聘请了一批通讯干事和通讯员。最初的稿件就在这座房子里撰写和编排出来，冯兰瑞为报纸写了发刊词：《上海青年的当前任务》。1949 年 6 月 10 日，解放后全国第一张《青年报》就这样诞生了，当时有些地方尚未解放，有些地方虽已解放还没有出版自己的青年报。

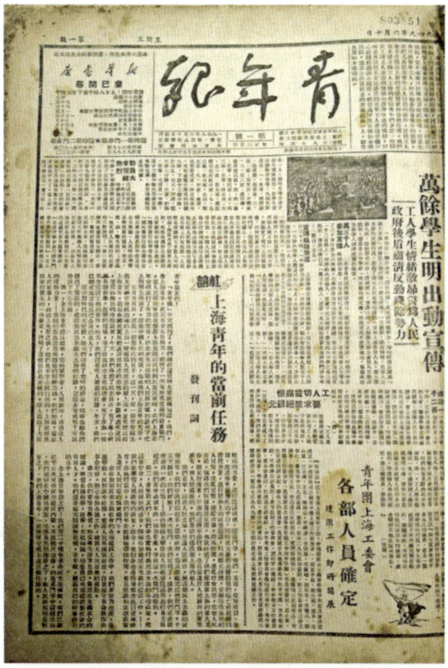
青年報

萬餘學生明出動宣傳

社論

上海青年的當前任務

發刊詞

青年團上海工委會各部人員確定

《青年报》创刊号

创刊号出来的那天早晨，我们都从富民路赶到靠近外滩的原《时事新报》印刷厂，这个印刷厂刚被我们和《劳动报》联合接管。我们亲眼看到一份份《青年报》从卷筒印刷机里飞快地流出来，那股高兴劲儿与激动心情永远难忘。现在，我们有了自己公开的编辑部，又有了自己的印刷厂，然而想起地下时期我们出版的《学生报》，是隐蔽在同志家里编排的。为了躲避敌人的搜查，铅印的《学生报》仅出了 16 期，就更换了 7 个印刷所，富通印刷厂被敌人破坏后，就不得不改为油印出下去。尽管这样艰难，《学生报》从 1947 年 6 月 1 日创刊，一直坚持出版到上海解放前夕。它忠实地报道了上海和全国各地学生同国民党反动政府的正义斗争，宣传了人民解放战争节节胜利的形势，针对学生思想传达了党的指示精神。《学生报》在广大同学中间秘密传阅，大家称赞它为“黑夜里的灯光”“照亮了我们前进的道路”。但是，《学生报》在斗争中也曾付出了血的代价。

在上海获得解放的此时此刻，我更想起并肩的战友、担负《学生报》出版发行工作的严庚初，他把真理与希望传播给广大青年，却为革命事业献出宝贵的生命。1948 年 10 月，他被国民党特务机关逮捕，敌人想从他那里找到《学生报》和上海学联的线索，企图一网打尽，对他施用了各种酷刑，可是敌人从他嘴里什么也没有得到。上海解放前夕，1949 年 5 月 7 日，25 岁的共产党员严庚初和其他 12 位革命志士被国民党反动派押到浦东戚家庙秘密杀害，那时这里还是一片荒野，直到解放以后才从一条战壕里发现了他们的遗体。烈士们没有看到解放的这一天，但是他们永远活在我们的心中。他们用自己的身躯为中华人民共和国的诞生，为今天青少年的幸福开拓了广阔的道路。

接管上海大事记实

周　林

周林（1912—1997），贵州仁怀人。1932年加入中国共产主义青年团，1936年转入中国共产党。上海解放初期曾任上海市军事管制委员会副秘书长、政务接管委员会主任。

1948年11月6日开始到1949年1月10日以徐州为中心的淮海战役结束时，我在徐州接管。国民党政府拒绝签订国内和平协定后，人民解放军奉命向尚未解放的广大地区举行规模空前的全国大进军，解放和接管南京、上海的任务摆到我们的面前。

急驰扬州，进驻丹阳

暮春4月，我们接到了华东局的调令，告别古战场徐州，飞驰在徐淮路上。田野里农民正忙着春耕，战痕依稀可见。进入淮南，运河两岸一片好风光，正是春风又绿西湖瘦，接管催人下扬州。这时想到毛泽东同志在七届二中全会报告中说的："我们很快就要在全国胜利了。这个胜利将冲破帝国主义的东方战线，具有伟大的国际意义。"多么令人鼓舞！

我人民解放军1949年4月21日横渡长江，23日解放南京，5月3日解放杭州，此后即转入部署解放上海的战斗。我们随华东局直属机关部队于4月24日由扬州过江到丹阳，驻扎在丹阳县城的大庙内，紧张地进行接管上海的组织准备工作。此时，潘汉年同夏衍、周而复、杨秘书（毛岸青）等同志，带着一班警卫战士，由北京赶到丹阳。原在上海的地下党领导人刘晓去山东向华东局汇报工作后，也到了丹阳。5月初，中共中央华东局在丹阳召开会议讨论接管上海问题，有4个内容：（一）人事、组织安排；（二）入城政策纪律；（三）人民生活安排（米、棉、煤）；（四）统战政策（如何稳定民族资产阶级，恢复生产）。当时中央已决定上海市军管会主任、市长是陈毅司令员，副主任是粟裕副司令员，副市长是曾山、潘汉年、韦悫。市军管会和市政府的正、副秘书长以及各局（处）长也都经华东局讨论决定，军管会和市府秘书长开始时由潘汉年副市长兼，我任第一副秘书长，沙千里为市府第二副秘书长。8月起市政权工作均由市府主持，我改任秘书长。

在华东局和陈毅司令员的直接领导下，抽调干部，配备各级领导班子，许许多多干部都集拢来了。当时我们的干部少而精，在调配干部中，不论是属于哪一部门哪一级的，都是党指向哪里就奔向哪里，安排干什么工作和职务就干什么。把革命岗位看作做官的人，想把权力作为个人谋私利的人，很少发现。

在组织和调配干部的同时，有关接管工作的事务和技术方面的准备工作十分繁重。如草拟接管上海各种组织机构的命令，印刷军管会命令和军管代表的任命书，刻制和盖印各种接管印章，印制中国人民解放军和上海市军管会人员的胸章、臂章等等，都亟须着手进行。在短暂的时间内，由配备接管市政府的同志们，找来了全丹阳城的木刻匠人，买光了丹阳城内能供印刷的纸张，日夜紧张地工作，为接管做好事务、技术方面的准备。

渡江之前，华东局社会部副部长扬帆在华中工委所属江南工委领导下，组织了一批同志在淮阴将长期搜集和地下党送来的各种有关上海的情报，按机关、部门、产业等分类，编印成十几种有关上海的资料，如《上海概况》等等。我们及时地分发给各接管系统的负责人员。这批材料提供了上海各方面的历史和现状，对接管工作起了很好的作用。

最重要的政治思想工作，由陈毅司令员亲自抓。5 月 10 日他在丹阳城内对接管上海的各级负责干部作了入城纪律和政策报告，根据毛泽东同志在七届二中全会上报告的精神和中国人民解放军的《约法八章》，从城市政策和党的优良传统、部队纪律等各个方面，并针对上海这个十里洋场、灯红酒绿的大城市，以及当时干部和指战员思想上存在的问题，作了透彻的讲解，要求所有部队和接管人员，要像渡江演习那样，把入城纪律和政策当一桩大事来做。并指出保障入城纪律的办法是，一切事先请示，事后报告，一切由主管的专门机构去处理，不要乱决定乱动手。强调接管上海的胜利对中国革命的进展具有重大的意义，全党全军要过好入城接管这一关。报告后，层层传达，认真组织学习讨论，并进行演习。

陈毅司令员在报告中还说："今天还不进上海，就是因为没有准备好，现在上海敌人只有残兵五个军，没有什么打头了，以前的那些恶仗不会有了，现在是走到哪里就解放到哪里。但对接管上海要做好充分准备，特别是上海地下党做好发动上海工人阶级进行护厂斗争，粉碎敌人破坏上海的阴谋，我们的接管就将取得伟大胜利。”我们离开丹阳时，已完成了接管上海的组织准备工作。

入城、接管仪式、谈家常

5月12日起，开始上海的外围战斗。5月24日人民解放军东西两兵团钳击吴淞要塞，封锁了吴淞港口，截断了敌军的退路。5月25日开始四面总攻，27日上海完全解放。经过7天的血战，上海战役计歼敌15万多人。

25日夜和26日晨，我们随着华东局机关和接管干部队伍一起，由丹阳乘火车到南翔，又由南翔分批乘汽车向上海进军。这时，陈毅问我：“接管上海市政府的队伍先进驻哪里？你熟悉。”我说：“先进驻徐家汇交通大学，然后分头接管。”当时晨雾兼细雨，道路是泥泞的。我们坐上车直驶沪西徐家汇交通大学，没有占用师生员工的宿舍，驻在二楼讲堂，大家都躺在地板上休息，

陈毅等领导与上海地下党负责同志在圣约翰大学见面

这就是我们入城的第一个夜晚。陈毅司令员和华东局其他领导同志张鼎丞、曾山、秘书长魏文伯以及地下党的几位领导人，由南翔乘部队吉普车直驶沪西圣约翰大学，在那里住了一夜。26日华东局进驻瑞金二路原励志社及三井花园内。入城几天后，邓小平政委也来到华东局，每天夜里在原励志社听取接管汇报。

26日，陈毅要我派熊中节带一个小组到国民党市政府去接触了解。原来早在24日旧市府大楼上已悬挂白旗。代理市长赵祖康原是一位工程师，在工务局任职，经熊中节和他谈话，安排好接管事宜，并带回汽车队负责人，听候调遣。27日上午八九点钟，接管旧市府的一批人员，由我带领进驻汉口路江西路的旧市府大厦。按我们原来组织接管的部署，各就各位，进入各个办公室，宣布旧人员包下来，照常上班。我们进入二楼的市长办公室和秘书长办公室，马上开始熟悉环境，同各方面进行联络并部署工作。

遵照陈毅司令员的指示，作为历史的记录，要我们安排在28日举行接管国民党市政府的仪式。这天下午，在约有80平方米的市长办公室内，陈毅市长坐在市长办公的座位上，周围坐着潘汉年副市长、淞沪警备区司令员宋时轮和我，以及沙千里、周而复、刘丹等人。代市长赵祖康对着陈毅市长坐下。陈毅市长既爽朗又轻快地宣布举行接管旧市政府的仪式，由赵祖康代市长将旧市政府印信上交陈毅市长（印信交出后即封存）。陈市长简短地致辞说："赵祖康先生率领旧市府人员悬挂白旗，向人民解放军交出了旧市府关防印信，保存了文书档案，这种行动深堪嘉许。期望今后努力配合做好市政府的接管工作，并请赵先生在工务局担任领导。"这就是无产阶级政治家、将军兼诗人陈毅市长主持接管上海的一幕真实的历史事实。上海市军管会的接管工作从此开始。对赵祖康先生的及时任用，极大地安定了原在国民党市政府供职的许多工程技术、医务卫生和市政管理等方面的专家和人才。

接着，在市长办公室对面的会议室内，事先召集了旧市府所属各局（处）长和我们接管市府各局（处）的领导同志在一起，由陈市长、潘副市长登上主席台，我主持，请陈毅市长发表演讲。他指出上海是百年来帝国主义侵略与奴役中国人民最大而又最顽强的堡垒，是国民党反动派统治和压迫中国人民的主要基地。解放上海，是帝国主义在华侵略势力的破产，是国民党反动派统治的灭亡，上海解放不是改朝换代，而是天翻地覆的革命胜利。除了帝国主义和各国反动派以外，世界人民无不欢欣鼓舞。我们接管上海，是要组织人民政府，为人民服务。上海今天已成为人民的城市，屹立于世界上，帝国主义者说什么共产党不能治理上海的谰言，一定要破产。希望旧市政府各级人员，服从命令，共同做好接管工作，办理好移交，争取为人民服务作出贡献。这就是陈毅亲自接管上海旧市政府的一天。5 月 28 日已定为上海市解放纪念日。

从 27 日、28 日起，市府秘书处、总务处、人事处、市财政局、工务局、卫生局等接管人员住进军管会、市政府大楼，市委住进建设大楼。公安局由扬帆接管。财经接管委员会住进华懋饭店，上海市总工会筹委会在外滩交通银行大楼里。“我们工人有力量，每日每时工作忙”的歌声响彻云霄。上海市的工人阶级保护了工厂，他们怀着深厚的感情，和军管会的代表合作，是非常感人的。我和办公厅的同志们日日夜夜坚持在办公室，晚上大多睡在办公桌上。我们那时 30 多岁，年轻身体好，晚上少睡或不睡，白天照常工作。

接管工作刚开始几天，有敌特向军管会寄来一封恐吓信，信内装了两枚子弹。我们在汇报工作时把这件事向陈市长讲了，他听了之后，指示把市府全部旧职员集合起来，由他讲一次话。照他的指示，我们把旧人员约 200 人集中在当时市府大楼中楼原调查处的大空房内，由我主持，请陈市长讲话。他说：这次讲话是同大家见见面，谈家常，摆龙门阵。他的讲话像海阔天空，但又使人摸得着边际。主题是讲明共产党、人民政府对旧人员的政策和态度，是采取郑重负责、妥善安置的办法。除了个别劣迹昭著群众反对者以外，一律采取团结和改造的方针，要使大家都得到工作、学习和生活出路，决不会一脚踢开，使他们流离失所。还记得他在会上风趣地说：“有特务写恐吓信，寄了两枚子弹，想吓人。打淮海战役，消灭敌人五六十万，飞机大炮都不怕，怕你两颗花生米，岂不笑话。”一席家常话，使旧人员的心十分温暖，大家亲眼看到这位驰骋疆场的将军，谈话是那么入情入理，深得人心。会后反映很好，旧人员中有做过特工并有手枪的，主动到保卫科交枪，坦白悔过。

不到一个月，由于美蒋反动派于6月23日宣布封锁上海口岸，出现了暂时困难。在执行反封锁、反轰炸的六项方针时，有些机关在整编节约中，对旧人员的裁减未认真按照党的政策方针执行，出现了个别的局部的偏向。发现后，我们立即遵照毛主席指示和陈市长的讲话，对旧人员本着“三个人饭五个人吃”的政策精神，公开登报给予纠正。对因裁减而生活确实无法维持的旧人员，明令由原接管单位召回，给予适当工作或妥善安置，共同渡过暂时困难。

接管初期的日日夜夜

1. 接管时上海的情况

接管当时，上海的情况如何？据市政专家调查研究的统计材料，当时上海市面积六611.7平方公里，人口约500万人，有450万人住在面积86.6平方公里的市中心区内，50万人住在其他地区（当时郊区的范围小，面积人口少，有新市、江湾、吴淞、大场、真如、新泾、龙华、杨思、洋泾、高桥等区）。据1949年底的调查统计，当时上海人口中，47%是劳动者，53%是依靠他人劳动的受赡养者。工厂、码头、铁路工人和手工业者共有553500人；国家机关、工厂企业和私人公司中的职员有449000人；从事商业者655700人（包括商店老板8万人和摊贩265100人）；专科以上学校学生及员工21500人；市内交通工作人员、家庭妇女和农民401400人。

全市共有235000幢房屋，其中151000幢是住宅（内包括两万草棚式建筑物），84000幢是商业用建筑。82%的居民享用自来水，享有下水道设备的仅占百分之十。公共汽车、电车运载乘客只占50%左右，其余市民则使用三轮车、人力车和自行车。解放时登记的工业企业约5990家，其中只有103家能算得上规模较大，雇用500至3000工人，其余的只能说是手工业式的企业。商业大多数为小商店，1949年统计共有63000家以上。

据市统计局数字，1949年全市工业总产值为30.9亿元。电力年产10.09亿度，年产钢5200吨，棉纱712000件，棉布6.4亿米，机械工业只能修修配配。

此外，还有失业工人25万，连店员及家属在内，共达100万人以上。贫民连家属在内，约有65万人。游民（包括乞丐、娼妓、扒手、流浪儿童、散兵游勇、吸毒者等），连家属在内约17万人；逃亡地主、恶霸连家属在内约10万人。

上面这些统计数字说明，我们当时从反动派手中接管的是一个生产落后、畸形发展的旧上海，改造的任务十分艰巨。但我们充满信心，深信上海变成我国最大的人民城市后，生产力获得解放，定将发挥工业基地的巨大作用。

2. 接管上海的方针

怎样接管上海，在部署渡江解放宁沪时，我们早已着手研究，并开始准备工作。首先确定采取"稳步前进，量力而行，实事求是"的接管方针，即不采取性急办法，也不采取迁就办法。这是一种革命的现实主义的方针，使接管工作能掌握极其复杂的情况，能有余裕的时间去处理各种日常事变。解放刚一个月，有许多朋友嫌我们太宽大，匪特方面说我们无能，以"左"的刺激或右的引诱方法，企图逼迫我们改变方针，我们坚持执行原定方针，达到了预期的目的。

根据华东局、市委的部署，整个接管工作分成接收、管理、改造三大步骤，并在军管会的领导下，将接管工作分为四大部门、四个系统：

（1）军事部门，由军管会军事接管委员会接管，主任粟裕、副主任唐亮。下面分为军事部、政工部、后勤部、海军部、空军部、训练部等分别接管。

（2）政务部门，由军管会政务接管委员会接管，主任周林，副主任曹漫之。下分民政接收处（处长曹漫之），法院接收处（处长汤镛），另有20个市区（黄浦、老闸、新成、静安、江宁、普陀、长宁、邑庙、蓬莱、嵩山、卢湾、常熟、徐汇、闸北、北站、虹口、北四川路、提篮桥、榆林、杨浦）接管委员会和一个郊区接管委员会。

（3）财经部门，由军管会财政经济接管委员会接管，主任曾山，副主任许涤新、刘少文，委员有骆耕漠、龚饮冰、顾准、陈穆、徐雪寒、孙冶方、黄逸峰、吴雪之，骆耕漠为秘书长，方原为秘书主任。财政经济接管委员会下属有贸易、工商、劳工、轻工业、重工业、农林、铁道、电讯、邮政、航运、工务、公用、房地产、卫生等处，除由各委员兼任处长外，另配备其他领导干部。还有一个复兴岛接管处和一个接管工作队。接管江海关的专员为徐雪寒、贾振之。

（4）文教部门，由军管会文化教育管理委员会接管，陈毅兼主任，副主任夏衍、钱俊瑞、范长江、戴白韬。下属高等教育处（处长先为韦悫，后为钱俊瑞）、市政教育处（处长戴白韬）、文艺处（处长夏衍）、新闻出版处（处长周新武）。

按照上述系统，把国民党中央和各省在上海的机构与上海市政府的机构，统一划分在上述四大部门内统一接收，市政部门于接管后划归市人民政府领导管理，财经部门于1951年7月21日成立上海市财经委员会后，由华东财委移交给市财委领导管理。市财委第一任主任潘汉年，副主任许涤新、顾准。不属于市政范围的原中央企业事业及各省的企业事业，由军管会代管，在条件成熟时逐步划归中央及各省市领导管理。接收阶段的工作，一般包括清点移交，要求不打乱，不影响工作与业务的继续。管理阶段主要是进行研究、考察，开始局部改造和整编。改造阶段则大部地全盘地肃清原来的反动制度，巩固和建立人民民主专政的新政权制度。政务部门和军事部门按照老解放区的军政制度，进行全盘改造。经济、产业和文教等部门，就技术与业务范围而言，保留符合人民利益和科学管理的部分，改变反人民、反科学的部分，以人民革命的方针代替国民党反动派的反动方针。

3. **接收移交**

我们用了大约两个月的时间（1949 年 6、7 月），完成了移交、清点、接收工作。

（1）军事接收工作（从略）。

（2）市政接收工作，计接收旧市政府所属财政、卫生、工务、公用、教育、地政、民政、公安、社会等 9 个局，另一民食调配处和文献委员会。市府本部接收秘书、人事、调查、会计、新闻、外事、总务、交际等 10 个处。以上旧人员共计 49000 余人，除调查处旧人员大部逃跑或转入潜伏外，其余各局处 95% 以上人员均留原岗位照常工作，听候处理和任用。当时我们把接收的社会局裁撤，成立工商管理局和劳动局；将民食调配处裁撤，另成立上海粮食公司；又另成立文化局、房产管理处（后改局）；成立外侨事务处（后改名外事处）管理外侨工作，并由该处接收原国民党中央政府驻沪外事部门的有关机构。

（3）财经接收工作，是把国民党旧市府范围及中央驻沪机构统一起来接管的。计接收银行、工厂、仓库等机构 411 个单位，重要资财有黄金、白银、金圆券、台币、台糖、粮食、汽车、汽油，等等。在上述各单位服务的旧人员共计 153000 余人。当时对私营企业和外商企业均未接收，但外商企业实行军管。

（4）文化接收工作，高等教育方面接收大专院校 26 个单位，计教授、研究员、讲师、助教和职员工人共 2796 人，学生 8109 人。市属教育方面接收公立学校和教育机关共 503 个单位，教职员工 5517 人，学生 176412 人。新闻出版方面接收和实行军管的共 58 个单位，其中报馆、通讯社 25 个单位，书店、印刷厂等 30 个单位，共有人员 2314 人。文艺方面接收 13 个单位，其中电影 9 个单位，戏院 4 个，员工 173 人，技术人员 165 人。当时对各私立大、中、小学和私营文艺单位，均不实行接收，亦不实施军管。

全上海共接收旧市府、各局、各区、各系统的文书档案材料2247000卷，包括范围有蒋、汪政权，租界工部局、公董局及其他帝国主义统治机构，官僚资本企业，帝国主义企业以及反动时期的知名人物等方面。这大批档案材料，对解放后上海的社会主义改造和建设，起了重要的查证参考作用。

由于党的接管方针正确，我接管人员忘我的革命精神，艰苦的优良作风和严明的纪律，加上移交人员协同配合，人民群众热情帮助，仅用了大约8个星期的时间，就胜利地完成了像上海这样的大城市的接收任务，取得了成功的经验，使接管工作顺利转入第二阶段，即管理和局部改造阶段。

4. 肃清残敌，维护治安，疏散难民，清除垃圾，整顿交通秩序

军管初期，百废待兴，每一件工作都要从头到尾有计划地进行，特别是社会治安、环境卫生和城市交通等方面，必须抓紧整顿。在市委、市军管会和市人民政府的有力领导下，由于接管人员发扬与人民群众密切联系的作风，克己奉公，虚心求教，取得旧人员和人民群众的帮助，使许多复杂的问题办起来都比较顺手。6、7两个月，公安部门和警备部队共逮捕残敌、特务、盗匪2560多人，扫除市区及近郊地雷24900多个，拆除碉堡18000余座，收容散兵游勇22000多人（内军官2700多人），救济和疏散因战争和灾荒逃来上海的难民30多万人，使其还乡生产，得到生活出路。清除市区积存垃圾33000多吨，夏季防疫注射达350万人，超过历史纪录，使环境卫生和人民健康得到改善。同时，整顿交通秩序，减少交通事故，6、7两月车辆肇事案件比解放前的一两个月显著减少。

5. 围抄证券大楼，打击金融投机

接管上海开始，首先提上日程的问题，是采取紧急措施，打击金融投机，稳定市场物价，安定人民生活。市军管会成立后，首先公告自即日起收兑国民党发行的金圆券和美钞。金圆券10万元兑换人民币1元，自6月5日起，严禁金圆券在市面流通，并宣布所有完粮、纳税以及一切公私款项收付、物价计算以及债务、账务和票据等，均须以人民币为计算和结算本位。由于金圆券的信用早已破产，当时市场通货实际上以银元为主，一些投机商兴风作浪，操纵银元、美钞价格，引起物价猛涨3倍，严重影响人民生活和人民币的稳定。虽经军管会警告，投机分子仍然暗中活动，十分猖獗。6月10日军管会命令有关部门围抄投机集中的旧证券交易所大楼，将一批扰乱金融、危害人民生活的投机分子加以逮捕法办。这是入城以后党和人民政府对捣乱者的第一次打击，广大市民无不拍手称快。由于采取了上述措施和其他种种手段，巩固了人民币的合法地位，物价波动也缓和下来。

6. 调运“两白一黑”

大米、棉花、煤炭，是关系人民生活和工业生产的重要物资。由于解放前工农业生产和商业贸易遭受反动派摧残，战争期间交通阻断，加上解放后敌人对上海口岸实行封锁，使上海“两白一黑”的供应十分紧张。为了保障市民生活需要和维持、恢复工业生产，在党中央的大力领导下，及时调动华东五省和其他各省将粮煤运来供应上海，解决了困难。棉花供应通过加强收购，并准许商人自备外汇进口棉花予以免税，同时对存棉分配采取国营私营兼顾的方针。对船舶进出口采取扶助的方针，奖励绕道青岛、天津出口进口，在运费、税收上予以照顾，因而使进口物资首先是米、棉、煤三者源源输入。过去仰赖洋米生存的上海，很快就完全吃国产米；过去仰赖外棉才能生产的纱厂，也大大提高了自给的比重，使上海工商业在接管中一步步地渡过难关，并且开始立足于国内，自力更生，意义非常深远。

7. 特大风灾抢救

1949年7月24日、25日，特大台风袭击上海，灾情严重。郊区海塘工程由于反动派统治时年久失修，决口20多处，受灾田亩计78600多亩，冲毁农民房屋6900多间，受灾人口75000人左右，市民死伤很多。雁窝沙有两个连的解放军，在台风袭击后失踪。南汇有4个乡全被冲没。外滩公园树木竹篱全被吹倒，行道树吹倒一千多株；市区房屋损失三四千幢；许多工厂损失严重，闸北水电公司大部被吹毁，烟囱折断，停止供电；库存粮食被淹，损失 200 万斤；各河道沉船三四十只，载运物资随同损失。市区马路普遍积水，现在的淮海路上积水深达 2 尺到 6 尺，黄浦区的东部、中部平均水深三四尺，延安西路、华山路一带水深约 3 尺，公共车辆无法通行。入城接管未满两个月，想不到又要同自然灾害打一仗。25 日，陈毅市长在市政府亲自主持紧急会议，抢救受台风灾害影响的群众和财产。他听取了汇报后，指示抢救工作，并说："我们的气象预报制度未认真建立起来，没有及时掌握台风动向，造成如此重大的损失，主要是领导上的责任。我自己也疏忽，竺可桢先生曾几次向我说，大风快来，要注意。还说，气象台拨交文管会，但接管后因无专业知识，没有管起来。想起老先生的话有道理，说明自己不懂，又不听人家的，教训很大。上海这样大，光我们管不行，要大家管。"他的这些语重心长的话，今天我们记忆犹新。

浦东高桥海塘原被国民党军队破坏严重，特大台风袭击之后，塘身堤顶土方大都被水冲走，冲开决口 20 多处，造成浦东 45 万亩农田与 30 万居民的安全直接受到威胁，其中炮台浜大决口宽 30 米，水深达 4 米最为严重。在市财政收入十分困难的情况下，市人民政府仍坚决拨出 20 亿元巨款全力抢修，调动部队，发动群众，用以工代赈的方式抢堵。最大的决口因缺乏经验与专家指导，第一次不能合拢，最后由陈毅市长亲临海塘现场察勘，听取了水利专家的意见，在工地上召开群众大会，勉励职工群众想方设法，群情振奋，终于胜利完成合拢。后来又完成了二、三阶段的永久性护岸工程，为以后上海的防台防汛工作打下了基础。对台风造成的损失和防台防汛工作中暴露出来的问题，也均作了处理和改进，取得了经验教训。

反封锁、反轰炸斗争

上海解放后，帝国主义和国民党残余势力不甘心他们的失败，不断派飞机来上海轰炸、扫射。6 月 23 日竟然公开宣布对上海口岸实行武装封锁，企图以此阻止我内外交通，断绝重要物资供给，破坏上海的生产建设，逼我就范。这是帝国主义和国民党反动派最后打的一张牌。美蒋封锁确曾加重了我们接管初期的困难，当时有一部分人缺乏远见，产生悲观失望情绪。在中央的指示下，华东局和上海市委及时制定了反封锁的六项方针：（1）积极支援人民解放军南下作战，解放全中国；（2）有计划有步骤地疏散人员，将部分学校工厂内迁；（3）强调自力更生，改变上海生产方针与发展方向，摆脱对帝国主义的依赖，把为国内生产，为人民服务作为上海一切企业生产的方针与发展方向；（4）动员大批党员和干部到农村去，先开展农村工作，然后回头来发展城市；（5）发展内地交通，鼓励城乡物资交流；（6）节衣缩食，实行精简节约，克服眼前困难。上述方针在7月由邓小平政委去中央汇报，经毛主席批准后，作为上海市第一个施政报告，于1949年8月3日在市第一届第一次各界代表会议上正式提出，并立即坚决贯彻。陈云来到上海，指挥解决重大经济工作问题。

1950年2月6日，轰炸美制国民党空军机对上海发电厂设备滥施轰炸，附近很多居民受灾，上海电力公司发电设备1/3被毁坏，以致当晚无法发电。在陈毅市长和人民政府领导下，电力工人、市政工人、工程技术人员和解放军一起，配合抢修，第二天即恢复部分发电，至13日恢复了原有发电量的65%，上海市民生活和各工厂企业得以恢复正常。这一轰炸阴谋激起了全市人民的愤慨，使上海全体人民进一步团结在党和人民政府周围，为巩固胜利，反封锁、反轰炸、建设新上海而斗争。回忆在敌机轰炸时，陈市长和潘副市长得到报告，马上带领其他领导干部到现场视察灾情，慰问灾民，并动员全力抢救抢修，充分表现了大无畏的革命精神与胜利的信念。

在反封锁、反轰炸斗争中，8月底陈毅市长传达了毛主席指示的精神说：军事上迅速解放全中国是反封锁的最有效办法，全部消灭了国民党军队，封锁就不存在了。第二个办法是外交政策主动一边倒，与苏联合作加入世界进步阵营。第三个办法是强调自力更生，依靠人民自己的劳动，创造机器资财，建设新中国，这是长远的方针，不单纯是为反封锁而提出的。采取这个方针可打下新中国建设基础，可使帝国主义就范。在 1949 年下半年，陈毅市长就作了机密部署，指示修建和扩建原国民党的虹桥机场，从部队中抽调一部分人员，在苏联空军人员的帮助下，加紧训练空军部队。从此，随着全国大陆全部解放，我们有了能英勇歼敌的空军，美蒋反动派的封锁轰炸彻底被粉碎。

克服困难，维持生产

上海市的工商业过去是依赖帝国主义、封建势力和官僚资本而存在和发展的，带有半殖民地半封建的特征。重要工商业大多被帝国主义和四大家族操纵垄断，相当多的私营工商业存在依赖性、投机性和盲目性。解放后，这种畸形发展的状态虽然有了很大的改变，但仍有所表现，如商业多于工业，投机商业多于正当商业，加工工业多于制造工业，而重工业的生产资料如机器等，仍大部分依赖外国进口，许多有关国计民生的基本工商业没有基础。举例来说，作为工业基础的动力生产，不仅由外商经营，而且油料 80% 来自进口，20% 的煤也依靠进口；500 万人口所吃的食粮，50% 至 60% 依赖洋米、洋面进口；占全国总设备 60% 的棉纺业，所需原棉有 60% 靠进口；占全国总设备 80% 的毛纺业，全部靠进口毛条维持生产；占全国总设备 1/4 的面粉业，原料全靠洋麦；年产 6000 余吨的造纸设备，完全靠进口纸浆；月产 12 万箱的卷烟业，半数以上的烟丝靠进口；其他不胜列举。所以解放前民族工商业生存和发展的条件很差，不得不依靠官僚资本，利用恶性通货膨胀，分配进口外汇，或向反动政府贷款，套购平价粮煤，囤积各种原料，买卖黄金外币，用这些手段来维持生产，弥补正常业务的亏损，寻求出路。这就是上海工商业在接管后未改造前的基本特点，也是我们接管后亟须解决的问题。

当时在敌人封锁轰炸的困难情况下，由于中央的有力领导，人民政府采取了各种措施，充分供应煤、粮和必要的棉花，随着接管后初步改造阶段开始，举办贷款、收购、加工、订货，以维持生产。接着二六轰炸，各厂被迫停工，信用呆滞，劳资纠纷迭起。同时，国家开始改造旧的经济结构，实行通过关于严厉镇压反革命的决议。在上海解放一年来对敌严密侦破、狠狠打击的基础上，进一步于4月27日夜在全市范围内逮捕了一大批反革命分子、恶霸地主和流氓霸头，并于4月30日召开了市、区各界人民代表扩大联席会议，进行大会公审，分别予以判处。会后组成市、区反革命案件审查委员会，由各界人民代表参加，协助公安司法机关审批和处理反革命分子，在各行各业的基层，普遍成立肃清反革命委员会，有组织地发动群众，审判和监管反革命分子。

根据中央关于新解放区进行土地改革的部署，1951年12月23日市人民政府公布上海郊区实施土地改革的命令，成立郊区土地改革委员会，任命周林为主任委员，马万杰、张振乙为副主任委员。随即制定郊区土地改革实施办法，经市协商委员会讨论后报市政府批准，顺利地开展郊区农村土地改革工作。

上海解放初期1950年底至1951年进行的三大运动，在党中央的正确路线和方针、政策指引下，都取得了伟大的成就，全市人民紧紧地团结在党的周围，党指向哪里就奔向哪里，生产不断发展，生活逐步改善，呈现了一片欣欣向荣的景象。

后 记

由市委党史研究室与市政协文史委联合编撰的《日月新天——上海解放亲历者说》，经过两个多月的紧张选编，在上海解放70周年前夕出版了。

上海是中国和亚洲最大的城市，中国最重要的工商业中心。1949年5月27日上海解放，这是党中央高瞻远瞩、人民解放军第三野战军浴血奋战、上海地方党组织团结各阶层人民里应外合的结果，在中国人民解放事业中具有特殊意义。作为这段历史的亲历者、见证人，本书作者从各自不同的视角，以鲜活细腻的笔触、饱含深情的讲述，为读者解答了上海这座举世闻名的城市是如何历经战火、完整地保存下来，为史学研究者提供了丰富翔实或鲜为人知的史料依据。

全书收入36位当年直接参与上海解放、接管亲历者的回忆与口述，主要精选自市委党史研究室、市政协文史委历年所编的相关书刊。涵盖了上海战役、迎接解放、顺利接管三个方面的内容。我们给每篇文章配以作者照片、简介，增加随文图片，除对个别文字、史实作了修订，为部分文章添了标题，尽力保持原貌。

在编辑过程中，市委老干部局和朱晓明、陈立群等同志，尤其是部分作者亲属分别为我们核实了有关信息、提供图片帮助。郭炜、张丽燕参与了图片查询扫描。上海人民出版社编辑付出了诸多心血。谨向所有支持本书出版的单位与个人致谢！

受篇幅、出版时间所限，尚有许多精彩回忆未能收入，留下遗憾。鉴于编者学识有限，疏漏不周之处，敬请读者指正。

图书在版编目(CIP)数据

日月新天:上海解放亲历者说/中共上海市委党史研究室,政协上海市委员会文史资料委员会编. —上海:上海人民出版社,2019
ISBN 978-7-208-15859-7

Ⅰ.①日… Ⅱ.①中… ②政… Ⅲ.①第三次国内革命战争-革命史-史料-上海 Ⅳ.①K295.1

中国版本图书馆 CIP 数据核字(2019)第 086312 号

责任编辑 罗 俊
封面设计 谢定莹

日月新天——上海解放亲历者说
中共上海市委党史研究室
政协上海市委员会文史资料委员会 编

出　　版 上海人民出版社
(200001 上海福建中路 193 号)
发　　行 上海人民出版社发行中心
印　　刷 常熟市新骅印刷有限公司
开　　本 720×1000 1/16
印　　张 22
字　　数 292,000
版　　次 2019 年 5 月第 1 版
印　　次 2019 年 5 月第 1 次印刷
ISBN 978-7-208-15859-7/D·3413
定　　价 78.00 元